U0549009

浙江省软科学重点项目（2021C25039）
浙江省高校重大人文社会科学项目攻关计划青年重点项目（2016QN039） 资助
浙江省哲学社会科学项目（18NDJC226YB）

孟祺 著

数字经济与经济高质量发展研究

SHUZI JINGJI
YU JINGJI GAOZHILIANG FAZHAN YANJIU

中国财经出版传媒集团
经济科学出版社
Economic Science Press

图书在版编目（CIP）数据

数字经济与经济高质量发展研究／孟祺著．—北京：经济科学出版社，2021.11
ISBN 978－7－5218－3051－4

Ⅰ.①数… Ⅱ.①孟… Ⅲ.①信息经济-经济发展-研究-中国 Ⅳ.①F492

中国版本图书馆 CIP 数据核字（2021）第 230487 号

责任编辑：杜　鹏　常家凤　张立莉
责任校对：杨　海
责任印制：邱　天

数字经济与经济高质量发展研究

孟祺　著

经济科学出版社出版、发行　新华书店经销
社址：北京市海淀区阜成路甲 28 号　邮编：100142
编辑部电话：010-88191441　发行部电话：010-88191522
网址：www.esp.com.cn
电子邮箱：esp@esp.com.cn
天猫网店：经济科学出版社旗舰店
网址：http://jjkxcbs.tmall.com
固安华明印业有限公司印装
710×1000　16 开　14.5 印张　250 000 字
2021 年 11 月第 1 版　2021 年 11 月第 1 次印刷
ISBN 978－7－5218－3051－4　定价：79.00 元
(图书出现印装问题，本社负责调换。电话：010-88191510)
(版权所有　侵权必究　打击盗版　举报热线：010-88191661
QQ：2242791300　营销中心电话：010-88191537
电子邮箱：dbts@esp.com.cn)

前　言

　　信息通信技术的发展对经济的影响越来越大。伴随着大数据分析、人工智能（AI）、云计算和新商业模式（数字平台）的扩展，越来越多的设备能够访问互联网，越来越多的人使用数字服务、更多的价值链进行数字连接，数字技术和数据的作用将进一步扩大。经济和社会互动的数据变革力量迫使政府、企业进行调整。事实上，发达国家和发展中国家之间存在巨大的数字经济鸿沟。如果不加以解决，这种鸿沟将进一步扩大，并加剧现有的不平等。在不同的国家，数字经济存在差异，一国内部不同的行业和个体在数字经济能力方面也存在很大的差异。我们可以看到，很多行业的数字化转型程度非常高，其生产效率显著提升，经济规模越来越大，而某些行业的数字化转型程度比较低，生产效率也很低，在国民经济当中的地位越来越不重要。对于不同的人，数字化能力也存在较大的差异。虽然数字经济起初源于发达国家，但其具有全球影响，并且正以多种方式对发展中国家产生越来越大的影响。因此，对数字经济的分析需要认真关注其发展方面。到目前为止，关于数字化和发展的大部分讨论都集中于数字基础设施的可接近性，以及使用这些数字基础所创造的商业化程度，但是数字经济如何创造价值，促进经济的高质量发展，是一项非常新的课题，无论是对于新兴国家还是对于发达国家，都同样面临数字经济发展的问题。

　　自改革开放以来，中国依靠劳动力资源禀赋，吸引外资发展加工贸易，经济取得了迅速的发展。从 1979 年到 2019 年，中国 GDP 增长速度平均接近 10%。在世界转型国家中成绩也非常突出。从日本、韩国、泰国等国家或地区的经济发展可以看出，只有改革开放发展对外贸易，才能够推动经济发展。截至 2019 年，中国的工业增加值占世界工业增加值的比例接近 19%，已经超过了美国，成为世界第一大工业生产国。而且中国工业种类比较齐全，目前世界上的 220 个工业种类，中国可以生产绝大多数。中国在某些产品上占世界的比重非常高，像彩电、冰箱和洗衣机等家电产业，凭借在产品研发、智能制造和品牌建设上的不断投入，家电产业拥有雄厚的制造能力和完整的产业链，根据中国机电产品进出口商会的数据，2018年中国家电产量占全球份额接近60%，贸易规模占全球份额超过30%。而且在中国出口结构当中，机电等资本技术密集型产品出口占比最大。但是我们也看到一个现象，即中国的工业增长传统上是依赖于要素投入的增加，比如，劳动力和资本，对于资源的消耗非常大，属于高投入、高产出的类型。随着中国劳动力成本的上升，以及对于环境污染的治理，使得企业的生产成本越来越高，在这种情况下，传统的要素投入是不可持续的，经济发展要转向内涵式发展。这就是我们所说的经济高质量发展。经济高质量发展核心就在于经济产业结构的高级化，生产要素从传统的劳动力和资本向数据化转移，其中数字经济是未来发展的重点方向。近年，中国积极转换产业结构，发展新兴产业。其中数字经济中特别是数字产业化部分发展基础比较好，而且部分技术在全球具有领先地位。

从各国数字经济发展的现状来看，中国和美国属于第一梯队，德国和法国等属于第二梯队。中国数字经济的总体规模接近美国。我们还看到两个现实的差距，第一，中国数字经济在GDP的比重非常低，仅仅是美国、德国、法国等国家的一半左右。第二，中国数字经济技术创新水平还有待提高，与美国的差距较明显。美国的数字经济重点在于创新，中国发展的重点方向在于应用，数字经济的核心技术掌握在美国。从数字经济的基础产业——计算机信息技术来看，美国掌握着该产业的核心关键技术。在经济全球化价值链分工的情况下，这种分工状况是有利于经济发展的，但是一旦出现所谓的供应链中断，就会对中国相关产业造成沉重的打击。美国数字经济的主要问题在于它的应用范围还比较窄。欧盟在发展数字经济方面落后于中国和美国，主要是欧盟实行严格的数字经济法律保护消费者的隐私，限制了社会经济的创新以及市场应用。

作为未来经济发展的重点方向，世界各国都在积极促进数字经济产业的发展，欧盟委员会自2007年以来，不断地发布促进数字经济发展的相关政策，在2018年欧盟委员会发布了人工智能白皮书和欧洲数据战略。这个战略可以促进欧盟式的经济发展，促进企业、政府研究机构、消费者等利用欧洲的数据空间在人工智能方面提升自己的创新能力。从欧盟内部不同国家看，包括德国、法国都提出了促进数字经济发展的相关战略。美国、印度、巴西等国家也都在出台支持数字经济的政策。

新冠肺炎疫情爆发之后,为了切断传染源、调查患者以及跟踪调查密切接触人,数字产业起到了非常大的作用,中国之所以能够快速地控制好疫情的扩散,数字技术的作用尤为明显。而且自从控制好疫情之后,中国提出了建设包括5G在内的新基建,新基建的核心是发展5G和数字经济产业。数字经济将拉动经济增长,推动以内循环为主体、内外循环相互协调发展的新的模式,推进贸易的高质量发展,扩大对消费者的保护,促进高质量就业。本书就是在这样的背景下完成的,其主要内容如下。

第一章是数字经济概述。由于数字经济是一个新生的事物,需要对数字经济的内涵进行清晰的界定,这影响到数字经济规模的测度和国际比较等。在对比分析美国、欧盟与中国数字经济研究的基础之上,本章给出了数字经济的内涵。另外,数据作为一个新的要素,与传统的劳动力资本等要素相比,数字经济的要素——数据要素的作用到底是什么?本章分析了数据要素相比较劳动力和资本具有什么样的特征和经济学含义。

第二章研究了数字经济的测度与国际比较。数字经济正快速成长,逐渐成为主导产业,而且对其他产业有极大的促进作用。但是数字经济难以测度,目前,没有构建完善的数字经济测度方法,已有的方法主要依据ICT产业,但是数字经济包含了产业数字化以及数字产业化,数字产业化是ICT产业没有争议,而且有完善的统计,但是对于产业数字化难以进行评价。本章基于宏观经济数据测算资本回报率,引入资本服务这一流量指标论证了国民账户体系下系统的资本回报率、合成框架,测度了数字经济。基于数字经济的测度框架,本章分别测算了中国整体数字经济规模和行业数字经济规模,并且用其他方法和其他国家进行了比较。

第三章为数字经济对经济高质量增长的影响。数字经济对于经济增长的作用得到政府的高度重视,但是理论上分析数字经济对于经济高质量发展影响的相关机制尚没有得到研究。在梳理经济高质量发展内涵特征的基础上,本章从要素配置变革的演化差异、产业升级驱动演化和经济增长质量的演变三个层面探讨了数字经济与经济高质量发展的关系及其促进经济高质量发展的内在机理。在要素配置变革演化上,数字要素成为核心生产要素,具有要素报酬递增的规律。在产业升级驱动演化上,数字经济产业化和产业数字化的发展驱动了经济结构的升级;

在经济增长质量的演变上，经济增长的演变路径从要素的投入及比例变化到改变资源配置方式再到改变全要素生产率演化。

第四章是数字经济与双循环发展。加快形成以国内大循环为主体、国内国际双循环相互促进的新发展格局，为我国应对国内外经济形势促进经济长远更高质量发展进一步明确了方向。数字经济成为推动我国经济双循环发展格局的重要抓手，其可以促进内外需市场数量和质量的提升，助推生产以内循环为主的国内国际双循环发展。因此，应继续进一步加大信息基础设施建设，大力发展专业化与高端化的生产性服务业，积极促进电商发展，大力发展跨境电商连接内外循环。

第五章研究了数字经济与就业高质量发展。数字经济的发展成为提升一国国际竞争力的关键，但会不会导致劳动力替代效应？基于中国2000～2018年的面板数据，实证检验了数字经济对中国就业的影响。研究结果发现：数字经济的发展并不必然减少就业规模，而是替代效应和抑制替代效应并存，推动数字经济并没有减少就业。在就业结构上表现为制造业内部促进高技术密集型就业数量减少劳动密集型产业和中技术密集型产业就业数量，在服务业上体现为数字经济促进了包括生产性服务业、消费性服务业和公共组织的就业规模。行业产出和人均受教育程度也对就业规模和结构有一定的积极作用。此结论具有一定的政策含义。

第六章研究了数字经济对消费者福利的影响。数字经济广泛存在高集中度现象，如何确保在促进数字经济发展的同时，消除高集中度对消费者福利的负面影响，是理论界和政策制定者需要关注的课题。数字经济市场具有增加集中度的特性，包括规模经济、范围经济、数据垄断、网络效应、切换和多平台接入的障碍、融资渠道和无形资本等，以及这些因素的累积效应的自我强化。高集中度会直接影响消费者获取服务的价格及质量，也会间接影响第三方提供的产品和服务，并最终影响消费者从这些企业获得产品和服务的价格及质量。这就需要构建竞争性政策，促进消费者福利的提升。可能的政策建议包括：扩大公共数据的提供和管理、加强数字经济的市场行为准则制定和执行、降低不同服务间切换和多平台接入的壁垒、提升数据共享程度、保护消费者隐私、提升消费者数据权利等。

第七章为数字经济对经济高质量的影响——国际贸易的视角。分别从数字经济的互联网表现与贸易、数字经济与贸易地位和数字经济与贸易利益三个方面论证了中国数字经济对贸易高质量的影响。数字化的知识和信息被提升到了关键生产要素的地位，数字经济通过促进企业价值链重构正在改变着价值链各环节的附加值，为贸易的高质量发展注入了强大动力。本章基于有关数据库，从增加值角度考察中国及世界主要国家数字经济发展对贸易收益和贸易地位的影响。

第八章为数字贸易发展及其影响因素研究。新一代信息通信技术的发展，不仅对贸易标的、贸易对象、贸易方式产生重大影响，而且推动了跨境贸易效率的提高、国际分工的深化变革，以及产品和服务的价值跃迁。但是关于数字贸易的测度还是一个难题。本章测度了中国数字贸易水平，在此基础上实证研究了数字贸易发展水平的影响因素。

第九章为促进数字经济发展的政策比较。分别从国际和国内两个层面论述不同地区促进数字经济的政策。首先是经合组织国家，发达国家普遍属于市场经济国家，但是也实施相关产业政策，促进数字经济的政策从市场竞争到中小企业再到研发和工人等方面。而中国的政策主要从宏观的角度，采取更加促进产业发展的政策措施。

第十章为数字经济促进经济高质量发展的战略选择。包括加大信息基础设施建设，扩大产业数字化转型力度，加强数字经济的国际合作等。

目 录

第一章 数字经济概述 ... 1

第一节 数字经济内涵 ... 1
第二节 数字经济数据要素的价值 ... 11
第三节 小结 ... 25

第二章 数字经济的测度与国际比较 ... 28

第一节 引言 ... 28
第二节 数字经济测度的方法 ... 30
第三节 数据基础 ... 33
第四节 数字经济测度结果 ... 36
第五节 小结 ... 45

第三章 数字经济对经济高质量增长的影响 ... 47

第一节 引言 ... 47
第二节 要素配置变革的演化差异 ... 49
第三节 产业结构升级的演变 ... 52
第四节 经济增长质量的演变 ... 54
第五节 数字经济促进经济高质量发展的战略选择 ... 57

第四章 数字经济与双循环发展 ... 60

第一节 引言 ... 60
第二节 内循环为主的双循环是经济高质量发展的必然要求 ... 61

第三节　数字经济对双循环发展的促进机理 …………………… 65
　　第四节　数字经济促进经济双循环的路径 …………………… 69

第五章　数字经济与就业高质量发展 …………………………… 73

　　第一节　引言 …………………………………………………… 73
　　第二节　数字经济促进就业高质量发展的机理 ……………… 74
　　第三节　数字经济与行业就业现状：中国的特征事实 ……… 78
　　第四节　数字经济促进就业高质量发展的实证研究 ………… 82
　　第五节　小结 …………………………………………………… 87

第六章　数字经济对消费者福利的影响 ………………………… 91

　　第一节　引言 …………………………………………………… 91
　　第二节　数字经济的市场集中度分析 ………………………… 92
　　第三节　数字产业集中度高的动因 …………………………… 95
　　第四节　数字产业集中度对消费者福利的影响 ……………… 100
　　第五节　构建竞争性政策促进消费者福利提升 ……………… 105

第七章　数字经济对经济高质量的影响——国际贸易的视角 … 109

　　第一节　互联网发展对国际贸易的影响 ……………………… 109
　　第二节　数字经济对贸易利益的影响 ………………………… 120
　　第三节　数字经济对贸易地位的影响 ………………………… 140

第八章　数字贸易发展及其影响因素研究 ……………………… 153

　　第一节　引言 …………………………………………………… 153
　　第二节　中国数字贸易发展水平测度 ………………………… 156
　　第三节　中国数字贸易发展影响因素分析 …………………… 161
　　第四节　研究结论和政策建议 ………………………………… 162

第九章　促进数字经济发展的政策比较 ………………………… 165

　　第一节　各国支持数字经济的普遍政策 ……………………… 165

第二节　支持数字经济发展的区域和国别政策比较 …………… 170
　　第三节　中国的数字经济政策 …………………………………… 187

第十章　数字经济促进经济高质量发展的战略选择 ………………… 198
　　第一节　加大数字经济基础设施建设力度 ……………………… 198
　　第二节　促进传统企业的数字化转型 …………………………… 200
　　第三节　加快建立和完善数据要素市场 ………………………… 202
　　第四节　深化数字经济国际合作 ………………………………… 208

参考文献 ………………………………………………………………… 211

第一章　数字经济概述

第一节　数字经济内涵

一、数字经济的定义

经济学界对于数字经济的定义经历了很多转变，一开始主要是基于互联网的采用以及对经济的影响（Brynjolfsson and Kahin, 2002; Tapscott, 1996）。更多地关注互联网经济可能出现和发展的条件，包括对不同政策和数字技术的分析，除此之外，还包括ICT和数字化公司对经济的作用（OECD, 2012, 2014）。随着发展中国家互联网连接的改善，以及数字公司产品和服务的扩大，数字经济研究开始包括对发展中国家情况的更实质性分析（贸发会议，2017；世界银行，2016）。G20杭州峰会发布的《二十国集团数字经济发展与合作倡议》对数字经济的定义是：以使用数字化的知识和信息作为关键生产要素、以现代信息网络作为重要载体、以信息通信技术的有效使用作为效率提升和经济结构优化的重要推动力的一系列经济活动。可以看出，数字经济是一个阶段性的概念，随着互联网的发展、人工智能和大数据技术的不断成熟和商业的广泛应用，数字经济的概念也会发生改变。

数字经济是继农业经济、工业经济之后的一种新的经济社会发展形态，蒸汽机引领工业革命，信息通信技术引发了信息革命，促进数字经济不断壮大。近年来，移动互联网、云计算、大数据、人工智能、物联网、区块链等信息技术的突破和融合发展促进了数字经济的快速发展。更多地关注数字技术、服务、产品、技术和技能在各经济体中的传播方式。这一过程通常被称为数字化，定义为企业通过使用数字技术、产品和服务的过渡（Brennen and Kreiss，2014）。数字产品和服务促进了更广泛领域的更快速变革，而不仅限于那些以前主要关注的高科技领域（Malecki and Moriset，2007）。反映这一变化，最近的工作主要集中在"数字化"和"数字化转型"，以及探索各种跨部门数字化趋势（OECD，2016；UNCTAD，2017），数字经济已经开始对农业、旅游业和交通运输等传统部门的发展中国家产生影响。事实上，最重要的经济变化很可能通过传统部门的数字化而不是通过新的行业出现来实现。其他研究提出的数字经济的定义："经济产出的那部分来自或主要来自基于数字商品或服务的商业模式的数字技术"（Barefoot et al.，2018；OECD，2012；UNCTAD，2017）。另一种方法是将数字经济视为包含数字技术扩散到经济中的所有方式（Brynjolfsson and Kahin，2002）。也有研究从更广泛的角度界定了数字经济的基础，表明它是"总经济产出的份额来自一些广泛的数字投入，这些数字投入包括数字技能、数字设备（硬件、软件和通信设备）以及生产中使用的中间数字产品和服务"（Knichrehm，2016）。这些广泛的衡量标准反映了数字经济的基础。上述定义突出了不同的重点：一方面趋向于数字部门的前沿活动；另一方面是更广泛的经济数字化。因此，数字经济的代表性定义遵循贸发会议（2017）中使用的内容。

也有部分机构通过某些技术集合来定义数字经济。正如联合国贸易和发展会议（UNCTAD，2017）所强调的那样，不断发展的数字经济可以与高级机器人、人工智能、物联网（IoT）、云计算、大数据分析和三维（3D）打印的使用增加相关联性。此外，可互操作的系统和数字平台是数字经济的基本要素。

二、发展数字经济的意义

数字经济是以数字化的知识和信息为关键生产要素、以数字技术创新为核心驱动力、以现代信息网络为重要载体，通过数字技术与实体经济深度融合，不断提高传统产业的数字化智能化水平，加速重构经济发展与政府治理模式的新型经济形态。当前以数据驱动为特征的数字化、网络化和智能化深入推进，数据化的知识和信息作为关键生产要素，在推动生产力发展和生产关系变革中的作用更加凸显。经济社会实现从生产要素到生产力再到生产关系的全面系统变革，数字经济体系框架升级为"四化"框架：一是数字产业化及信息通信产业，包括电子信息制造业、电信业、软件和数字技术服务业；二是产业数字化，即传统的一二三产业，由于应用数字技术所带来的生产数量和生产效率提升，其新增产出构成数字经济的重要组成部分；三是数字化治理，包括治理模式创新、利用数字技术完善治理体系、提升综合治理能力等；四是数据价值化，包括数据采集数据标准、数据确权、数据标注、数据定价、数据交易、数据流转和数据保护等。

全球经济发展环境深刻调整。疫情正在深刻改变全球政治与经济秩序，在严重拖累经济全球化进程的同时，也对世界经济贸易格局造成了全方位的影响。疫情导致全球产业链的供应和协作受到冲击，上游原材料核心零部件短缺，造成制造成本上升，下游消费者需求疲软拖累一般产品出口，为规避地域风险，一些产业链出现产能转移，产业链加速重构，行业加速洗牌，在新冠疫情冲击叠加全球经济衰退的背景下，全球经济发展的不确定因素逐渐地增多，包括全球价值链、国际经济治理、国际秩序正在重构，数字经济发展受到了影响。

传统产业链受到冲击。自20世纪50年代以来，全球生产结构发生了深刻变化，突出表现为发达国家制造业再工业化和发展中国家制造业"高端跃升"并存，同时，全球价值链成为构建国际分工的主要形式。各国按照其要素禀赋参与全球化生产产品的某个工序，世界形成了三大生产网络，即北美生产网络、欧洲生产网络和东亚生产网络，但是新冠疫情催化了全球价值链的重构，导致产业链逆全球化和内卷化，全球产业链在疫情冲击下表现出较大的脆弱性，其中，分离程度高的产业链环节受到较大冲击，产业链危机由供给端扩散至需求端，新冠疫情造成的劳动收入减少引发需求萎缩，最终形成的供需两端同时萎缩，进一步冲击产业链，全球价值链体系出现断裂萎缩乃至价值贬值现象，疫情对全球产业链形成冲击，尤其对产品工序比较长的行业及生产链长度比较长、全球化程度比较高的行业，影响更为明显。诱发全球产业链回流和布局调整转移，部分国家支持关键产业回流本国，包括卫生医疗设施等，因此，疫情已经使得国际供应链和市场供需收缩叠加，世界经济宏观调控矛盾和国家间利益博弈影响全球产业链出现中断甚至断裂的风险。

从产业发展来看，影响比较大的如美国和德国，其作为北美和欧洲两大区域生产网络中心，均受到了疫情的严重影响，多条国际物流通道关闭，导致全球供应链产业链和价值链出现断裂。中国在疫情初期受到了一定的影响，但是由于中国采取了坚决的措施，遏制住新冠疫情在中国整体的传播，目前中国经济得到了迅速恢复。根据国家统计局的数据，2020年中国国内生产总值超过100万亿元，同比增长2.3%，成为全球唯一实现经济正增长的主要经济体。分季度看，一季度同比下降6.8%，二季度增长3.2%，三季度增长4.9%，四季度增长6.5%[①]。面对国外市场不确定性的风险，中国提出了加快形成以国内大循环为主体、国内国际双循环相互促进的新发展格局，另外加强全球抗疫合作，同时扩大开放，积极参与到全球产业链的重构当中，发挥我国在全球产业链供应链中的重要作用。

随着数字经济的发展，产业链数字化趋势明显，数字技术在产业链组织与重构中发挥的作用更加明显，以物联网、人工智能、云计算、大数据、5G和区块链为代表的新一代数字技术，迅速发展，传统产业数字化转型，成为创新发展的主要驱动力，实现高质量发展的内在动力，所以，全球范围内数字技术创新发展与深度融合数字技术，已经逐渐成为产业链发展的趋势。

国际经济形势错综复杂，全球经济复苏势头减弱，世界经济正处于攻动能转换的换挡期，全球价值链中传统产业的简单劳动环节持续萎缩，中间品贸易持续下降，服务经济获得逆势增长，产业分工格局加速重构。世界各国对数字经济的重视程度日渐提升，不断升级数字经济发展战略，抢占战略高地，伴随着数字经济发展热点的迭代，数字化战略转型升级，为各国数字经济发展带来新机遇。

三、数字经济的技术构成

随着数字技术的发展，数字技术支撑的交易越来越多，包括人工智能、大数据和区块链等，数字经济的不同技术和经济可以分为三大部分：（1）数字经济的基础层面：包括数字经济的硬件计算机和电信设备，数字经济的软件，如互联网和电信网络等，以及为软件和硬件提供支撑的基础创新如半导体和处理器。（2）数字经济的中层层面，主要是依赖于核心数字技术的关键产品和服务，包括数字平台、移动应用和支付服务。（3）更广泛的数字化部门，包括越来越多地使用数字产品和服务的部门（如电子商务）。数字经济正在不断地改造传统产业，数字技术应用于传统产业产生了更广泛的数字化部门，例如金融、媒体、旅游和运输等。数字经济在很大程度上受到这些部门创新服务的影响，这些部门对经济做出了越来越大的贡献，并对其他部门产生了潜在的溢出效应；另外数字经

---

① 2020年中国GDP突破100万亿元同比增长2.3%，人民网，2021-1-18.

济也创造了很多新的商业模式和商业行为。

作为一个新兴事物，对数字经济进行测度是一项非常困难的问题，因为使用数字技术，可能具有较大的正外部性，溢出效应非常大。一些研究通过调查和电子评估数字化商业数据，通过衡量一个经济体 ICT/数字部门的溢出效应（Barefoot et al.，2018；Knickrehm et al.，2016），或者通过探索全球数据和知识不断变化的地理位置（Manyika，2014；Ojanperä，2016）。由于方法上的挑战和缺乏可靠的统计数据，这些方法往往面临限制。而大部分测度方法的基础都有一个共同的指标，就是数字基础设施，包括：（1）ICT 网络（连接的核心数字基础设施）；（2）数据基础设施（数据中心、海底电缆和云基础设施）；（3）数字平台；（4）数字设备和应用程序。一些专家还将数据本身作为数字基础设施的一部分，在数字平台的情况下，虽然它们不是严格的基础设施（它们也可以是参与其上发生的活动的代理），但它们也执行基础设施——通过连接市场的两个或多个方面来实现功能。电力基础设施对于使用数字基础设施至关重要，因为这些技术需要电力运行。这种广泛而灵活的方法适用于术语"数字基础设施"的使用，具体取决于具体情况。数字经济的发展与多种前沿技术的进步密切相关，包括一些关键的面向软件的技术，如区块链、数据分析和人工智能。其他新兴技术包括面向用户的设备（如计算机和智能手机）、3D 打印机和可穿戴设备，以及面向机器的专用硬件，如物联网、自动化、机器人和云计算。这些日益融合的技术的快速发展得益于数据存储、处理和传输的容量激增以及相当大的成本降低。这些技术的详细描述和分析已在其他地方广泛提出。

（1）区块链技术。区块链技术是一种分布式账本技术，允许多方在没有任何中介的情况下进行安全、可信的交易。它最为人所知的是加密货币背后的技术，但它也与许多其他对发展中国家具有重要意义的领域有关。这些领域包括数字识别、产权和援助支付。区块链的三大关键机制：密码学原理、数据存储结构、共识机制。区块链技术应用已延伸到数字金融、物联网、智能制造、供应链管理、数字资产交易等多个领域。各国对区块链技术高度重视，一方面，保持鼓励支持、积极探索的态度；另一方面，加快制定规范准则，作为有效监管依据。目前，全球主要国家都在加快布局区块链技术发展。我国在区块链领域拥有良好基础，要加快推动区块链技术和产业创新发展，就需积极推进区块链和经济社会融合发展。区块链作为对传统信息技术的升级与补充，其发展将与其他新兴信息技术相互融合、相互促进。当前，区块链仍处于发展初期，不仅需要政府、行业联盟、企业合作、制定技术标准和共识机制，更离不开5G、物联网、大数据等技术的支持。

（2）大数据。作为经济学概念的数字经济是人类通过大数据（数字化的知识与信息）的识别—选择—过滤—存储—使用，引导、实现资源的快速优化配置与再生、实现经济高质量发展的经济形态。大数据作为新一轮工业革命中最为活跃的技术创新要素，正在重构全球生产、流通分配和消费等领域，对全球竞争、国家治理、经济发展、产业转型和社会生活等方面产生全面深刻影响。2019年11月，党的十九届四中全会历史性地将数据作为劳动资本、土地等同等的生产要素，大数据将在数字经济发展中发挥更加重要的创新作用。对于大数据的定义，麦肯锡提出定义为：无法在一定时间内用传统数据库软件工具对其内容进行采集、存储、管理和分析等能力的数据集合，促进大数据发展行动纲要，将大数据定义为以容量大、类型多存储速度快、应用价值高为主要特征的数据集合。大数据具有数据体量大、数据类型多、价值密度低和处理速度快等特征。理解大数据首先要搞清楚大数据技术、大数据资源和大数据产业之间的关系；大数据技术主要解决数据如何采集、如何存储、如何分析、如何可视化展现等问题；大数据资源主要解决数据从哪里来、如何确权、如何治理、如何共享、如何交易流通和如何分析利用等问题；大数据产业主要解决产业化落地问题，利用大数据技术作用于大数据资源，解决经济社会相关领域的实际问题。大数据是一种生产要素，在数字经济时代，数据如同农业经济时代和工业经济时代的土地劳动力资本和石油一样成为关键生产要素，大数据实质是一种基于数据的洞察能力，通过对高度关联的数据进行分析，获取知识和价值提升，用数据说话、用数据管理、用数据创新、用数据决策的能力。因此，在大数据中它是一种思维方式，利用全体数据，而不是随机样本分析问题；总分析趋势，不要求细节上的精准性，要侧重反映复杂事物的混搭性；分析阶段上不一定强调复杂的因果关系，而是重在揭示，更加务实地解决问题。经过多年的发展，大数据产业将成为建设数字经济的关键创新动力，但是目前大数据发展亟须解决以下问题：第一，设计要素的贡献率问题。数据作为一种新型生产要素，应该由市场化机制评价及经济贡献率，并据此确定数据要素的报酬率。第二，数据要素的确权问题。由于数据资源涉及的类型多样、主题多元、权属复杂、确权的复杂性远远超过传统生产要素。第三，数据交易和流通问题。我国大数据交易仍然处在起步阶段，缺乏全国统一法律法规，无法有效保障大数据的交易和流通。第四，数据安全和隐私保护问题。数据的海量汇集、共享交换和交通流通，使得国家安全、个人隐私保护等问题面临更加严峻的考验。总体来看，大数据的趋势包括以下方面：第一，数据传输市场将逐步建立，理论和技术将进一步突破大数据、云计算、人工智能和物联网等新技术，围绕数据分析利用的多技术融合创新将进一步深化井喷式的现实需求，将驱动大数据理论和技术的快速发展，将继续加大大数据领域的存储技术分析算法和基础理论，引来新一轮的突破；第二，政府数据共享开放将释放更多的数据红利，数字政务的创新发展，部门和地方之间的数据开放，将逐步打破政府数据共享及公共数据开放，将释放数据红利，推动数字经济创新发展；第三，数据安全治理已经成为网络安全的新课题，传统的通过技术安全防护，免受外国入侵攻击的数据安全防护理念，以应用数据的有序流动为主要目的的数据安全治理理念，数据安全治理将更加突出与数据分析、分级分类为基础的加强全生命周期全相关主体的有效管控。

（3）物联网。物联网最早由麻省理工学院自动标识中心（MIT Auto-ID Center）在 1999 年提出，是建立在 RFID 技术基础上的构想，后来被不断发展完善。2005 年，国际电信联盟（ITU）正式提出了物联网内涵：通过 RFID、传感器、全球定位系统和激光扫描器等信息传感设备，使得"物"具备自动标识、智能感知能力，实现物理世界与虚拟数字世界的相连；通过"物"的智能接口实现了信息网络的无缝结合，进行信息交换与通信，从而达到智能化识别、定位、跟踪、监控和管理的目的，最终实现任何时刻、任何地点、任何物体之间的互联，成为无所不在的网络，并进行无所不在的计算。

表 1-1 为物联网概念的发展史。

表 1-1　　　　　　　　　　物联网概念的发展史

年份	事件
1982	卡内基梅隆大学第一次讨论智能设备联网，制造了一台与互联网连接的可乐机
1991	"21 世纪计算机"提出物联网"无所不在的计算"概念
1995	比尔·盖茨在《未来之路》中提出了智能家居概念
1999	MIT 将物联网定义为 RFID 技术与互联网的结合应用，物联网概念开始深入人心
2002	美国橡树岭国家实验室断言 IT 时代正从"计算机即网络"迅速向"传感器即网络"转变

续表

年份	事件
2005	国际电信联网发布《ITU 互联网报告2005：物联网》，正式将物联网成为"Internet of thing"
2006	欧盟会议将物联网做了进一步描述
2008	IBM 提出"智慧地球"概念
2008	法国召开欧洲物联网大会涉及物联网隐私权、物联网在主要工业部门的影响等内容。
2009	谷歌启动自动驾驶汽车项目；比特币开始运营
2010	中国政府将物联网列为关键技术，NEST 发展了智能家居
2013	谷歌眼镜发布，可穿戴技术革命
2014	工业物联网标准联盟成立
2019	5G 的大规模应用，开始万物互联

资料来源：《物联网概述》，华泰证券研究所。

根据著名的梅特卡夫定律，物联网的整体网络价值要高于移动互联网。梅特卡夫定律认为，网络的整体价值与网络节点数的平方成正比，网络外部性的价值就是网络整体价值的本身。虽然物联网中单个连接点的交互价值要低于移动手机终端，但是因为物联网的连接点超过移动互联网的一个数量级，因此，物联网的整体网络价值要高于移动互联网。

物联网大致被划分为感知层、网络层和应用层。感知层主要是物联网终端的元器件，包括传感器、RFID 射频模组、芯片，以及上游的地图定位、语音识别功能模块。网络层则是传统意义上的通信传输领域，包括通信模块制造商、设备集成商、电信运营商等。而下游的应用层则是根据物联网的具体应用场景来划分：工业、汽车、城市、电力、家居、可穿戴、医疗，另外，还有集成通用物联网服务的大数据、云平台，管理连接的运营平台。

物联网有着非常丰富的下游应用，"长尾"的价值既"宽"且"广"。因为物联网的无所不在，所以物联网的外延在动态生长。只要是内置传感器，外部联网的硬件设备都是物联网应用的一部分。

由于物联网巨大的潜在市场空间与重要的产业战略地位，科技巨头公司对物联网发展非常重视，自上而下地推动物联网的发展。欧美市场创新机制较成熟，产业配套较完善，主要由互联网推动物联网的发展。政府更多的是反映产业的诉求，倾听产业的声音。例如，2008 年 IBM CEO 彭明盛提出"智慧星球"概念，倡导将传感器应用到各行各业中，在 2009 年受到美国时任总统奥巴马的采纳，并纳入《美国复兴与再投资法案》中。从国外多年的互联网发展史来看，科技巨头不乏遭遇重大的战略失误甚至破产倒闭，但是得益于国外较自由的创业环境、较完善的工业配套体系与较宽松的制度环境，整个科技、互联网行业一直保持着旺盛的创新能力。并且从全球范围来看，欧美的科技巨头依然在引领物联网发展的浪潮。国外巨头借助自身传统优势业务，布局物联网的底层芯片、操作系统、云平台级别的入口。巨头们的卡位意识非常强烈，目前执行的战略也多是复制以往的成功经验。

我国政府一直在积极推动着物联网发展，在2009年初，美国制定鼓励物联网发展的"智慧星球"相关战略后，2009年8月在无锡建成"感知中国"中心。在这之后，物联网发展计划上升到国家战略，进入"十二五""十三五"战略规划中，成为重点发展的战略产业之一。

（4）5G移动宽带。网络的发展包括通信时代的发展，从1G的模拟语音到2G的数字语音和短信，到3G的移动互联网应用，再到4G的数据业务占主导，一直到5G的速率提升和场景升级。5G具有ITU定义的三大应用场景：增强型移动宽带（eMBB）、海量物联网（mMTC）、高可靠低时延（uRLLC）。eMBB提升了3G和4G的网络速度，这是延续性的提升，提供了更好的用户体验。而mMTC和uRLLC针对行业提出的新场景，不管是海量物联网还是高可靠低时延，都需要运营商对原有的网络进行全面再造，推动5G由物联网时代向万物互联时代转变。5G的产业价值是基础设施价值的杠杆放大效应带动社会经济发展；4G时代最大的贡献在于数字孪生，把人的各种需求以数字化形式充分呈现出来；5G时代最大的特点是有了数字化需求后，产业如何满足需求。5G将同时面向供给侧和消费侧来传导经济社会的影响力，5G不仅有运营商的网络设备投资，也有各个行业的信息与通信技术（ICT）资本化，还将增加信息产品的消费并带动垂直领域的5G应用。从国家的发展来看，5G相关产品和服务的出口，以及海外分销渠道或部署5G网络，将整体促进社会经济的发展。政策推动是非常重要的一个发力点，其核心是加快5G商用化进程和做数字经济发展使能器。各国政府也把5G所代表的信息产业作为下一步发展的重要助力。就中国而言，从2018年3月明确发展方向到2019年6月正式发布商用牌照，政策方向非常明确，就是要力争5G引领。同时各个地方政府也把5G的发展作为一个非常重要的区域战略级部署，目前，全国有26个省市自治区把5G作为重点工作，明确推动商用进程。

（5）量子科技。量子科技目前有两种主流的方向，第一是量子计算，第二是量子通信。分别对应量子叠加和量子纠缠这两大量子力学领域内的基本原理。量子计算利用的是量子叠加的性质，传统的计算机无论芯片设计与制程，其基础的原理都是二极管和逻辑门，也就是只能表示 0 和 1 两种情况，一个 0 或者 1 的单位是 1 比特，而量子纠缠的特性，可以使得以量子构成的"二极管"同时表达出多种多个数字，而不是仅仅只有 0 和 1。这样，对于每一个量子单元来说，可以储存 $2n$ 个数据，n 就是量子比特，根据谷歌（google）著名的"量子霸权"文章中设想 53 量子比特运算可知，单个量子可以储存 253 个数据。同时，不仅仅是存储，得益于量子纠缠特性，量子计算还可以同时对 $2n$ 组输入数据进行计算，就相当于一台装备了 $2n$ 台处理器的芯片。

在应用领域，就如同上文原理中的两大方向一样，一方面是计算，另一方面是通信。在量子计算领域，目前的成熟应用还未出现，各国正处于努力提高量子比特的阶段，目前产业认为，量子云是量子计算方向最有可能落地的应用领域，量子云从原理上来说，即用量子计算机来代替传统的超级计算机或者 IDC 机房中的服务器，通过云端的算法转化与配套设施，来使得量子计算机能够参与到云计算之中，大幅度提高云计算的算力。中国信通院 2020 年 10 月发布的量子云计算发展态势报告中指出，量子云计算将加速量子计算技术从实验室走向成熟。在量子通信领域，由于其技术难度较量子计算较低，目前我国已经率先建成了"京沪干线"，发射了"墨子号"量子通信卫星，实现了全球首次洲际量子通信，走在了全球技术研发和成熟商用的最前沿。

（6）云计算。云计算就是云提供商通过互联网向用户交付服务器、存储空间、数据库、网络、软件和分析等计算资源。核心思想是按需提供弹性的信息化资源与服务，实现基础设施资源共享，进而向用户提供服务。主要特征表现为：①弹性扩展：按需购买，可以随时增加或减少资源容量；②费用低：无须购买软硬件，无须承担管理维护等人力成本；③速度快：只需点下鼠标；④工作效率高：专注自身业务，无须关注底层硬件维护和管理；⑤性能佳：规模效益，遍布各地数据中心，降低网络延迟；⑥可靠性强：冗余站点对数据镜像处理，提供数据备份，灾难恢复和实现业务连续性。云计算自 2006 年提出至今，大致经历了形成阶段、发展阶段和应用阶段。过去 10 年是云计算突飞猛进的 10 年，全球各国政府纷纷制推出"云优先"策略，全球云计算市场规模增长数倍，我国云计算市场从最初的十几亿增长到现在的千亿规模。我国云计算政策环境日趋完善，云计算技术不断发展成熟，云计算应用从互联网行业向政务、金融、工业、医疗等传统行业加速渗透。未来，云计算仍将迎来下一个黄金十年，进入普惠发展期。一是随着新基建的推进，云计算将加快应用落地进程，在互联网、政务、金融、交通、物流、教育等不同领域实现快速发展。二是在全球数字经济背景下，云计算成为企业数字化转型的必然选择，企业上云进程将进一步加速。三是远程办公、在线教育等 SaaS 服务落地，推动云计算产业快速发展。

（7）人工智能。人工智能是计算机科学的一个分支，它企图了解智能的实质，并生产出一种新的能与人类智能相似的方式做出反应的智能机器，该领域的研究包括机器人、语言识别、图像识别、自然语言处理和专家系统等。自人工智能诞生以来，理论和技术日益成熟，应用领域也不断扩大。

美国、德国、日本、韩国、俄罗斯等国均强化人工智能发展战略迭代，对其国家人工智能战略进行了更新，以更好迎接快速发展的人工智能、科技创新和经济社会发展新形势。人工智能对科技、产业和社会变革的巨大潜力也得到全球更多国家的认同，多个国家新发布了国家人工智能发展战略或计划，至少还有很多国家正在筹备制定其人工智能发展计划。中国人工智能发展在全球发展具备了很好的基础，但也存在明显短板。中国在科研产出、产业发展和政策环境方面有一定优势，但在科技领先实力、人才尤其是高端人才的储备，还有人工智能开源生态等方面还有很大提升空间。中国以更加开放的姿态推进人工智能的国际合作。比如，人工智能国际合作论文数量持续增长，中国在国际人工智能开源社区的贡献度已成为仅次于美国的第二大贡献国，中美两国处于全球人工智能科研合作网络和产业投资网络的中心，人工智能成为"一带一路"国际合作的重要主题。

第二节　数字经济数据要素的价值

2020 年 4 月 9 日，中共中央、国务院发布《关于构建更加完善的要素市场化配置体制机制的意见》，首次将数据与土地、劳动力、资本、技术等传统要素并列为要素之一，提出要加快培育数据要素市场，包括推进政府数据开放共享、提升社会数据资源价值和加强数据资源整合，以及安全保护三方面工作。

数据作为要素是一个新命题，有大量前沿问题需要研究。在文献中，相关问题归属于数据经济（data econfomy）范畴。数据经济指数据收集、组织、使用、分享、流转和管理等活动组成的经济生态。德勤和阿里研究院（2019）认为，数据资产不完全符合会计准则中对于"资产"及"无形资产"的定义。剑桥大学研究报告《数据的价值》（BIPP, 2020）对数据经济的理论、实践和政策问题进行了全面综述。李小加（2020）提出，组建数据要素产业化联盟，梳理数据经济中八个方面的重要问题。于施洋等（2020）分析了我国深化数据要素市场化配置面临的挑战，提出搭建公共平台、完善市场条件、研究配套政策、推动协同联动、优化市场结构等方面的政策建议。但从国内外研究来看，数据经济是一个方兴未艾的领域，而且学术研究略显落后于行业和监管实践，有不少新概念、新问题和新机制值得梳理。包括数据要素有技术和经济学特征、有数据价值的内涵和计量方法、有数据要素的配置机制等。

一、数据和数据要素的定义和特征

（一）数据的分类和特性

数据通常是指对客观事物进行记录、未被加工的原始素材，是基础生产资料。在互联网时代下，具有价值的数据通常具有体量大、种类繁多、价值高、反应速度快等特点，也就是行业所谓的大数据。

数据具有以下特性：

大数据的特征通常概括为4V，即 Volume（大量）、Velocity（高速）、Variety（多样）、Value（低价值密度）。

1. 数据量大（Volume）。

随着互联网普及及技术革新，数据量成几何级数增长，传统的存储计算方式无法应对规模异常庞大的数据，当量变达到质变时，就催生出新的研究价值。当前，典型个人计算机硬盘的容量为 TB 量级，而一些大企业的数据量已经接近 EB 量级。

2. 数据更新频繁（Velocity）。

这是大数据区分于传统数据的显著特征。根据英特尔数据，全球数据总量在 2020 年达到 44ZB，中国的数据量为 8ZB，大约占据全球总数据量的 1/5。目前，随着云计算、大数据、物联网等技术产业的快速发展，数据流量增长速率正在不断加快。在如此海量的数据面前，分析对象的数据将被频繁更新。

3. 数据类型多样（Variety）。

大数据面对的数据通常是异构、异质的数据集。如同前文提到数据的存储形式，可能包括文本、音频、视频等多种形式，即可能是结构化、半结构化的或无结构的。

4. 数据价值密度低（Value）。

价值密度的高低与数据总量的大小成反比。以视频为例，一部 1 小时的视频，在连续不间断的监控中，有用数据可能仅有一二秒。如何通过强大的机器算法更迅速地完成数据的价值"提纯"已成为目前大数据背景下亟待解决的难题。

表 1-2 为数据分类。

表 1-2　　　　　　　　　　　数据分类

划分标准	分类	内容
按照生产对象	与人有关	个人信息、信用数据
	与物有关	与产品、设备相关，优化生产流程，调整生命周期
	与事件有关	人与物的链接，解决问题，形成万物互联
按照内容	社交数据	在线社交相关数据
	购物数据	提供电商等平台购买行为和特征数据
	生产数据	生产商生产过程中产生的数据
存储形式	结构化数据	由明确定义的数据类型，易于搜索，分析便利
	半结构化数据	非关系模型、有固定结构模式的数据
	非结构化数据	具有内部结构，但不通过预定义的数据模型进行结构化的数据
权属划分	私有数据	有明确归属的，包括自然人、法人或其他组织
	公有数据	具有公共财产属性且被公众访问的数据

（二）数据要素的物理特征

数据资产的概念由信息资产、数字资产衍生出来，并随着大数据的蓬勃发展而被提出。信息资产概念来源于信息技术对各个领域和生活方式的影响，强调数据的信息属性；数字资产概念来源于"数据经济"的提出，对应着数据的物理属性；数据资产概念来源于将数据视为一项战略资产，对应着数据的存在属性。实质上，这三个概念具有一致的内涵（朱扬勇等，2018）。高德纳（Gartner，2015）认为，需要具有更强的决策力、洞察发现力和流程优化能力的处理模式来适应海量、高增长和多样化的信息资产。通过数据的定义，数据要素的物理特征主要体现为：对巨量数据进行分析，提取出有价值的信息，并利用该信息为企业创造经济价值。

与通常认为的不同，这是信息科学中一个基本但复杂的问题，没有显而易见的答案。对数据的理解离不开对信息和知识等相关概念的辨析。艾考夫（Ackoff，1989）提出了 DIKW 模型（见图 1-1），D 指数据（Data）、I 指信息（Information）、K 指知识（Knowledge）、W 指智慧（Wisdom）。DIKW 模型在信息管理、信息系统和知识管理等领域有广泛使用，不同研究者从不同角度给出不同解释，罗利（Rowley，2007）并进行了综述。

图 1-1　DIKW 模型

第一，智慧、知识、信息和数据之间依次存在从窄口径到宽口径的从属关系。从数据中可以提取出信息，从信息中可以总结出知识，从知识中可以升华出智慧。这些提取、总结和升华都不是简单的机械过程，依靠不同方法论和额外输入（比如，应用场景和相关学科的背景知识）。因此，信息、知识和智慧尽管也属于数据的范畴，却是"更高阶"的数据。

第二，数据是观察的产物。观察对象包括物体、个人、机构、事件以及它们所处的环境等。观察是基于一系列视角、方法和工具进行的，并伴随着相应的符号表达系统，比如度量衡单位。数据就是用这些符号表达系统记录观察对象特征和行为的产物。数据可以采取文字、数字、图表、声音和视频等形式。在存在形态上，数据有数字化的（digital），也有非数字化的（比如，记录在纸上）。但随着信息和通信技术（ICT）的发展，越来越多数据被数字化，在底层都表示成二进制。

第三，数据经过认知过程处理后得到信息，给出关于谁（who）、什么（what）、何处（where）和何时（when）等问题的答案。信息是有组织和结构化的数据，与特定目标和情景有关，因此，有价值和意义。比如，根据信息论，信息能削减用熵度量的不确定性。

第四，与数据和信息相比，知识和智慧更难被准确定义。知识是对数据和信息的应用，给出关于如何做（how）的答案。智慧则有鲜明的价值判断意味，在很多场合与对未来的预测和价值取向有关。

一般而言，数据的技术特征主要包括以下维度：数据的样本分布、时间覆盖和变量/属性/字段等；数据容量，如样本数、变量数、时间序列长度和占用的存储空间等；数据质量，如样本是否有代表性，数据是否符合事先定义的规范和标准，观察的颗粒度、精度和误差，以及数据完整性（如是否有数据缺失情况）；数据的时效性，鉴于观察对象的特征和行为可以随时间变化，数据是否还能反映观察对象的情况；数据来源，有些数据来自第一手观察，有些数据由第一手观察者提供，还有些数据从其他数据推导而来，数据可以来自受控实验和抽样调查，也可以来自互联网、社交网络、物联网和工业互联网等。数据可以由人产生，也可以由机器产生，数据可以来自线上，也可以来自线下；数据类型，包括是数字化还是非数字化的，是结构化还是非结构化的，以及存在形式（文字、数字、图表、声音和视频等）。

不同数据集之间的互操作性和可连接性，如样本 ID 是否统一。变量定义是否一致，以及数据单位是否一致等。数据的基本特征包括容量、时效性、多样性、价值密度和真实性，5 个维度决定了数据资源能否有效发挥作用，产生洞见。

（三）数据要素的经济学特征

围绕要素主体特征、权属流转模式、资源稀缺程度、管理规范标准、要素交叉关联、价值溢出效应等维度，综合分析土地、劳动力、资本、技术、数据五大生产要素，从各个维度探讨数据要素与其他要素的异同点。

从要素主体特征来看，数据要素因其易获取、易传播的特点，主体比较繁杂，如数据产生者、数据存储者、数据处理者、数据应用者等。土地、劳动力主体较为单一，如城市市区的土地属于全民所有，农村和城市郊区的土地，除法律规定属于国家所有的以外，都属于集体所有。资本、技术主体较为多样，如技术主体可以是科研机构、企业以及个人等。

从权属流转模式来看，数据要素因其强动态性的特点，权属流转较为复杂，如对于企业数据来说，数据是由企业行为（包括采集、加工、整理等服务增值行为）产生的，不过企业对于其收集、加工、整理的数据享有何种财产权益，企业在个人数据基础上开发的数据衍生产品及数据平台等财产权益受何种法律保护，这些权属问题都需要法律进一步界定。土地、劳动力、资本、技术均有确切的法律依据，权属界定相对明晰，如土地生产要素涉及土地所有权及由其派生出来的土地占有、使用和收益权。

从资源稀缺程度来看，数据要素因其易收集、易复制的特点，资源非常富足，如互联网用户个体每天产生1.5GB的数据，一辆联网的自动驾驶汽车每运行8小时将产生4TB的数据，脸书（Facebook）每天产生4PB的数据，全球每天有50亿次搜索。当然高价值的数据资源还是稀缺的，这也体现出了巨头平台公司的优势。土地、劳动力资源稀缺，这也是各地政府发展产业过程中最先需要解决的两大关键要素。资本、技术资源相对稀缺，表1-3为各种要素的特征比较。

表1-3 各种要素的特征比较

数据要素的经济学特征	土地	劳动力	资本	技术	数据
要素主体特征	主体单一	主体单一	主体多样	主体多样	主体繁杂
权属流转模式	权属明晰	权属明晰	权属明晰	权属明晰	权属复杂
资源稀缺程度	资源稀缺	资源稀缺	资源较为稀缺	资源较为稀缺	资源富足
要素交叉关联	相对独立	存在交叉	存在交叉	存在交叉	紧密交叉
价值溢出效应	溢出不明显	溢出不明显	溢出明显	溢出明显	价值倍增

从要素交叉关联来看，数据要素因其强外部性的特点，与劳动力、资本、技术均紧密交叉关联，数据要素可深度融入劳动力、资本、技术等每个单一要素，如人才大数据、金融科技大数据、知识产权大数据等，切实提高单一要素的生产效率，在此过程中，数据要素将变得更为丰富、全面。土地要素相对独立，劳动力、资本、技术均呈现一定程度的交叉关联性。

从价值溢出效应来看，数据要素因其全局性的特点，可兼顾各方要素实现资源统筹优化，继而实现价值倍增，如数据要素可提高劳动力、资本、技术、土地这些传统要素之间的资源配置效率，以最优资源配置组合服务于整体生产，同时降低不必要资源的投入成本，创造更高的价值。一般来说，土地、劳动力价值溢出不甚明显，不过高附加值地块以及高水平人才团队价值溢出还是比较可观的。

资本、技术价值溢出比较明显，资金流入与核心技术引入将带来不菲的价值溢出效应。

与数据的技术特征相比，数据的经济学特征要复杂得多。数据可以产生价值，因此，具有资产属性。数据兼有商品和服务的特征。一方面，数据可存储、可转移，类似商品。数据可积累，在物理上不会消减或腐化；另一方面，很多数据是无形的，类似服务。

很多数据属于公共产品，可以由任何人为任何目的而自由使用、改造和分享。比如，政府发布的经济统计数据和天气预报数据。一些数据是俱乐部产品，属于准公共产品，如前面提到的收费媒体信息终端。大部分数据是非竞争性的，因此，属于私人产品和公共资源的数据较少。数据的所有权不管在法律上还是在实践中都是一个复杂问题，特别是对个人数据。数据容易在未经合理授权的情况下被收集、存储、复制、传播、汇集和加工，并且数据汇集和加工伴随着新数据的产生。这使得数据的所有权很难界定清楚，也很难被有效保护。比如，在互联网经济中，互联网平台记录下用户的点击、浏览和购物历史等，是非常有价值的数据。这些数据尽管描述了用户的特征和行为，但不像用户个人身份信息那样由用户对外提供，很难说由用户所有。互联网平台尽管记录和存储这些数据，但这些数据与用户的隐私和利益息息相关，很难任由互联网平台在用户不知情的情况下使用和处置这些数据，所以互联网平台也不拥有完整产权。因此，需要通过制度设计和密码学技术等精巧界定用户作为数据主体以及互联网平台作为数据控制者的权利，这会为他们之间的经济利益关系产生显著影响。

很多研究者把数据比喻成新经济的石油。这个比喻实际上不准确。石油是竞争性和排他性的，产权可以清楚界定，作为私人产品形成了现货和期货等复杂的市场交易模式。很多数据难以清晰界定所有权，作为公共产品或准公共产品难以有效参与市场交易。因此，把数据比喻成阳光更为合适。

二、数据资产的内涵和计量

（一）数据价值的内涵

根据《企业会计准则——基本准则》（财政部令第33号），"资产是指企业过去的交易或者事项形成的、由企业拥有或者控制的、预期会给企业带来经济利益的资源。由企业拥有或者控制,是指企业享有某项资源的所有权,或者虽然不享有某项资源的所有权,但该资源能被企业所控制。预期会给企业带来经济利益,是指直接或者间接导致现金和现金等价物流入企业的潜力。符合准则规定的资产定义的资源,在同时满足以下条件时确认为资产:①与该资源有关的经济利益很可能流入企业;②该资源的成本或者价值能够可靠地计量。"数据作为一项资产,由于数据的无形性,一般认为数据资产是无形资产。会计法对无形资产的界定,根据《企业会计准则第6号——无形资产》,"无形资产是指企业拥有或者控制的没有实物形态的可辨认非货币性资产。符合无形资产定义中的可辨认性标准:①能够从企业中分离或者划分出来,并能单独或者与相关合同、资产或负债一起,用于出售、转移、授予许可、租赁或者交换;②源自合同性权利或其他法定权利,无论这些权利是否可以从企业或其他权利和义务中转移或者分离。无形资产同时满足下列条件的才能予以确认:①与该无形资产有关的经济利益很可能流入企业;②该无形资产的成本能够可靠地计量。"由于会计法主要针对企业资产和财务报表的处理,对于企业价值来说,数据的作用远远超过其表面资产价值,拥有大量数据资产的公司支付远高于其账面资产价值的溢价。

数据资产具有与其他资产不一样的特性,包括数据资产与传统资产最重要的区别在于数据资产的通用性更强,数据资产具有较强的外部性,除了可以为企业自用以外,还可以在外部市场销售,以产生更大的商业价值。可以在同一时间被多方使用而没有任何损失,可以无限共享。另外,数据资产在生态系统比在单一业务中可以创造更大的价值。

图 1-2 为数据权的权利束理论。

(二) 数据价值的计量

对于数据要素,其价值目前总共有两种评估方法,一种是基于市场角度的评估,另一种是基于非市场角度的估值。

1. 基于市场角度的评估。

在基于市场角度的估值当中,包括基于市场角度的估值法和非市场法。基于市场角度的估值包括市场法和估值法。市场法有两种方法,市场法一是直接通过观察某一类数据集的市场定价来估算特定数据资产的价值,进而倒推该数据资产的各项内在的要素价值,具有自上而下的特征,数据资产的价值,通过数据库的大小、内容、性质、可用性、成熟度、唯一性质量等各项内在要素的价值转换成

图 1-2 数据权的权利束理论

资料来源:《德勤 & 阿里研究院:数据资产化之路——数据资产的估值与行业实践》。

同等可比数据资产的价值。市场法二是通过股票市场估值来间接衡量数据的价值,研究发现,同一行业内数据驱动型企业的市场估值往往高于其他企业的估值,其市场溢价硬币是为数据资产的价值。如 2011 年 Facebook 上市时的资产价值仅为 66 亿美元,但其市值超过 1000 亿美元,不考虑其他因素的影响前提下,Facebook 隐形的数据资产,即 8.45 亿的月活跃用户量,其市场价值超过 900 亿美元。

基于市场角度的估值方法第二大类为收益法。收益法指的是计算价值链上因数据资产产生的增量现金流,增量现金流可以是收入增量成本较量或者两者兼而有之,增量现金流来源于四个方面,第一是消费者为平台贡献了消费数据和用户信息；第二是平台以其庞大的数据库和数据分析能力为第三方卖家提供更加准确的需求预测咨询和管理等服务；第三是第三方卖家为平台贡献了佣金、广告收入、其他数据定制服务收入；第四是平台为消费者提供更加物美价廉的商品和服务。无论是亚马逊或者是阿里巴巴，他们为消费者和第三方卖家提供了数据服务，包括数据、最终的点击流、用户构成、物理位置等因素，而在价值创造上购物更加便利。收益法的优点是可以反映出数据资产与相关收入的对应关系，但是许可使用费不易估计，数据资产的许可使用费率在市场上尚未形成明确的行业标准，较难估计，而且使用期限不易确定，数据资产是动态的，导致确定数据资产的使用期限成为又一难点。

在基于市场角度的估值方中，还有一种是成本法，是衡量数据价值创造所需要的成本，该方法将数据对经济贡献的价值纳入国民经济核算体系中。绝大多数数据的价值体现在其他商品和服务的产品中，而传统国民经济统计方法只能捕捉到处理数据的成本，其主要是人工成本，而非生成数据的成本，因此，其建议扩大统计范围，将企业对有用数据的创造视为对数据资产的投资，并将创造有效数据的成本视为数据资产的价值。德勤和阿里研究院（2019）指出，一些数据为企业生产经营的附加产物，获取成本通常难以从业务中划分出来而难以可靠计量。显然，数据价值不一定高于成本，说明不是所有数据都值得收集、存储和分析。在成本法中，数据的价值等于重置成本减贬值因素，重置成本指的是收集存储处理数据所需要的人力和设备成本以及数据服务业务所需要的研发和人力成本，贬值因素指的是由于数据的时效性和准确性减弱引发的贬值。成本法的优点是计算简单和方便理解，但是存在很多缺点，数据资产对应的成本不易区分，数据资产为生产经营中的衍生产物，对于部分数据资产来说，没有对应的直接成本，且间接成本的分摊不易估计。比如用户在搜索引擎留下的查询信息等数据资产，其数据搜集成本包括网站建设成本、搜索引擎市场推广费用及管理、运营人员薪酬等，但这些成本中有多少应归属于"数据资产"，这一分摊比例难以估计；数据资产的贬值因素不易估算，造成各类数据资产贬值的因素各不相同。比如交通数据的时效性、司机驾驶信息的准确性，这些贬值因素的价值影响很难量化；无法体现数据资产可以产生的收益，虽然在成本的归集中需要按照成本加成的方式考虑一定的合理利润。传统资产评估的利润率可以参考实际利润率，例如，房屋建造的利润率，而数据资产业务的利润率并没有行业通识或惯例，难以简单地选择一个合理利润率，由此导致成本法难以体现数据资产应用所带来的价值。

市场法是以数据的市场价格为基准，评估不在市场上的数据的价值。市场法类似股票市场的市盈率和市净率估值方法。市场法的不足在于，很多数据是非排他性的或非竞争性的，很难参与市场交易。目前，数据要素市场有一些尝试，但市场厚度和流动性都不够，价格发现功能不健全。需要存在公开活跃的市场作为基础，目前交易所交易平台尚未成熟，无法提供大量全面的交易数据等信息，价值需要根据交易背景不同进行具体分析，另外，一些公司兼并收购价格并包含着对数据的估值，但不易分离出来。

2. 基于非市场角度的估值。

第一是条件价值法，条件价值法只用于评估数据对社会的溢出效应，具体方法是利用多年调查直接考察受访者在假设市场里的经济行为，已得到消费者用户支付意愿来对数据价值进行计算。例如，德勤对伦敦交通局开放数据所产生的社会价值进行了研究，伦敦市民每年节约7000万～9000万英镑的出行时间成本和200万英镑的短信订阅费用，对农村经济来说，每年对整个供应链和经济社会产生，1200万～1500万英镑的增值，并为社会贡献了近730个工作岗位，对于伦敦交通局来说，节省了开发新的应用程序所付出的人力成本和技术成本。但是对于数据来说，数据平台要考虑法律对隐私保护的成本，2019年，Facebook用户指控平台未经许可收集用户照片上的人脸信息，最终Facebook赔偿5.5亿美元，平均每位诉讼的用户获得150～300美元的赔偿。当然，不同法律对隐私保护赔偿金额的规定不同，欧洲《一般数据保护条例》规定数据保护失责上限是1000万欧元或全球营业额的2%，数据处理违规是上限为2000万欧元或全年营业额的4%。美国《加州消费者隐私法案》规定，每位用户最高赔偿750美元，美国伊利诺伊州《生物特征信息隐私法》规定，赔偿1000～5000美元不等，

还有一类是问卷测试法。这个方法主要针对个人数据，通过问卷测试个人愿意以多少钱以出让自己的数据，或愿意花多少钱保护自己的数据，从而评估个人数据的价值。这个方法应用面非常窄，实施成本较高。

3. 相对估值。

数据相对估值目标是，给定一组数据以及一个共同的任务，评估每组数据对完成该任务的贡献。与绝对估值相比，相对估值要简单一些，特别针对定量的数据分析任务。

在数据相对估值中，常见数据分组方法包括：一是变量/字段一样，但属于不同的观察样本；二是同样的观察样本，但变量/字段不同。对常见预测性任务和描述性任务，统计学和数据科学建立了量化评估指标。比如，对预测任务，需做样本外检验，评估预测误差。在预测变量是离散型时，常用准确率、错误率以及操作特征（receiver operating characteristic，ROC）曲线下方面积等指标。在预测变量是连续型时，常用标准误差。对描述任务，需用样本数据评估模型拟合效果，线性模型一般用 R 平方，非线性模型一般用似然函数（需对干扰项分布做出假设）。

使用 Shapley 值进行数据相对估值遵循以下步骤。第一步：定义数据集合及其元素。第二步：定义拟完成的任务。第三步：选择完成任务所使用的模型及评估指标。第四步：对数据集合中元素形成的每一个数据子集（$|N|$ 个元素，意味着 $2^{|N|}$ 个可能的数据子集），运行模型并获得评估结果。第五步：根据 Shapley 值计算每个元素对完成任务的贡献。此方法的主要不足是，随着数据集合的元素数量上升，计算量将指数上升。主要优点是符合直觉，容易计算，而且源自经济学的长期研究。加等（Jia et al., 2019）讨论了如何优化使用 Shapley 值进行数据相对估值的计算过程。

数据相对估值说明，同一数据在用于不同任务，使用不同分析方法，或与不同数据组合时，体现出的价值是不同的。特别是，偏离数据集合"主流"的数据，在相对估值上可能比靠近数据集合"主流"的数据高，这显示了"异常值"（outlier）的价值。

三、数据要素的配置机制

数据成为新型生产要素，体现了生产要素形态伴随社会经济发展而不断变化的特征，在农业时代，主要生产要素是土地和劳动力；在工业时代，主要生产要素是资本和能源；在智能时代，其生产要素主要体现为数据资源和信息技术。对要素的市场化配置成为市场经济核心的要义。

在现实中，数据有多种类型和不同特征，相应产生了不同的配置机制。因为很多数据不适合参与市场交易，很多配置机制不属于市场交易模式。换言之，市场化配置不等于市场交易模式。这些机制都致力于解决数据要素配置中的两个突出问题。第一，信息不对称。数据要素配置机制涉及多个利益不一致的参与方。

比如，数据主体往往不清楚自己数据在何时、因何目标或有何后果而被收集。数据生产者不清楚数据主体是否选择性披露数据，以及在知道自己的数据被收集时是否会有针对性地调整行为，也不清楚生产出的数据对不同数据使用者的价值。数据使用者在事前很难完全了解数据对自己的价值。比如，数据相对估值就是在事后进行的。第二，非完全契约。数据要素配置机制都可以表示成一系列契约的组合。但数据应用有丰富场景，数据价值链有多个环节，数据价值缺乏客观计量标准，这些因素使得数据要素配置机制很难在事前覆盖事后所有可能出现的情况。这既会影响数据主体分享数据以及数据生产者生产数据的激励，也会影响数据价值在数据价值链中不同贡献者之间的合理分配。数据要素配置机制包括以下几个方面。

（一）作为公共产品的数据

数据作为公共产品时，由私人部门提供会有投资不足和供给不足的问题，一般由政府部门利用税收收入提供。政府部门的数据开放和共享项目可以在这个框架下理解。政府部门应该在不涉密的前提下，尽可能向社会和市场开放政府数据，这样才能最大化政府数据的公共价值。

（二）作为准公共产品的数据

作为准公共产品的数据，如果在所有权上较为清晰，并且具有排他性，有以下三种主要的配置机制。第一，作为俱乐部产品的数据，可以采取付费订购模式，比如收费媒体信息终端。第二，开放银行模式。银行通过应用程序界面（application programming interface，API）将用户数据开放给经授权的第三方机构，以促进用户数据的开发使用。银行既限定哪些用户数据可开放，也限定向哪些机构开放。这实际上是部分实现用户数据的可携带性。第三，数据信托模式。根据BIPP（2020）的介绍，数据信托可以采取不同形式，比如，法律信托、契约、公司以及公共和社区信托等。数据信托的主要目标包括：一是使数据可被共享；二是促进公共利益以及数据分享者的私人利益；三是尊重那些对数据有法律权利的人的利益；四是确保数据以合乎伦理和数据信托规则的方式共享。

（三）互联网平台的 PIK（pay-in-kind）模式

在互联网经济中，如果个人数据不是由用户对外提供，而是来自互联网平台对用户特征和行为的观察和记录，那么所有权就很难界定清楚。现实中，互联网平台经常为用户提供免费资讯和社交服务，目标是扩大用户量，并获得用户的注意力和个人数据（如用户喜好、消费特征和社会联系等）。在这个模式中，可以认为是用户用自己的注意力和个人数据换取资讯和社交服务，因此被称为PIK模式。互联网平台一方面是通过广告收入变现用户流量，另一方面是基于用户个人数据进行精准营销和开发信贷产品等。

在PIK模式下，数据控制者（互联网平台）相对数据主体（用户）处于主导地位，并且数据控制者往往也是数据使用者，而数据主体对自己数据缺乏控制，在数据产权上有很多模糊不清之处。如何纠正PIK模式的弊端，是个人数据管理中的一个核心问题。

（四）数据要素市场

很多数据因为有非排他性或非竞争性，参与市场交易都面临限制。另外，非排他性或非竞争性造成的外部性，使得数据的私人价值与公共价值之间有差异，市场交易不一定能实现数据的最大社会价值。

在现实中，因为数据类型和特征的多样性，以及数据价值缺乏客观计量标准，目前并不存在一个集中化、流动性好的数据要素市场。但数据的点对点交易（类似场外交易）一直在发生，比如另类数据市场。这个市场中存在大量的另类数据提供商。它们对数据的处理程度从浅到深大致可分为原始数据提供者、轻处理数据提供者和信号提供者。这个市场已发展出咨询中介、数据聚合商和技术支持中介等，作为连接数据买方（主要是投资基金）和数据提供方之间的桥梁。其中，咨询中介为买方提供关于另类数据购买、处理及相关法律事宜的咨询，以及数据供应商信息；数据聚合商提供集成服务，买方只需和他们协商即可，无须进入市场与分散的数据提供商打交道；技术支持中介为买方提供技术咨询，包括数据库和建模等。

（五）数据产权界定

从前面介绍的数据要素配置机制可以看出，数据产权界定是数据要素有效配置的基础。数据产权主要分为所有权和控制权。数据控制权包括谁能使用数据、如何使用数据，以及能否进一步对外分享数据等。在公司治理中，所有权和控制权是统一的——股东拥有公司，股东大会是公司的最高权力机关。但数据的所有权和控制权可以分离，特别是对所有权不清晰的个人数据。数据产权可以通过技术来界定，比如，可验证计算、同态加密和安全多方计算等密码学技术。数据产权还可以通过制度设计来界定。

2018年5月，欧盟开始实施《通用数据保护条例》（GDPR）。GDPR给予数据主体广泛权力：第一，被遗忘权，指数据主体有权要求数据控制者删除其个人数据，以避免个人数据被传播。第二，可携带权，指数据主体有权向数据控制者索取本人数据并自主决定用途。第三，数据主体在自愿、基于特定目的且在与数据控制者地位平衡等情况下，授权数据控制者处理个人数据，但授权在法律上不具备永久效力，可随时撤回。第四，特殊类别的个人数据的处理条件，如医疗数据。

GDPR还提高了对数据控制者的要求。第一，企业作为数据控制者必须在事前数据采集和事后数据泄露两个环节履行明确的告知义务。第二，数据采集与数据使用目标的一一对应原则，以及数据采集（范围、数量、时间、接触主体等）最小化原则。第三，个人数据跨境传输条件。总的来说，GDPR引入了数据产权的精细维度，包括被遗忘权、可携带权、有条件授权和最小化采集原则等，建立了数据管理的制度范式。这些做法被欧盟以外的很多国家和地区采纳。2019年5月，我国网信办发布《数据安全管理办法（征求意见稿）》。2019年12月，国家网信办、工信部、公安部和市场监管总局四部门联合印发《App违法违规收集使用个人信息行为认定方法》。

个人数据管理的核心问题隐私保护。隐私涉及个人与他人、私有与公开的边界，是个人尊严、自主和自由的重要方面（Acquisti et al.，2016）。隐私不排斥共享个人信息，而是要有效控制共享过程，在保护和共享个人数据之间做好平衡。对个人数据，控制权和隐私保护的重要性超过所有权。这一点在GDPR中有所体现。

第三节　小　　结

本书对数据要素的特征、价值和配置机制进行了初步研究，主要结论如下。

数据作为信息科学中一个基本但复杂的概念，对其理解离不开对信息和知识等相关概念的辨析，而 DIKW 模型为此提供了一个合适的分析框架。根据 DIKW 模型，智慧、知识、信息和数据之间依次存在从窄口径到宽口径的从属关系。数据是观察的产物。数据经过认知过程处理后得到信息，给出关于谁（who）、什么（what）、何处（where）和何时（when）等问题的答案。知识是对数据和信息的应用，给出关于如何做（how）的答案。智慧则有鲜明的价值判断意味，在很多场合与对未来的预测和价值取向有关。

数据有多个维度的技术特征，但数据的经济学特征更复杂。数据可以产生价值，因此，具有资产属性。数据兼有商品和服务的特征。很多数据属于公共产品，可以由任何人为任何目的而自由使用、改造和分享。因为大部分数据是非竞争性的，属于私人产品和公共资源的数据较少。数据的所有权不管在法律上还是在实践中都是一个复杂问题，特别是对个人数据。因此，把数据比喻成石油，不如把数据比喻成阳光更为合适。

数据经过处理并与其他数据整合后，再经分析形成可行动的洞见，最终由行动产生价值。数据价值在微观层面体现为对使用者效用的提高，在宏观层面体现为从数据中提炼出的信息、知识和智慧对全要素生产率的提高。然而，数据价值缺乏客观计量标准，主要有以下三方面原因：一是同样数据对不同人的价值可以大相径庭；二是数据价值随时间变化；三是数据会产生外部性。

数据价值的计量包括绝对估值和相对估值。数据绝对估值比较难，没有公认方法。目前行业主要使用成本法、收入法、市场法和问卷测试法，但都有缺陷。数据相对估值是给定一组数据以及一个共同的任务，评估每组数据对完成该任务的贡献。与绝对估值相比，相对估值要简单一些。针对定量的数据分析任务，可以使用 Shapley 值进行相对估值。

数据有多种类型和不同特征，产生了不同的配置机制。这些配置机制都致力于数据要素配置中的信息不对称和非完全契约问题。本书主要讨论了四种配置机制。

第一，作为公共产品的数据，一般由政府部门利用税收收入提供。政府部门应该在不涉密的前提下，尽可能向社会和市场开放政府数据，这样才能最大化政府数据的公共价值。

第二，作为准公共产品的数据如果在所有权上较为清晰，并且具有排他性，可以采取俱乐部产品式的付费模式、开放银行模式以及数据信托模式。

第三，在互联网经济中，很多个人数据的所有权很难界定清楚，现实中常见的 PIK（Pay-in-kind）模式，本质上是用户用自己的注意力和个人数据换取资讯和社交服务，但 PIK 模式存在很多弊端。

第四，很多数据因为有非排他性或非竞争性，不适合参与市场交易。换言之，市场化配置不等于市场交易模式。现实中并不存在一个集中化、流动性好的数据要素市场。数据的点对点交易（类似场外交易）尽管一直在发生，但很不透明且非标准化，并且非法数据交易是一个不容忽视的问题。

数据产权界定是数据要素有效配置的基础。可验证计算、同态加密和安全多方计算等密码学技术支持数据确权，使得在不影响数据所有权的前提下交易数据使用权成为可能，从而构建数据交易的产权基础。区块链技术用于数据存证和使用授权，也在数据产权界定中发挥重大作用。但即便如此，基于密码学的数据要素市场也不同于传统市场，不会采取"对同一商品，多个买方竞价，价高者得"的要素配置模式。

除了技术以外，数据产权还可以通过制度设计来界定。GDPR 引入了数据产权的精细维度，包括被遗忘权、可携带权、有条件授权和最小化采集原则等，建立了数据管理的制度范式。这些做法被欧盟以外的很多国家和地区所采纳。个人数据管理的核心问题隐私保护。对个人数据、控制权和隐私保护的重要性超过所有权。

第二章 数字经济的测度与国际比较

第一节 引　　言

自 20 世纪 90 年代以来，全球信息化革命不断发展，经济的工业化和信息化融合也不断加深，而 2008 年的国际金融危机加速了这一趋势，数字经济蓬勃发展，正成为全球新一轮产业竞争的制高点。数字经济的核心是数据，数据作为未来的主导生产要素，以 ICT 产业促进经济的优化和效率提升为推动力。从这个行业里面可以看出，ICT 产业是数字经济存在的基础，数字经济的内涵和范围都是由 ICT 相关产业的技术特性决定的，因此，以 ICT 资本为核心，以利用资本为动力支撑的数字化资本要素，资本的投入结构发生变化，包括资本和劳动力等生产要素的利用效率促进了经济高质量发展。数字经济对制造业的影响逐步从价值重塑走向价值创造，为制造业转型提供新思路并赋能制造业转型（焦勇，2020）。

中国信通院的统计数据显示，中国数字经济发展的速度非常快，已经成为国民经济中非常重要的一支力量，占国民经济 GDP 的比重接近 1/4，这一比例与美国的数值基本相当，中美两国成为目前数字经济发展的领头羊（中国信息通讯研究院，2019）。其中，产业数字化规模约占 GDP 的比重由 2005 年的 8% 提升到 2019 年的 29.3%。但是，在国外的相关测算中，特别是美国商务部经济分析局对美国数字经济规模的测度显示，2016 年，美国数字经济（1.2 万亿美元）占美国 GDP（18.6 万亿美元）的 6.5%（BEC，2018）。按照一般研究，美国数字经济规模位居世界第一，因此，可以看出不同的分析方法得出的结果具有非常大的差异，对数字经济规模进行准确测度就显得尤为必要。

表 2-1 为目前的数字经济测度方法。

表 2-1　　　　　　　　目前的数字经济测度方法

发布方	年度	方法	指标内容
欧盟	2014	多指标指数法	5个一级指标、12二个二级指标、31个三级指标
美国商务部	2018	直接法	3个一级指标、12个二级指标
经合组织	2014	多指标指数法	4个一级指标、38个二级指标
世界经济论坛	2002	多指标指数法	10个二级指标、53个三级指标
国际电信联盟	1995	多指标指数法	3个一级指标、11个二级指标
中国信通院	2017	直接+函数法	3个一级指标、23个二级指标
赛迪研究院	2017	多指标指数法	5个一级指标、34个二级指标
上海社科院	2017	多指标指数法	4个一级指标、12个二级指标、24个三级指标
腾讯	2017	多指标指数法	4个一级指标、14个二级指标、135个三级指标
财新	2017	多指标指数法	4个一级指标、18个二级指标
新华三	2017	多指标指数法	4个一级指标、12个二级指标、36个三级指标
苏州大学	2017	多指标指数法	3个一级指标、8个二级指标、27个三级指标
刘方、孟祺	2018	直接+函数法	
刘军等	2019	多指标指数法	3个一级指标、8个二级指标、14个三级指标

资料来源：作者整理。

依据数字经济的内涵，数字经济包括数字产业化和产业数字化，数字产业化一般认为是ICT产业。ICT产业有清晰的产业分类，可以通过统计数据进行直接衡量，但是渗透和融合部分是针对不同的行业和产业的测算，这部分具有较大的模糊性，难以进行测度。目前，已有的测度方法部分是围绕着ICT产业及其溢出性展开，特别是中国信息通信院以及埃森哲咨询等机构，采用投入产出的方法，但是投入产出的方法里如何计算溢出效应是个难题（徐清源等，2018）。部分研究方法直接采用的是指标方法及分成不同的 N 级指标并进行无量纲化处理。但是选择哪些指标，为什么选择这些指标，都没有明确的依据。腾讯指数为4个一级指标、14个二级指标、135个三级指标。由于选择指标的依据不同，所研究结果具有较大的差异（刘军等，2020）。中国信息通信研究院研究出来的数字经济占GDP的比重约在27.7%。国外机构研究出来的结果显示这一比例仅在10%左右，刘方和孟祺（2019）研究发现，2017年美国数字经济占GDP的比重为55.9%，中国占比达到29.17%。可以看出，国内机构测度出来的结果远远大于国外机构的数据。研究结果的巨大差异，表现出测度数字经济规模难以达成共识。由于结果的不同,在应用时就具有较大的差异。我们需要对数字经济的规模进行精确的测度。

第二节 数字经济测度的方法

根据上述文献可以看出,目前数字经济的内涵包含了数字经济基础产业部分(即ICT产业),也包含了数字经济的融合部分,也就是产业数字化部分。ICT产业包含了计算机信息设备制造业、计算机软件服务业和电信业。

对于ICT的定义,有如下统计范围,如表2-2所示。

表2-2　　　　　　　　　　ICT产业细分产业

分类	计算机	通信设备	软件
项目	电子计算机整机制造	雷达及配套设备制造	公共软件服务
	计算机网络设备制造	通信传输设备制造	其他软件服务
	电子计算机外部设备	通信交换设备制造	
		通信终端设备制造	
		移动通信及终端设备	
		其他通信设备制造	
		广电节目制作及发射设备	
		广播电视接收设备及器材	

数字经济包括基础产业以及融合部分,而基础产业也就是ICT产业,包括软件和硬件两个部分,硬件代表行业为通信设备、计算机及其他电子设备的制造;软件方面包括信息传输、计算机服务、软件业以及电信业,共三大行业。

关于数字经济融合部分的测度是目前的难点,也是测度数字经济规模的关键所在。我们基于国民经济核算方法进行测度,同时为了便于比较,也利用投入产出方法进行对比。

一、国民经济核算方法

数字经济的研究目的主要在研究数字产品和服务对于经济增长的贡献,因此来讲,可以从国民经济核算的方法来测度数字经济的规模。核心在于数字资本的投入，在增长核算框架下研究数字资本的报酬。

其理论基础建立在索罗经济增长模型中，在国家和地区增长贡献中，各要素所占的比重以及与全要素生产率之间的关系，基本假定是规模报酬不变，要素市场完全竞争，即不存在外部经济。

$$Y_t = A_t \times f(X_{1t}, X_{2t}, \cdots, X_{it}, L_t) \quad (2-1)$$

通过微分求导，可以得到：

$$\frac{\Delta Y_t}{Y_t} = \frac{\Delta A_t}{A_t} + w_{Lt} \times \frac{\Delta L_t}{L_t} + \sum_{i=t}^{n} w_{Xi} \times \frac{\Delta X_{it}}{X_{it}} \quad (2-2)$$

经济增长中各要素的贡献，对于要素投入，可以区分为数字资本、非数字资本和劳动，由于数字资本的生产效率与其他资本存在很大差异，借鉴乔根森（Jorgenson D. W，2016）的方法，资本租赁价格等于使用资本获得的资本回报与资本损耗之和。

$$P_{K,k,t} = (i_t - \pi_{k,t}) P_{I,k,t-1} + \delta_k P_{I,k,t} = r_{k,t} P_{I,k,t-1} + \delta_k P_{I,k,t} \quad (2-3)$$

其中，$P_{K,k,t}$ 是 k 类资产 t 期的资本租赁价格，$P_{I,k,t-1}$ 是 k 类资产 t 期的购买价格，i_t 是 t 期的资本名义回报率，$\pi_{k,t} = (P_{I,k,t} - P_{I,k,t-1})/P_{I,k,t-1}$ 是 k 类资产 t 期的资本收益率，$r_{k,t}$ 是 k 类资产 t 期的实际回报率，δ_k 是 k 类资产的折旧率。

因此，完全竞争市场下的资本回报率的测算方法为：

$$r_t = \frac{P_{K,k,t}}{P_{I,k,t-1}} - \delta_k \frac{P_{I,k,t}}{P_{I,k,t-1}} \quad (2-4)$$

其含义为资本回报率是资本的现期收入比与资金成本的差额。理想状态下，$r_t = r_{k,t}$。

$$\sum_k P_{K,k,t} K_{k,i} = P_{V,t} V_t - P_{l,t} L_t \quad (2-5)$$

公式左边是资产提供服务获取的资本报酬总额，是 t 期 k 类资产的成本 $P_{K,k,t}$ 与资本服务 $K_{k,i}$ 的乘积。等式右边是增加值 $P_{V,t} V_t$ 与劳动者报酬 $P_{l,t} L_t$ 的差额，也就是收入法 GDP 中的资本报酬总额。

将公式（2-1）代入公式（2-3），得到：

$$\sum_k (r_{k,t} P_{I,k,t-1} + \delta_k P_{I,k,t}) K_{k,i} = P_{V,t} V_t - P_{l,t} L_t \quad (2-6)$$

假定

$$P_{I,t-1} K_t = \sum P_{I,k,t-1} K_{k,t}, \quad \delta_t = \sum_k \left(\frac{P_{I,k,t} K_{k,t}}{P_{I,t-1} K_t} \right) \delta_k$$

则 $P_{I,t-1}K_t(r_t+\delta_t) = P_{V,t}V_t - P_{l,t}L_t$。资本回报率为：

$$r_t = \frac{P_{V,t}V_t - P_{l,t}L_t}{P_{I,t-1}K_t} - \delta_t \quad (2-7)$$

进一步测度资本服务。资本服务不同于资本存量，资本服务是以资产的生产效率为导向，将不同役龄的资产转化为标准效率单位的资产物量表示，是测算资本投入的正确指标（王春云、王亚菲，2019）。因此，需要测度不同资产的资本服务。一般来说，资本服务与生产性资本存量之间是固定比例的关系。$K_{k,j,t} = Q_{K,k,j}Z_{k,j,t}$。

$K_{k,j}$ 为资本服务数量，$Q_{K,k,j}$ 是比例因子，一般研究都是确定为 $Z_{k,j,t}$ 是 k 类资产两期的存量平均值 $Z_{k,j,t} = \frac{1}{2}(A_{k,j,t} + A_{k,j,t-1})$，$A_{k,j,t} = I_{k,j,t} + (1-\delta_k)A_{k,j,t-1}P_{I,k,j,t}$。之所以用两期算数平均值，主要考虑到资本存量的滞后。

$I_{k,j,t}$ 是固定资本，δ_k 是折旧率，$P_{I,k,j,t}$ 是价格指数。按照 PIM 方法，$A_t = I_t + (1-\delta)A_{t-1}$，

$$A_0 = I_0\left[1 + \frac{1-\delta}{1+g_i} + \left(\frac{1-\delta}{1+g_i}\right)^2 + \cdots + \left(\frac{1-\delta}{1+g_i}\right)^{L-1}\right] = \frac{I_0(1-\alpha^L)}{1-\alpha} \quad (2-8)$$

二、投入产出分析方法

投入产出分析起源于1987年，波特拉测算美国的信息经济，他将美国的投入产出表里面所有部门分成两类，第1类是信息部门，提供的产品就是信息产品和服务；第2类是非信息部门，提供的不是信息产品的产品和服务，但是在产品当中包含了信息产品和服务创造的价值。我们可以看出，数字经济的测度与信息经济的测度基本思路是一样的。从非信息经济部门的从业人员人数、人均劳动报酬以及人均固定资产折旧出发，确定其对数字经济增加值的贡献，加总就可以得到整体数字经济的规模。数字经济融合部分的增加值不能直接表示出来，只能利用中间投入、表中数字产品的比重，来确认其他行业增加值有多少部分是由数字投入带来的。目前的统计数据以及已有提供的信息，不能确定其他行业当中数字产品创造的价值。康铁祥（2008）借鉴波拉特（1989）的方法，从非数字产业部门对数字产品及服务的中间消耗占总消耗的比重来确定非数字产业中数字辅助活动所创造的增加值，但是当期 ICT 中间投入价值占总中间投入比重来计算比

例,数字产品和服务的价格会发生波动,而且从中国数字产品和服务价格波动的实际来看,数字产品和服务价格与中国物价波动相背离,数字产品和服务的性能却在大幅提升,所以有必要引进价格指数,转化不变价序列,修正其贡献比重数值。

数字经济融合部分的计算思路为以下几方面。

第一,假定一个行业里边所有要素都是同质性的,这些要素的规模效益是不变的。也就是说同一行业部门的非数字部门在投入产出结构上是同质的。将国民经济分为 N 个行业,并对各个行业计算 ICT 资本存量、非 ICT 资本存量、劳动以及中间需求,GDP 是所有行业最终需求的总和。而对于非 ICT 资本存量,采用 GoldSmith 方法进行测算。

第二,确定 ICT 投资额的计算方法。根据 2017 年 G20 国家数字经济发展研究报告,先计算开始至结束年份的内需增加率(内需=产值-出口+进口),记为 INF_{t12};再计算间隔年份间投入产出表实际投资数据年平均增长率,记为 $\dot{IO}$,$\dot{INF}$ 为间隔年份间实际内需数据的年平均增长率,两者相减得到年率换算连接系数 γ,具体公式如下:

$$\dot{\gamma} = \dot{IO} - \dot{INF} \qquad (2-9)$$

由此可以计算出 ICT 投资增长率=内需增长率+年率换算系数(γ)。

第三,将三个 ICT 行业投入其他行业的数据摘取出来,进行了一个简单的加总,得到了 ICT 行业在其他国民行业中的投入,将这个数据与总投入相比得到一个比率,即 ICT 投入占总投入之比,将这个比值与总增加值相乘,可以粗略地得到 ICT 的总增加值。将全部行业的 ICT 增加值累计相加,得到国家层面的加总融合部分;将 ICT 行业的增加值相加得到 ICT 的增加值,ICT 增加值与国家层面加总融合部分便可得到数字经济规模。相比较投入产出方法的假定,数字资本服务方法能更好地测度数字经济产品和服务确定的贡献,因此,我们测度数字经济规模的主要方法是采用增长核算方法,并同时与投入产出方法测度的数据进行对比。

第三节 数据基础

中国投入产出表一般 5 年编制一次,并且不定期编制延长表,基本投入产出表包含 2002 年、2007 年、2012 年和 2017 年，并且在 2005 年和 2010 年、2015 年编制了延长表。由于各年的调查表和延长表的行业划分存在差异，为了可以对比各部门的时间维度上的变化状况，在保证投入产出表行列平衡关系不变的前提下，合并部分行业将上述投入产出数据调整为 37 部门的统一的形式，并可以进一步处理为 ICT 行业与第一、第二、第三产业的 4 部门结构。具体的处理方式以 2015 年投出产出表为例，通用设备制造业（代码 16）和专用设备制造业（代码 17）合并为通用专用设备制造业，从而保证和 2012 年之前数据的行业对应。其他设备制造业（代码 22）和废品废料处理（代码 23）和金属制品、机械和设备修理（代码 24）合并为其他制造业。其中隶属于 ICT 行业的部门有三个——通信设备电子计算机及其他电子设备制造业（产业部门代码 20）、仪器仪表类制造业（产业部门代码 21）、信息传输计算机服务及软件业（产业部门代码 32），将它们合并统称为 ICT 行业。在此基础上，进行三次产业划分，第一产业仅包含农林牧渔业（代码 01），第二产业包含从代码 02 到代码 24 的所有行业部门，第三产业包含从代码 25 至代码 42 的所有行业部门，为了相对独立地分析 ICT 行业，从第二产业中剥离行业 20 和 21，从第三产业中剥离行业 32，最终的统一的投入产出表行业结构如表 2-3 所示。由于历年的行列控制变量难以获取（一般控制变量数据需要工业司收集海量企业反馈数据进行汇总），在缺乏控制变量的情况下较难准确地估计历年数据，因此，国内投入产出表主要用于进行投入产出分析，计算相应的技术系数以确定大致的行业变化规律，论证数字相关行业的渗透性存在。

表 2-3　　　　　　　　WIOD 和中国产业部门对照

序号	行业	WIOD	中国产业部门
1	农林牧渔业	r1、r3	1
2	煤炭开采	r4	02、03、04、05
3	食品烟草	r2、r5	6
4	纺织业	r6	7
5	服装鞋帽等	r7	8
6	木材造纸	r8	9
7	印刷	r9	10
8	石油加工	r10	11
9	化工医药等	r11、r12、r13	12

续表

序号	行业	WIOD	中国产业部门
10	非金属矿物制品	r14	13
11	金属冶炼	r15	14
12	金属制品	r16	15
13	计算机信息设备	r17	20、21
14	电气设备	r18	19
15	机械设备	r19	16、17
16	运输设备	r20、r21	18
17	其他制造业	r22、r26	22、23、24
18	电力热力等	r24	25、26
19	水生产及供应	r25	27
20	建筑业	r27	28
21	批发零售	r28、r29、r30	29
22	交通运输仓储	r31、r32、r33、r34、r35	30
23	住宿餐饮	r36	31
24	电信、信息软件服务	r39、r40	32
25	金融	r1、r42、r43	33
26	房地产	r44	34
27	商业服务	r45、r46	35
28	科研服务	r47、r49	36
29	公共管理	r50、r51	42、37
30	教育	r52	39
31	卫生社保	r53	40
32	居民服务和其他	r54	38、41

按照 WIOD 的投入产出表，总共分为 56 个行业，但是对于中国来说，部分行业没有数据和相关的统计，有 R23、R28、R37、R38、R43、R46、R48、R55 和 R56 等 9 个行业，还有 47 个行业，部分行业结合中国投入产出表进行汇总。我们对 WIOD 的投入产出表合并部分行业，调整为 42 个行业部门。其中，R17 计算机电子通信设备是 ICT 产业的硬件部分、r39 电信服务和 r40 计算机信息服务为 ICT 产业的软件部分，三个行业相加就是数字经济产业化部分。

第四节 数字经济测度结果

一、数字经济基础部分

ICT产业包括信息技术（IT）产业和通信技术产业。IC产业是数字经济的基础产业，它为数字经济的发展提供了硬件准备。主要包括信息技术产业以及通信技术产业等。从图2-1的数据可以看出来，在ICT产业增加值中，中国目前是世界第一大国，美国排第2位，其后分别是日本、韩国、德国、法国和英国。

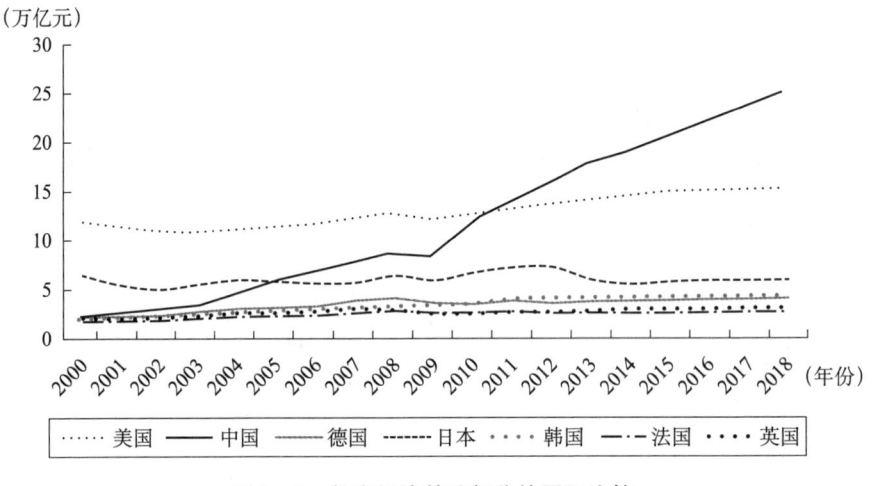

图2-1 数字经济基础部分的国际比较

资料来源：WIOD及作者的整理。

2018年，中国ICT产业收入规模突破新高，达到22.77万亿元，同比增长11%，占GDP比重高达25.3%，已成为国民经济的重要组成部分。从2018年全球主要国家及地区市场份额来看，中国已然超过日本，在激烈的竞争中突围，占据13.3%的市场份额并持续提升。

在基础设施方面，除收入规模领先外，中国通信网络的基础设施与用户规模亦居于全球首位。根据《2020年通信业统计公报》数据，截至2020年底，三家基础电信企业的固定互联网宽带接入用户总数达4.84亿户，全年净增3427万户,光纤宽带用户渗透率90.4%。移动通信基站总数达931万个,全年净增90万个,其中4G基站总数达到575万个,城镇地区实现深度覆盖,5G网络建设稳步推进,新建5G基站超60万个,全部已开通5G基站超过71.8万个,全球占比70%左右。先进的基建部署与海量用户基数为ICT产业创造窗口机遇,持续吸引相关企业参与前沿技术研究与应用,在全球竞争中掌握先机。ICT产业作为科技创新应用最活跃的先导型产业,在全球范围内得到了重点关注和发展。

事实上,中国ICT产业的发展并非一蹴而就。回顾产业发展的历史,从1990年至2018年,伴随通信技术的迭代发展,中国ICT产业收入规模增长超过340倍,且始终保持双位数的增长。1G时代,中国ICT产业处于萌芽阶段,依靠国外的通信技术与核心设备供应开始发展通信产业,带动其产业链上下游的电子信息制造业快速发展,但此时整体市场规模仍然有限。2G时代,中国通信技术落后,但积极引进与学习国外技术标准。伴随基础设施建设的稳步推进,电子信息制造业中本土企业不断涌现,产业链越发完善,且在竞争机制下市场活力不断增强;同时国民经济的快速发展驱动实体经济的信息化转型,软件和信息技术服务业从零起步,在2G时代取得了长足进步。这一阶段,ICT产业整体规模扩大20余倍。3G时代,中国着力研发并推广自主技术TDSCDMA,庞大的用户基数为通信技术提供了试练场地,通信技术水平逐渐向欧美日韩靠拢。而通信技术的进步为互联网行业的发展注入了生命力,PC互联网产业步入高速发展阶段并日渐成熟(见图2-2)。

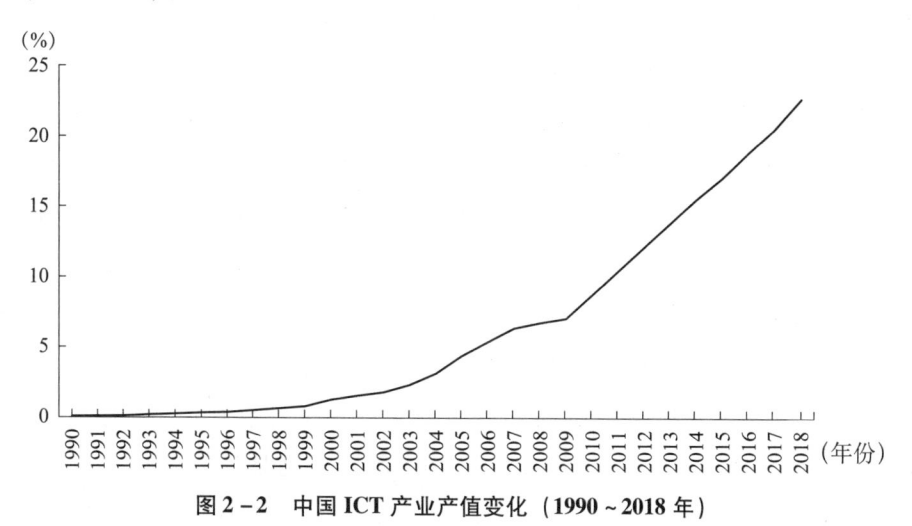

图2-2 中国ICT产业产值变化(1990~2018年)

从增长率来看，在 1G 时代的 1990~1995 年，中国 ICT 产业规模年均增长 37.6%，在 2G 和 3G 时代的 1996 年到 2009 年，ICT 产业规模年均增长 24.5%，4G 时代的 2009 年到 2018 年，我国 ICT 产业年均增长速度为 14.35%。虽然增长速度在下降，但是随着产业规模的扩大，年均增长规模也是越来越大。在 5G 时代，随着中国在 5G 上领先优势的扩大，ICT 产业的应用范围也在不断拓展，市场潜力进一步释放，中国在 ICT 产业上的优势体现在通信技术领先，因此，赋能企业多维度发展，产业结构多元化，政府与企业的良性互动促进产业蓬勃发展，市场机遇倍增。人工智能专利申请量占据全球 37.1% 的份额，居于世界首位，云计算与大数据市场呈现爆发式增长，领先的技术实力为互联网经济的发展注入活力，行业增长爆点频出，市场空间广阔。ICT 各产业间互相促进、共同发展，持续释放市场活力，成为数字经济增长的重要引擎。

二、数字经济融合程度

（一）中国分行业数字经济规模

从全球范围看，数字制造已经成为数字经济的重要组成部分，体现为先进制造技术、信息技术、智能技术等的集成与融合，是传统产业改造升级，实现生产过程自动化、智能化、精密化、绿色化的基本工具，也是培育和发展战略性新兴产业的重要支撑（胡继晔，2019）。当前，制造业的信息化在企业、行业和区域层面深层次渗透并产生全方位的影响，推动了产业发展的质量变革、效率变革和动力变革，推动了我国经济高质量发展。

根据上述公式，我们计算了 42 个行业的数字经济融合部分数值。由于制造业在我国经济所占比重非常高，在疫情冲击之下各国更加重视制造业的发展，而且不是低端的劳动密集型产业，而是传统产业的数字化发展。因此，出于研究的需要，我们只列出了制造业 14 个行业。制造业数字经济融合产值占总体融合值的比例超过 70%，在这其中信息通信计算机产业的融合值占制造业的比例也达到 80%，一方面，说明计算机信息设备产业的融合值比较高，另一方面，也反映了中国其他制造业的数字化程度比较低。从表 2-4 的数据可以看出，2018 年，制造业各行业数字经济占比最高的前五个行业分别是计算机信息设备行业（51.27%）、机械设备（4.26%）、电气设备（3.12%）、交通运输设备（1.82%）

和矿业（1.09%），这也是占比超过1%的五个行业。而纺织服装产业、食品烟草和木材造纸等行业的数字化程度比较低，占比都低于0.2%，可以看出，技术密集型产业的数字化程度非常高，相对应的劳动密集型产业的数字化程度都非常低。与2000年的对比来看，2000年各个行业的数字化程度都比较均衡，而且数字化程度低，占比超过1%的行业超过8个，最高的计算机信息设备行业占比仅为36.11%，之后计算机信息设备产业占比不断提升，在2010年左右达到50%，机械设备、电气设备和交通运输设备等产业的占比有所提升，而纺织服装、矿业和石化橡胶行业所占比重大幅下降。整体来看，我国制造业经过近40年的快速发展，工业化程度在全球已经占有比较高的比重，信息化程度也有一定程度的发展。根据中国两化融合服务平台的数据，自2012年以来，我国两化融合水平实现持续稳定增长，增速保持在3%左右，2018年工业化和信息化融合水平达到53.2%，两化融合发展水平排名从高到低分别为电力、烟草、电子、交通运输设备、石化、医药、食品、机械、轻工、纺织等行业，与我们计算的行业数字化程度基本一致。整体看，产业链条不同，所处环节不同，数字经济规模也有较大差异。以机械设备行业为例，机械行业属于技术密集和资本密集型行业，在装备制造业中占有举足轻重的地位。机械行业聚焦于研发与制造一体化的关联管控和协同优化，行业内容协同设计、大规模定制、全生命周期管理、网络化精准营销、电子商务等新模式、新业态不断涌现，研发、制造和服务等环节附加值不断提升。以数字化研发工具的继承应用和基于产品的协整服务为突破口，提升产业价值链水平和数字化水平，2018年机械行业数字化研发设计工具普及率达到81.1%，高于全国平均水平（67.4%），数字化研发工具的普遍使用为机械行业开展定制化协同研发、基于智能化产品的敏捷售后服务等奠定了良好的基础。包括产品设计数字化、工艺设计数字化和生产制造数字化等程度不断提升，在生产制造数字化中，机械行业作为典型的离散制造行业，产品品种多、批量小、单批次产品复杂、生产周期长等问题，数字化难度较大，2018年机械行业关键工序数字化率为34.8%。

表2-4　　　　　中国主要制造业行业数字经济占比　　　　　单位：%

行业	2000年	2005年	2010年	2015年	2016年	2017年	2018年
农牧渔	0.9427	1.7362	0.753	0.50426	0.5038	0.503181	0.47631
矿业	2.4556	2.013	1.472	1.28593	1.214	1.179744	1.090276

续表

行业	2000年	2005年	2010年	2015年	2016年	2017年	2018年
食品烟草	0.5423	0.4223	0.203	0.17713	0.1833	0.188897	0.174637
纺织服装	1.054	0.6656	0.238	0.16173	0.1694	0.169312	0.163776
木材造纸	0.4691	0.3282	0.222	0.21527	0.2116	0.200915	0.19907
石化橡胶	1.9903	1.4899	0.834	0.59472	0.5863	0.569689	0.553077
非金属制品	0.9285	0.3667	0.319	0.32724	0.3277	0.313078	0.294399
基本金属	0.7018	1.782	0.662	0.24799	0.2438	0.241463	0.228282
金属制品	0.8705	0.3595	0.246	0.26631	0.271	0.28309	0.271742
计算机信息设备	36.116	43.655	52.38	52.1041	51.385	50.7268	51.2703
电气设备	2.056	2.1295	3.144	2.9299	2.994	3.071316	3.115565
机械设备	2.8381	2.7902	4.211	4.09192	4.2146	4.349478	4.257572
交通运输设备	1.0679	1.1784	2.153	1.99371	1.9471	1.925044	1.815442
其他制造业	1.3834	1.193	0.389	0.3022	0.3021	0.308998	0.304353

资料来源：作者测算。

（二）与美国分行业数字经济规模比较

从数字经济规模来看，中国与美国位居全球前两位，其他国家无法与中、美相比较。因此，我们比较了中国与美国分行业数字经济规模。由于中美两国产业结构差异，中国在制造业上具有较强的国际竞争力，而美国的竞争优势表现在服务业上。在分行业数字经济规模上也表现较大的异质性。中国制造业数字经济规模占整体的比例在60%左右，而美国制造业数字经济占比从2000年的18.1%下降到2018年的10.86%。在计算机信息设备上，中国计算机信息设备产业占制造业的比例约为80%，美国这一数值从2000年的55.5%下降到2018年的30.2%。可以看出，美国分行业数字经济主要在服务业上，而且分行业数字经济分布比较均匀，中国数字经济主要集中在制造业的计算机信息设备上。

表2-5的数据反映了中国与美国各行业数字经济规模比值，计算指标是中国分行业数字经济规模占美国的比例。数值超过1的行业分别为电气设备、计算机信息设备、机械设备、农牧渔业、非金属制品、交通运输设备、纺织服装产业、基本金属，低于1的仅仅只有食品烟草加工、木材造纸印刷、石油化工橡胶塑料、金属制品和其他制造业。美国的数字经济规模全球第一，主要是其数字经济在行业中的应用比较广泛，在各行各业创造的数字经济价值都比较高，特别是

表 2-5　中国与美国分行业数字经济规模比较

年份	农牧渔	矿业	食品烟草	纺织服装	木材造纸印刷	石化橡胶	非金属制品	基本金属	金属制品	计算机信息设备	电气设备	机械设备	交通运输设备	其他
2001	0.95	0.75	0.13	0.53	0.07	0.18	0.40	0.54	0.12	0.35	0.46	0.33	0.05	0.20
2002	1.19	1.10	0.15	0.60	0.08	0.19	0.37	0.62	0.15	0.45	0.52	0.38	0.07	0.20
2003	1.73	0.94	0.18	0.69	0.09	0.23	0.33	1.21	0.13	0.57	0.66	0.48	0.09	0.21
2004	2.77	1.24	0.20	0.80	0.10	0.28	0.36	1.73	0.14	0.90	1.02	0.70	0.11	0.24
2005	4.37	1.25	0.24	1.02	0.11	0.33	0.37	2.34	0.13	1.18	1.34	0.75	0.13	0.35
2006	5.02	1.20	0.25	1.07	0.12	0.33	0.37	2.78	0.12	1.39	1.60	0.90	0.16	0.37
2007	5.19	1.06	0.27	1.09	0.15	0.42	0.44	3.42	0.11	1.45	1.79	1.02	0.18	0.34
2008	4.59	1.23	0.29	1.45	0.14	0.42	0.57	3.53	0.13	1.79	2.37	1.44	0.23	0.27
2009	3.26	1.97	0.19	1.06	0.17	0.38	0.82	3.26	0.16	2.65	3.04	2.02	0.36	0.27
2010	3.60	1.69	0.20	1.15	0.20	0.43	0.96	2.25	0.21	4.71	4.97	2.45	0.52	0.29
2011	3.28	1.76	0.26	1.04	0.24	0.43	1.25	1.76	0.24	5.79	5.65	2.81	0.57	0.30
2012	2.53	1.42	0.29	1.11	0.28	0.40	1.41	1.10	0.26	6.35	6.14	2.81	0.56	0.30
2013	2.45	1.15	0.34	1.13	0.36	0.50	1.77	1.21	0.30	6.82	9.65	3.83	0.87	0.37
2014	2.53	0.89	0.34	1.21	0.35	0.49	1.70	1.18	0.29	7.33	7.93	3.64	0.79	0.37
2015	2.37	0.92	0.35	1.27	0.38	0.46	1.72	1.22	0.30	7.82	8.24	4.29	0.92	0.41
2016	2.43	0.93	0.38	1.23	0.41	0.51	1.77	1.21	0.31	8.19	8.73	4.55	1.25	0.49
2017	2.38	0.99	0.37	1.36	0.39	0.53	1.82	1.17	0.33	8.88	9.22	4.81	1.37	0.47
2018	2.37	1.02	0.39	1.42	0.43	0.52	1.71	1.23	0.32	8.93	9.76	5.02	1.58	0.52

资料来源：作者计算。

在软件和电信服务业等。按照一般的理解，美国的数字经济技术遵循颠覆性创新到产品全球化路径，特别是在数字科研和数字产业生态等方面。自从20世纪90年代以来，美国在信息技术产业中的革命性发展，不仅仅带来计算机信息设备产业自身的快速增长，也带动了其他相关产业的自动化和信息化，进而数字经济融合程度比较高。但是，我们从数据中可以看到，与中国相比较，美国在技术和资本密集型产业方面的数字经济融合值比中国相差很大。这主要在于随着国际产业转移，中国在加入WTO以后吸引了大量的国际资本，在资本进入的同时也带来了技术的不断提升，再加上2008年之后中国实施产业升级，积极推动产业的工业化和信息化等，良好的工业基础再加上数字化的应用，极大地推动了中国资本密集型和技术密集型产业数字经济的发展。但是我们可以看到，中国的行业数字经济分布极不均匀，只是集中于少数产业，农牧渔业、食品加工、金属制品等传统产业的数字化程度非常低，即使是中国具有极强竞争优势的纺织服装产业，2018年也只有美国的1.42倍，这与中美纺织服装产业产值之间的比较差距较大，很多产业的数字化程度还有很大的提升空间。

三、数字经济整体规模

根据第二部分数字经济测度方法，我们分别从投入产出分析和国民经济核算两种方法对中国的数字经济规模进行测度（见表2-6）。

表2-6　　　　2000~2018年分资产类型资本服务测算结果　　　　单位：亿元

年度	ICT软件	ICT硬件	研发投入	矿藏	机器设备	建筑物
2000	467	3070	1329	1269	34544	98334
2001	700	3970	1599	1372	38688	112606
2002	1061	5259	1940	1468	43659	128507
2003	1477	6708	2342	1573	50735	146797
2004	2198	7971	2815	1710	61394	167290
2005	3241	9140	3440	1874	76507	189581
2006	3831	10272	4252	2111	94141	215821
2007	4151	11477	5262	2459	112020	248938
2008	4891	12693	6475	2885	132901	288109
2009	6231	13874	8200	3379	160561	341265
2010	8461	14996	10260	3975	1925271	406133

续表

年度	ICT软件	ICT硬件	研发投入	矿藏	机器设备	建筑物
2011	11370	16025	12480	4650	232557	477476
2012	14824	17726	15381	5402	270087	563512
2013	19030	19970	18858	6144	304199	666590
2014	24084	21964	22339	6740	331015	781984
2015	29634	23790	25802	7134	351773	904136
2016	35108	25563	29330	7324	370049	1027739
2017	40517	27279	32697	7431	388046	1147568
2018	47823	29568	36829	7518	401846	1207622

注：2000～2017年数据来源于王春云和王亚菲（2019），2018年数据为作者估算。

投入产出分析方法根据前面数字经济基础产业和行业数字经济规模加总就可以得出，而国民经济核算方法测度的困难在于各行业的数字资本的衡量，部分国家和国际机构给予增长核算框架建立了行业层面的投入产出数据库，包括美国、加拿大和OECD等资本服务核算比较成熟，美国BEA提供了分行业的ICT资本数据，但是中国进展较晚，目前还没有提供资本服务的相关数据。

部分研究者试图进行测算，整体来看，对于初始资本估算存在各种假设，估算出来的ICT资本服务的相关数据主观性强，以及核算指标无用、参数设置不一致等问题，王春云和王亚菲（2019）搭建基于CSNA2016的资本回报率测算框架，将"资本服务"这一流量指标引入资本回报率的测算方法中，基于乔根森（Jorgenson）资本租赁价格的核算方法，测度行业资本结构变化等。基于王春云和王亚菲（2019）的分资产类型资本服务测算结果，分别计算了国民经济中数字资本占总资本的比例，并且根据资本总报酬数据，计算了数字资本获取的总报酬，进而计算出数字经济的规模。当然，这一计算方法由于假设数字资本和其他资本具有同样的报酬率，存在高估或者低估数字经济规模的可能。而按照一般的经济学常识，随着科技的发展，科学技术在经济增长中的作用越来越显著，对经济增长的促进作用更大。因此，数字资本的报酬率肯定高于其他资本，这会低估数字经济规模。

从表2-6数据结果看，2000～2018年，在各类资本中，建筑物的资本数量最多，占所有资本的比重在65%～70%之间，机器设备次之，占比为23%～30%之间，而除建筑物和机器设备资本之外，其他资本相对较少，所占比例非常低，特别是ICT软硬件部分，占比从2000年的2.5%增加到2018年的4.4%。虽然占比较低，但仍然在持续提升。

从表2-7的结果来看，也验证了我们的判断，国民经济核算方法会低估数字经济规模。相比较投入产出方法，国民经济核算方法低估1倍还多。从占GDP的比重来看，国民经济核算方法占比从2000年的14.93%上升为2018年的22.04%，投入产出方法也从28.78%上升为51.23%，趋势上都是先上升再下降的过程，但是我们看国民经济核算方法在2005年达到顶点27.31%之后，开始下降，特别是2009年下降为18.63%。这主要是由于国民经济核算方法考虑到非ICT投资的状况，2008年国际金融危急爆发以后，国家扩大了基础设施投资，对于企业来说，又回到了传统外延式增长的道路，依赖于厂房投资和机器设备的投资，所以数字经济整体规模在2009年出现了下降。整体来看，增长核算模型的测算有两个缺陷：一是ICT资本的收益率假设与其他资本收益率相同，会低估ICT资本的收益，二是测算生产性资本存量和资本服务的固定资本形成指标无法对电信业增长的贡献予以描述，一般会低估数字技术投入的贡献，而随着5G技术的不断推进和万物互联的发展，电信业的溢出效应会越来越大，但由于资本服务没有相应的指标对其进行衡量，所以在测算数字经济时缺失这一部分贡献值。

表2-7　2000~2018年国民经济核算方法和投入产出方法测度结果比较

年份	测度结果（亿元）		占GDP比例（%）	
	国民经济核算方法	投入产出方法	国民经济核算方法	投入产出方法
2000	14972.01	28856.21	14.93	28.78
2001	16986.08	34609	15.32	31.22
2002	19847.22	38420.54	16.31	31.57
2003	25751.19	45620.07	18.74	33.20
2004	37678.25	62546.15	23.28	38.65
2005	51148.71	80757.48	27.31	43.11
2006	57605.35	90553.66	26.25	41.27
2007	63705.12	96034.95	23.57	35.54
2008	67906.38	113598.4	21.25	35.55
2009	65019.82	128033.1	18.63	36.68
2010	86567.19	185554.7	20.96	44.93
2011	106432.2	232939.1	21.75	47.61
2012	116788.4	271680.5	21.61	50.28
2013	129021.6	310086.4	21.68	52.09

续表

年份	测度结果（亿元）		占 GDP 比例（%）	
	国民经济核算方法	投入产出方法	国民经济核算方法	投入产出方法
2014	137884.4	339893.1	21.41	52.78
2015	151081.4	363453.5	21.93	52.75
2016	170790.8	388704.2	22.95	52.24
2017	187391.9	414701.7	22.66	50.14
2018	198398.8	461197.9	22.04	51.23

资料来源：作者计算。

与国内其他预测相比较，特别是中国信通院的估计值来看，2005 年数字经济占 GDP 的比重为 14.2%，2018 年为 34.8%，比我们的国民经济核算方法高，但比投入产出方法的数值要低。差距产生的主要原因包括两点：一是计算方法的不同，二是行业选择的不同，中国信息通信研究院采用的是各省市投入产出的数据进行加总，可能会造成重复统计。在规模报酬不变的情况下，对非 ICT 行业的增加值进行分解，行业的数字化程度不能简单地代表数字经济。

第五节 小 结

在产业结构不断转型升级的过程中，数字经济代表着未来的发展方向，尤其是在疫情的冲击下，发展数字经济更加刻不容缓（汪阳洁等，2020）。基于国民经济核算方法和投入产出方法，测度了中国数字经济的规模，并且与美国等国家进行了比较。研究结果发现：（1）中国数字经济规模不断扩张。2018 年中国数字经济规模达到 19.84 万亿元，占 GDP 的比重为 22.4%，数字经济在国民经济中的地位进一步凸显。（2）数字产业化稳步发展。数字产业化虽然占数字经济的比重不断下降，但是基础进一步夯实，内部结构不断优化。中国 ICT 产业还保持较快增长，同时结构不断优化，软件业和电信服务业的比重持续提升。（3）产业数字化提升较快，占比较高。随着中国工业化、信息化的不断提升，传统产业的数字化转型也不断提升，包括数据继承、平台赋能等都推动了产业数字化的发展。（4）中国数字经济在国际中的地位不断提升，但与美国相比还有较大的差距。虽然在数字经济规模上与美国的差距不断缩小，部分行业甚至比美国数字经济高数倍，但是在关键产业上中国还有较大差距。

2019年，国际经济环境日趋复杂，整体经济下行压力增大，全球数字经济仍然保持了较快的增长，数字经济各领域逐步推进，新兴产业快速发展，传统产业数字化渗透加深，对经济增长的拉动作用更加明显。根据中国信通院的研究报告，整体来看，全球数字经济呈现以下特征：第一，规模大。数字经济体量实现连续增长，全球数字经济总体规模逐渐上升，全球数字经济规模由2018年的30.2万亿美元增加到2019年的31.80万亿美元，成为全球经济发展的新动能。第二，表现出较大的数字经济鸿沟，数字经济南北差距逐渐拉大。高收入国家数字经济占比超过75%。高收入国家的数字经济规模远超中高收入和中低收入国家，2019年，34个高收入国家数字经济规模达到了24.5万亿美元，占整体总量的76.9%，而中低收入国家的数字经济规模仅为7479亿美元，仅占23.1%，发达国家数字经济规模是发展中国家的3倍，发达国家数字经济发展水平优势明显。第三，地域的差异性。从地域上看，美洲数字经济规模最大，数字经济发展水平较高的国家，如美国、欧洲，数字经济远远领先于其他地区，美洲包括美国、加拿大、墨西哥和巴西等国家的数字经济规模整体为14.3万亿美元，占比超过45%。以中国、日本、韩国、泰国和越南为代表的亚洲数字经济规模为9.8万亿美元，占比为30.7%。欧洲国家数字经济规模约为7.4万亿美元，占比为23.2%，可以看出，美国的数字经济规模继续维持领先，美国凭借其技术创新优势，走在了全球数字经济的前列，数字经济规模常年全球第一。另外，从数字经济占GDP的比重来看，全球数字经济在国民经济当中的比例持续提升，从2018年的40.3%增长到2019年的41.5%，从不同收入组国家来看，高收入国家数字经济与GDP占比超全球平均水平，而低收入国家占比非常低，发达国家数字经济占比是发展中国家的两倍。

世界各国都认识到数字经济的重要性，数字经济发展战略已经成为各国的共识，都出台了政策扶持数字经济发展，在政策上呈现以下共性特征：一是创新驱动数字经济发展，抓住核心技术和核心产业促进发展；二是新兴基础设施支撑数字经济，特别是5G的发展作为数字经济的基础，中国虽然在5G上具有了部分领先优势，但是核心技术仍然受制于人；三是加大数字经济融合，对传统产业进行改造成为重点；四是提升国民数字技能。

第三章　数字经济对经济高质量增长的影响

第一节　引　言

目前，中国经济正面临从高速增长向高质量增长的转换阶段，再加上劳动力红利消失和人口结构不断调整，资本积累速度下降和资本边际收益递减，传统要素驱动（劳动力和资本）的经济增长方式难以适应产业结构转换的要求，中国经济发展的动力需要转换新的生产要素。根据新古典经济学等相关理论，技术创新等是中国经济增长动力转化的关键因素，但技术创新不是生产要素，需要通过资本、人力等体现出来。一系列研究表明，数字作为新的生产要素日益成为经济发展的动力（Kevin J. Fox and Unsw Sydney, 2019; Ahmad, N. and P. Schreyer, 2016）。而国内外的实践也表明，以云计算、大数据、工业互联网、物联网、人工智能、5G等为代表的数字经济日益成为经济发展的重要力量，不仅仅作为新的产业，而且对传统产业具有非常大的促进作用，传统产业数字化、网络化、智能化的特征趋势日趋明显。数字经济的发展，正显著地改变经济增长形态，其中数据要素成为继劳动力、资本、技术之后新的、最重要的生产要素。物联网的发展带动数据的爆炸式，根据IDC的数据，新摩尔定律主导下全球数据总量将由2015年的6ZB增加到2020年的44ZB，到2035年将达到19267ZB。数据要素成为数字经济的基础要素。

数字经济对于经济增长的作用尚没有得到充分的研究，由于数字经济包括计算机网络存在和运行所需的数字基础设施、通过该系统发生的数字交易、数字经济用户创造和访问的内容等，目前已有的研究主要集中在数字经济基础设施的信息设备和软件服务以及互联网等对经济增长的作用。信息通信技术的广泛应用被认为是美国等发达国家全要素生产率在20世纪90年代到2000年初得以持续增长的重要因素之一，乔根森（Jorgenson，2016）测算了信息技术资本对美国经济的贡献，发现其贡献显著。奥利尔和西奇尔（Oliner and Sichel，2000）将资本投入细分为信息资本、非信息资本、劳动投入、多要素生产率等几个部分考察计算机和相关产业的投入对经济增长的贡献，结果发现，2000年以后信息技术的投资对经济增长的贡献逐渐增加。对欧洲、亚洲等发达国家和发展中国家的研究也都证实了信息技术对经济增长的作用（Jorgenson and Motohashi，2005；André and Claudio，2015；Abdul and Deb，2016；Jorgenson and Vu，2016）。除了信息技术投资以及信息技术产业对经济增长的直接影响以外，信息产品还显著提升了生产率，汤普森和高尔鲍茨（Thompson and Garbacz，2007）、格里弗和库特鲁比斯（Gruber and Koutroumpis，2010）都发现了电信和移动通信等对生产率的提升作用。周勤和张红历等（2012）研究发现，信息技术发展对我国省域经济增长有显著促进作用，省域间经济增长有显著的空间溢出效应，但是信息技术发展自身的空间溢出对经济增长的促进作用还不显著。韩宝国和李世奇（2018）运用2002~2016年中国省际面板数据研究发现，软件和信息技术服务推动中国经济增长的作用是显著的，同时其与经济增长的相关性存在区间效应。

除了信息技术产品外，互联网与电子商务也是数字经济的一个重要方面，电子商务促进创新，产业升级和经济增长的经济和社会收益已得到广泛讨论。随着电子商务的普及，越来越多的研究者关注了电子商务对经济增长的影响（Czernich et al.，2011；Forman et al.，2012；Kolko，2012；Ivus and Boland，2015；施炳展，2016），但是得出的结论却是矛盾的。中国在电子商务方面的成功经验对改变经济中的消费品部门和推动经济改革产生了积极影响。李、弗雷德里克和杰里菲（Li，Frederick and Gereffi，2019）利用全球价值链框架研究了电子商务对中国服装行业升级轨迹和治理结构的影响，发现电子商务降低进入壁垒并使企业向价值链上游迈进，特别是对于大型中国品牌而言，电子商务已经实现了终端市场的多样化，而对于中小型企业而言，电子商务促进了功能升级和终端市场升级。在平台公司创造的"双边市场"中，"参与的消费者"是这个市场的需求方，"以电子商务为重点的服装公司"是新市场的供应方。

对于数字经济与经济高质量发展方面的研究，已有的研究对数字经济的经济增长效应进行了分析。宋洋（2018）通过构建数字经济对高质量发展作用机制的理论框架，以中国 31 个省级行政区域作为研究样本，实证研究了数字经济通过直接效应和间接效应对高质量发展的促进作用，直接效应的促进效能大于间接效应。荆文君和孙宝文（2019）在梳理我国数字经济发展特征的基础上，从微观、宏观两个层面探讨了数字经济与经济增长的关系及其促进经济高质量发展的内在机理，在微观层面表现为互联网、移动通信、大数据、云计算等新兴技术可以形成兼具规模经济、范围经济及长尾效应的经济环境，在宏观层面，数字经济可以通过新的投入要素、新的资源配置效率和新的全要素生产率三条路径促进经济增长。王娟（2019）从要素配置变革的演化差异和产业升级驱动演化和经济增长质量的演变三个层面探讨了数字经济与经济高质量发展的关系及其促进经济高质量发展的内在机理。左鹏飞和姜奇平（2020）分别从通用技术性、范围经济性、平台生态性、融合创新性提炼等方面总结数字经济的四个基本内涵，并从经济运行系统、经济效率、经济创新力等三个维度分析数字经济对中国经济增长的冲击，从超大规模经济体、供给侧结构性改革、消费升级、新基建等四个方面分析了中国经济增长对数字经济发展的影响。

从以上研究可以看出，数字经济对于经济增长的作用可以从信息产业基础设施和电子商务的影响实现，但是对于数字经济对经济增长的数量和质量的影响还没有直接证据，对于经济增长的数量影响尚存在争论，更不用说对于经济增长的质量影响（荆文君、孙宝文，2019）。一方面，需要对于数字经济的规模进行界定，解决概念界定不清、统计数据滞后、统计方法缺失等问题；另一方面，就是数字经济促进经济增长质量的内在机理尚需要进行深入研究。本书主要研究数字经济驱动经济高质量发展的机理，从要素配置和战略选择方面研究通过发展数字经济促进中国经济高质量。

第二节　要素配置变革的演化差异

按照不同的性质分类，生产要素可以分为传统生产要素和现代生产要素，也可以分为初级要素和高级要素。一般来说，传统生产要素如简单劳动力、土地、资本等，现代生产要素主要是技术。而初级要素主要包括简单劳动力、土地、自然资源、资本等，高级要素主要一般是指知识、信息、技术等。其中，初级要素具有边际收益递减的特性，而高级要素则呈现出边际收益递增的特征。随着技术进步，生产要素也不断发生变化，数据越来越成为重要的生产要素。数据要素具有极大的规模经济效应，并且不存在边际报酬递减规模，数据规模越大，其效用也就越大。

数字经济依靠网络，驱动劳动力、资本等初级生产要素快速集聚，对于劳动力和资本的优化配置具有重要的意义。数字经济可以使得闲置的受制于技术知识的简单劳动力转化为具有复杂效用的劳动力，进而提升资本对劳动力和知识的影响，达到资源的有效配置。整体上来说，高级生产要素对低级生产要素产生较大的渗透作用，低级要素通过吸收高级要素推动要素的升级。因此，传统生产要素与新兴要素之间相互作用，传统要素是新兴要素的功能载体，新兴要素只有通过传统要素才能发挥其作用，而传统要素虽然也具有自身的优势，但是在新兴要素的溢出效应下才可以发挥更大的效应。

按照各要素在要素结构中所占的主体不同，我们把经济发展模式划分为劳动力驱动发展模式、资本驱动发展模式、技术创新驱动发展模式和数据驱动发展模式。劳动力驱动发展模式是依靠低劳动力资源禀赋，丰富的劳动力数量和低廉的劳动力成本作为生产中的主要要素。在人口结构上的表现形式为低于60岁以下的就业人口占有非常大的比重，并且未成年人也有较高的比例。总体上适龄范围内的具有劳动能力的人口规模占比较大，在生产中一般降低资本投入比重，采用劳动力替代模式。传统中国经济之所以会成为"世界工厂"，与背后充裕的劳动力供给密切相关，在改革开放及加入WTO的情境下，中国依赖劳动力资源禀赋，吸引国外直接投资，发展加工贸易，在劳动密集型产品的出口上获取了较大的市场份额。自20世纪90年代以来，以制造业为主的第二产业在国民经济中的比例约为45%，其就业所占比例也在40%左右。中国大量的适龄农村剩余劳动力为制造业和建筑业的发展提供了充足的来源。但是，随着中国工业化的加深，农村富余劳动力在不断减少，"刘易斯拐点"出现，全社会的整体工资水平在不断上升，"巴拉萨—萨缪尔森效应"不断显现。资本驱动模式表现在生产函数中，资本所占的比重较大。一般资本驱动模式仅仅指的是物质资本，表现为机器、厂房、仓库和交通运输设备等物质。改革开放以前，中国的资本非常短缺，存在发展中国家普遍的"双缺口"，通过改革开放，外资的大量涌入，中国国内储蓄的不断扩大，工业化投资水平得到了大规模提升。中国的产能不仅仅满足国内需求，还大量出口。目前中国制造业出口占世界市场的比重超过13%。通过工业化的加深，中国积累的大量的资本，一方面出口获得的盈余投资于美国国债市场等，另一方面由原来的资本流入国转变为资本输出国，根据《中国对外直接投资统计公报》的数据，2019年末，中国对外直接投资存量达2.2万亿美元，次于美国（7.7万亿美元）和荷兰（2.6万亿美元）。中国在全球外国直接投资中的影响力不断扩大，流量占全球比重连续4年超过一成。从国内资本投资来看，投资结构性问题还比较突出，政府投资占比较高、领域过宽，企业和社会投资还面临一些障碍与约束，投资的边际报酬逐渐下降。

随着传统支撑经济发展的人口红利和资本红利的消失，以要素驱动和投资驱动的发展道路逐渐让位于创新驱动的发展模式。创新驱动就是创新成为引领发展的第一动力，创新包括科技创新、制度创新、管理创新、商业模式创新、业态创新和文化创新等，经济发展模式由传统要素驱动转向创新驱动，创新驱动成为许多国家谋求竞争优势的核心战略。在创新驱动中，人力资本是最核心的要素，不同于劳动力要素，人力资本表现为高技能的熟练工人和技术人才，需要通过长期的教育培训等获得。推动发展方式向依靠持续的知识积累、技术进步和劳动力素质提升转变，促进经济向形态更高级、分工更精细、结构更合理的阶段演进。实施创新驱动发展战略的措施，一是着力推动科技创新与经济社会发展紧密结合。二是着力增强自主创新能力。关键是要大幅提高自主创新能力，努力掌握关键核心技术。三是着力完善人才发展机制。四是着力营造良好政策环境。五是着力扩大科技开放合作。

要素驱动也是创新驱动的一种形式，只不过是要素形式的具体化。对于创新来说，包括的范围比较广，没有具体的载体。随着经济不断向数字化转变，数据作为经济发展的核心要素，成为驱动经济增长的核心力量。根据第二章的分析，数据具有编辑报酬递增等特征，对经济发展的影响不同于传统的劳动力和资本等要素。数据驱动型经济的一个突出特点是，在数字化市场中相互影响的不同类型的参与者会形成一个生态系统，该系统会带来更多的商业机遇与更多的知识和资本，并会更有效地刺激相关研究和创新。繁荣的数据驱动型经济将具有如下特征：可获得优质、可靠、可互操作的数据集和有利的基础设施。具备传感、执行、计算和通信功能的信息通信系统嵌入至物理对象，通过互联网互联互通，为人们和企业提供广泛的创新应用和服务。公共机构应当发挥作为新的数据服务和数字产品的"初始顾客"和中间人的作用（刘润生，2014）。

第三节 产业结构升级的演变

按照初级要素和高级要素在要素配置结构中所占比重不同，可把数字驱动经济发展划分为数字经济基础发展阶段、数字驱动劳动资本的融合阶段和经济完全数字化阶段三类。

数字经济基础发展阶段是除了传统的产业之外，数字经济包含的部门不断兴起，在国民经济中占据一定地位。首先，数字经济基础产业本身是国民经济的组成部分，数字经济基础产业的发展，带动了产业结构的提升，从传统的劳动密集型和资本密集型、技术密集型向数字密集型转变。其次，数字经济和其他产业的深度融合，促使传统产业转型升级。因此，数字经济都包括两大板块，核心板块是ICT产业本身，拓展板块则体现了ICT技术和产业在经济社会各领域应用的溢出效应。在核心内容上，ICT产业是信息技术（IT）产业和通信技术产业的统称，传统的ICT产业包括传感技术、计算机与智能技术、通信技术和控制技术等，最新的云计算、大数据、物联网、移动互联网、人工智能、虚拟现实等，特别是随着5G等开始应用，ICT产业更是具有特殊的意义，具有网络效应、知识密集度高、适用性广和投资风险高等特点，在全球进入数字时代的背景下，信息和通信技术作为数字经济主导产业也成为各国竞争的制高点。而且ICT产业具有国际性的特征，其技术密集、专利技术等需要全球各国通力合作才能完成。技术标准是国际通行的，再加上ICT产业的基础设施互联网是国际性的。各国都加大政策支持力度，促进ICT基础产业的发展。国家将其列为基础性、先导性、支柱性产业重点来发展，先后出台一系列促进ICT发展的政策文件，包括网络强国、工业互联网、信息消费、人工智能等国家级战略。由于数字经济以数据为关键要素，而各个行业各地区都已涉及，所以按照传统的统计方法很难对数字经济进行测定，现有宏观统计已经无法完全捕捉数字和被数字化提升的产品与活动所带来的增加值（杨仲山、张美慧，2019）。根据第二章的估计，中国数字经济基础产业在2019年的产值超过1万亿美元，相比较日本和英国，中国数字经济发展迅速，在 2000 年只有 7954 亿美元，相当于日本的 54%，英国的 85%，但是到 2019 年分别是日本的 1.82 倍和英国的 2.36 倍。

数字驱动劳动资本的融合阶段，数字经济的发展带动了数字基础产业和其他产业的融合。从经济增长中要素分解来看，劳动力和资本的贡献逐步下降。根据封永刚（2017）的研究，资本投入在改革开放以来都呈现出显著增长的趋势，而"人口红利"的消失促使劳动投入的增长幅度趋于降低，资本投入增长对中国经济增长的贡献份额由 1978 年的 18.48% 上升至 2015 年的 35.82%；劳动投入增长对中国经济增长的贡献份额由 32.57% 下降至 2.85%。整体上看，劳动和资本对经济增长的贡献份额由 1978 年的 51.05% 下降到 2015 年的 38.67%，剩下的就是技术进步的贡献，其中也包括了数字要素的贡献份额。因此，数字要素驱动劳动和资本的阶段是数字驱动融合阶段，这一阶段，数字要素对推动传统经济模式不断优化，加速全球商业模式重塑，驱动资本、劳动力、技术等生产要素的集约化整合、协作化开发、高效化利用与网络化共享等。数字技术的发展对于制造业具有重要的意义。数字经济对传统产业的渗透更能够促进经济的发展。在数字经济下企业的生产成本具有较强的高固定成本和低边际成本，随着数字要素对传统要素的不断渗透，企业的传统生产成本包括高固定成本和比较高的边际成本，边际成本一开始是逐渐下降的，但是达到一定规模之后，开始出现规模不经济，边际成本开始上升，但是对于数字经济来说，其边际成本随着规模的扩张而逐渐下降为零，由于正反馈效应的存在，实强者恒强的马太效应。比如互联网经济和高科技的部分核心器件。而且数字经济不仅仅是规模经济，而且还会有较强的范围经济，可以在两个或者两个以上的产品上进行生产，而且不会带来成本的大幅增加，其成本小于分别生产每种产品的成本之和。总之，数字要素带来的数字经济不仅仅带来规模经济，而且极大的扩展范围经济。基本上目前数字经济的企业都是多样化的产品经营，基于已有的客户向多业务经营拓展，这些用户资源使得新业务已于传播和被用户接受。规模经济和范围经济分别描述了产量、种类与平均成本之间的关系，产量的增加导致大企业的出现，进而强者更强，产品种类的增加出现多个业务，满足更多市场的需求，规模经济和范围经济及长尾效应构成了数字经济的主要经济环境。

图 3-1 为数字经济的规模经济和范围经济。

经济完全数字化阶段。在智能技术与智能设备不断革新的基础上，以物联

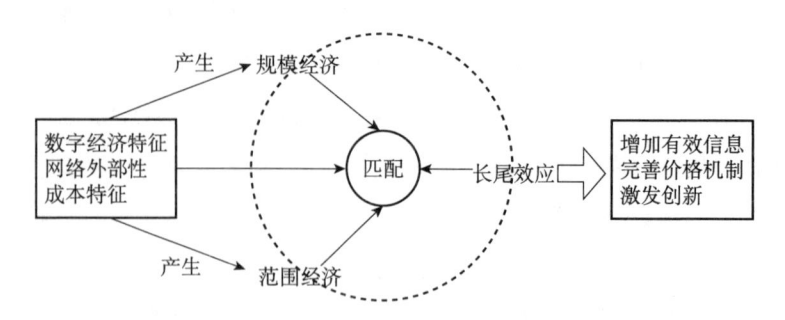

图 3-1　数字经济的规模经济和范围经济

网、云计算和大数据为技术手段的工业互联网的快速发展,不仅能显著提升资源的利用效率,更能够促进制造业产业链各个环节的高度融合,形成新的数据变现模式,从而推动实现产业结构的转型升级。同时,数字经济发展的本质就是增加信息与知识要素在整个经济系统的流转速度,以此来促进地域空间分工细化与区域间交易效率的提升,优化区域间的分工结构,进而实现区域间经济结构的转型升级。此外,发展数字经济,能够显著增加企业与客户之间交易的效率与深度,不断改善市场的供需结构,从而从微观角度促进经济结构的转型。因此,数字经济作为一种新业态,是推动经济高质量发展,实现质量变革、效率变革、动力变革的内生动力,也是全球新一轮产业竞争的制高点和促进实体经济振兴、加快经济结构转型升级的新动能。

第四节　经济增长质量的演变

经济增长的来源一般来源于要素投入的增加以及要素效率的提升,传统经济增长模型如索洛增长模型展开研究,在索洛模型中经济增长的路径有三点:第一种路径就是要素的投入及比例变化,包括劳动力、资本,只有两种投入下,加大要素投入和对要素配置进行优化,或者增加劳动和资本数量的变化,或者调整两种要素比重的变化,都可以促进经济增长。这种路径是传统经济的增长模式,是一般国家工业化发展的必经路径,即使是在数字经济时代也是必不可少,既包括数字要素投入的增加,也包括投入质量的增加,可以对生产资料在各部门质量进行分配,保证经济发展投入要素的充足性和持续性。将生产点尽可能靠近生产可能性曲线，即在既定的条件下达到产出最大化。第二条路径是改变资源配置方式，对生产函数的形式改变或者加入新的变量。对于数字经济来说，数字要素代入经济增长模型，可以增加生产要素种类，也能提升原有要素的生产效率，传统要素除了劳动力和资本以外，包括自然资源和土地等都不够支撑经济增长，随着大数据、云计算5G等技术的使用，需要将一些新的要素加入经济增长模型中，这种数据要素本身对生产函数不能产生质的影响，在 C-D 函数中，a 值在 0 和 1 之间，只要提升 a 的数值就可以提升经济增长，改变传统规模报酬不变的假设。在数字经济时代人、物、资金之间的数据传递效率更加快捷，将市场的不同参与主体和客体信息互通，提升了信息的有效性。第三种路径是改变全要素生产率，即除了劳动力和资本等之外的其他要素的贡献，后来的罗默增长模型以及格罗斯曼和赫尔普曼（Grossman and Helpman）等修正模型都将其他要素加入生产数中，增长模型改写为：$Y = A(t)F(K(t), L(t))$。其中的 $A(t)$ 既包括技术创新的作用，又包括商业模式的创新等，在投入要素和技术进步固定的情况下，商业模式的创新能够对技术进步和要素投入产生溢出促进作用，助推经济高质量发展。这三条增长路径中，第一种路径是使得生产更可能地靠近生产数，第二和第三条路径是把生产可能性曲线外移。数字经济对这三种增长方式都有强化作用，主要体现在以下方面：第一，对于要素增长占据主导地位的增长路径，数据也是一种生产要素，能够直接促进经济增长，数字经济是经济增长的一个部门，其规模的大小影响了经济增长的数量，而且随着产业结构调整，数字经济作为继农业经济、工业经济、服务业经济之后的最重要的一个产业发展方向，代表了未来经济增长的方向。因此，数字要素的增量促进了经济增长的数量和质量。第二，数字经济对传统经济的促进体现在融合，数字经济与传统经济融合促进了经济增长和质量提升。如果说第一阶段是经济增长的增量阶段，第二和第三阶段则是经济的内涵发生改变，传统要素的数字化，包括劳动力、资本等数字化发展，与数字要素的融合，彻底改变了经济形态，经济更加智能化。

而且数字经济的融合发展，不仅仅体现在整体经济规模和经济质量的提升，更能促进经济的均衡发展，这种均衡包括了产业的均衡和区域均衡发展。在产业均衡上，数字经济和互联网的发展促进了生产要素在不同部门的均衡配置，使得传统的夕阳行业也焕发出勃勃生机，夕阳产业不再夕阳，传统产业由于应用数字技术所带来的生产数量、质量和生产效率提升，其新增产出构成了数字经济的重要组成部分。在制造业行业，软件定义、数据驱动、平台支撑、服务增值、智能主导等，数字孪生技术也重新定义了新制造。在区域均衡发展上，数字经济中包括区块链等去中心化，生产不再规模化和流水线作业，而是不断贴近市场和消费者。数字经济的渗透，在消费产业链的各个环节被广泛应用，推动了消费的个性化升级，以消费者为核心，以满足消费者需求为目的，通过消费者需求逆向推动商品生产和服务提供，在消费结构上侧重于发展和享受型消费，用户的个人体验变得更为重要，在消费需求上个性化、品质化的用户需求尤为突出，在消费渠道上注重线上线下联动的经营模式，在消费理念上向绿色健康、便捷高效等方向转变。这些都促使企业转变生产过程，数字孪生就是其中一个重要的方向。数字孪生是指以数字化方式拷贝一个物理对象，模拟对象在现实环境中的行为，对产品、制造过程乃至整个工厂进行虚拟仿真，从而提高制造企业产品研发、制造的生产效率。与传统的产品设计不同，数字孪生技术在虚拟的三维空间里打造产品，可以轻松地修改部件和产品的每一处尺寸和装配关系，使得产品几何结构的验证工作、装配可行性的验证工作、流程的可实行性大为简化，可以大幅度减少迭代过程中的物理样机的制造次数、时间和成本。

图3-2为数字要素对经济增长的影响。

要素数量	要素组合改变	全要素生产率提升
$Y=f(L,K)$	$y=AL^{\alpha}K^{1-\alpha}$	$Y=A(t)F(K(t)L(t))$
要素投入	要素配置	技术创新

数字要素的强化

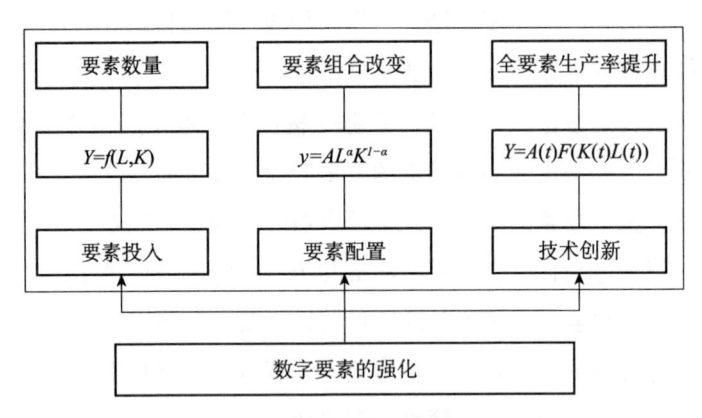

图3-2 数字要素对经济增长的影响

整体看，数字要素以及数字要素下的其他要素的自由流动，可以促进经济发展的效率和公平，主要是因为要素之间的匹配更有效率更精准，优化了资源配置，使得产出更接近生产可能性曲线以及让曲线外移，提升经济增长的数量和质量。

第五节 数字经济促进经济高质量发展的战略选择

数字经济对于经济增长的作用得到政府的高度重视，但是理论上分析数字经济对于经济高质量发展影响的理论机制尚没有得到研究。在梳理经济高质量发展内涵特征的基础上，从要素配置变革的演化差异和产业升级驱动演化和经济增长质量的演变三个层面探讨了数字经济与经济高质量发展的关系及其促进经济高质量发展的内在机理。在要素配置变革演化上，数字要素成为核心生产要素，具有要素报酬递增的规律。在产业升级驱动演化上，数字经济产业化和产业数字化的发展驱动了经济结构的升级；在经济增长质量的演变上，经济增长的演变路径是从要素的投入及比例变化到改变资源配置方式再到改变全要素生产率演化。

（1）加强数字基础设施建设，促进数字经济的发展。作为一种新的生产要素，数字无论是在数字产业还是在传统产业都起到无比重要的作用，数字经济的发展决定了未来产业结构的长度和深度。发达国家都出台了政策支持数字经济的发展。中国在数字经济上的规模和地位都得到了快速的提升，在世界上居于领先位置。从数字经济内部结构看，信息通信产业实力不断增强，为各行各业提供充足数字技术、产品和服务支持，奠定数字经济发展坚实基础；产业数字化蓬勃发展，数字经济与各领域融合渗透加深，推动经济社会效率、质量提升。但是，中国数字经济的优势在于应用，在基础性科学技术和产业方面由于历史积累导致受制于人。特别是高科技产业信息通讯产业的芯片、集成电路等电子元器件。虽然经济全球化可以从全球获得需要的元器件，但更需要发展中国的核心技术。而产业结构演化的历史表明，在全球价值链中国以加工装配的角色参与发达国家主导的价值链，可以获得全球价值链的红利。但是一旦产业升级，从价值链的低端向中上游转移，就会与居于主导地位的国家竞争，就需要掌握核心技术，否则受制于人。另外，数字鸿沟问题依然严重，数字鸿沟既包括基础设施接入层面的鸿沟，也包括数字素养方面的鸿沟。在接入方面，宽带等仍然存在网速慢、资费高等问题，在数字素养方面仍然有大量人口缺乏足够的"数字能力"。

因此，为促进数字经济健康发展。首先，加强数字经济基础合适建设，数字经济基础设施既包括宽带、无线网络等信息基础设施，也包括对传统物理基础设施的数字化改造，目前最新的是 5G 的建设与发展，5G 是数字经济发展的引擎，中国企业在 5G 技术上取得了领先的优势，下一步应该是加大 5G 技术的应用，加大 5G 基站的建设，扩大覆盖范围，开展 5G 应用协作创新，持续提升服务能力，不断催生新产业新业态新模式。其次，要以关键共性技术、前沿引领技术、现代工程技术、颠覆性技术创新为突破口，努力实现关键核心技术自主可控，把创新主动权、发展主动权牢牢掌握在自己手中。在此基础上，深化 5G 全球开放合作，着力加强在网络互联互通、技术研发、中台运营等方面的交流合作，打造能力互补、资源共享、融通发展的全球开放合作新生态。最后，加大数据的应用，让数据发挥生产力。数据是产业经济的基础，也是数字经济的核心生产资料，在产业链各环节产生的大量数据是驱动智能制造提高精准度的核心。目前的发展顺序应该是不断完善数字经济发展政策体系，推动政务数据共享开放等，促进产业数字化和数字产业化等。

（2）促进数字经济和实体经济融合发展。中国数字经济和实体经济的融合程度虽然取得一定成绩，但是在广度和深度上还有较大提升空间。从宏观上看，政府部门在数字经济与实体经济的融合法规、标准上都不到位，数据爆炸式增长与数据有效利用矛盾突出，技术创新与支撑能力有待提升等问题也亟待解决。因此，应该建立数据标准体系，建立数字经济质量发展能力评价指标体系，探索企业与政府数据双向共享机制。重点发展产业互联网，构建新型的、产业级的数字生态，打通各产业间、内外部连接，以新兴产业的技术提高传统产业效率、以传统产业的市场带动新兴产业规模。从微观上看，作为融合主体的部分企业在理念上还没有认识并加以应用，再加上其基础设施薄弱，积极性不高。提升企业产业数字化一方面加大硬件投入，扩大信息设备采用力度，另一方面重视企业内部数据以及与外部数据的有效打通，在软件、人才培养等方面提升企业获取数据和应用数据的能力，增强数字化、网络化、智能化解决方案能力。

（3）完善数据治理规则，确保数据的安全有序利用。中国近年来也先后出台了物联网指导意见、云计算创新发展意见、"互联网+"行动战略、促进了大数据发展纲要、新一代人工智能发展规划等文件，有力地推动了基础设施能力提升、支撑了创业创新、促进数字经济的蓬勃发展。数字经济立法是数字经济发展的关键保障。自 20 世纪 90 年代以来，中国互联网立法经历了一个从无到有、不断完善的建设过程。尤其是2000年以后，国家先后颁布《互联网信息服务管理办法》《全国人民代表大会常务委员会关于维护互联网安全的决定》《电子签名法》《全国人民代表大会常务委员会关于加强网络信息保护的决定》《网络安全法》等一系列法律法规，目前正在审议《电子商务法》，这些法律法规为依法规范互联网相关活动提供了依据。

完善数据法规，建立数据标准体系。建立数字经济质量发展能力评价指标体系。探索企业与政府数据双向共享机制。第一，顶层设计。比如在标准的制定上，好的企业标准可以上升为国家标准，这有赖政企双方的配合。第二，要激发企业的内生动力。企业是市场的主体，企业有融合的意愿，政府就会事半功倍。第三，要夯实数字经济的技术基础或者说是关键技术。比如像一些软件、核心零部件元器件、系统解决方案等，有大量的工作要做。第四，要增强配套服务能力。比如，建立一些研发中心、公共服务平台等；减少审批项目，加强服务配套能力等。要推动两种经济向纵深维度融合，最终促进经济高质量发展。

第四章 数字经济与双循环发展

第一节 引 言

  2008年金融危机之后,"逆全球化"的特征开始显现,虽然没有成为主流,但是由于金融危机导致的贸易保护主义,特别是美国在2016年特朗普上台之后,采取一系列贸易争端措施,限制进口,并以关税和非关税壁垒进行威胁,让其他国家让步。2020年Covid-19全球的大爆发,世界各国采取包括限制人员流动和物资流动等措施,全球化受到重大阻碍。本次疫情对全球供应链的冲击,国家层面看为保障国家安全必然会更加重视再工业化,对于企业来说一方面选择卫生防疫能力突出的国家,另一方面更加重视供应链安全,疫情下的全球价值链重构可能导致生产的区域化。传统上中国依赖劳动力资源禀赋放在加工贸易中,贸易在国民经济中占有非常大的比重,2006年,中国贸易依存度一度接近70%,之后开始出现下降,到2018年下降为33.7%。相较于美国的22.5%和日本的29.9%,中国对国际市场的依赖程度还是较高。在未来出口面临高度不确定的情景下,开拓国内市场,重视国内生产的内部循环,成为中国经济转型升级的关键。2020年8月,中央政治局会议提出,要加快形成以国内大循环为主体、国内国际双循环相互促进的新发展格局。内循环是中国走向强国的一个必由之路,是中国经济向更高质量发展的一个必由之路,是中国经济更深层次改革向更高层次开放的必由之路(黄奇帆,2020)。同时,数字经济在疫情的防控和经济恢复中发挥了突出作用,在国民经济中的地位越来越高,根据中国信通院(2020)的研究,2019年数字经济占GDP的比重接近40%,对经济增长的拉动作用约为70%。

数字经济已经有较长时间的发展历史，PC 的广泛使用以及面向单机的应用，成为数字化浪潮的主要标志。1995 年前后，互联网的商用价值开始显现。信息技术从能力主导向应用主导变迁，揭示应用和成本规律的"梅特卡夫定律"占据主导地位，面向互联网的应用成为这次数字化浪潮的主要标志。技术发展与应用需求"双轮驱动"，相互促进，迭代发展，带来了 20 多年的持续高速发展。

数字经济在经济双循环之中起到什么作用，如何促进经济双循环的发展？对这个问题的研究具有重要的理论和现实意义。

第二节　内循环为主的双循环是经济高质量发展的必然要求

以国内大循环为主体、国内国际双循环相互促进是我国为应对国内外经济形势变化，促进经济高质量的重要战略举措，不仅仅是因为疫情导致的全球生产网络重构对中国的冲击，还是中国深层次改革开放的必由之路。同时全球经济大国特别是日本都是以内循环为主、双循环同步发展。

一、经济内循环为主的双循环发展是经济高质量发展的必然要求

基于 GDP 支出法核算恒等式进行因素分解，是标准经济学分析框架中估算内需外需贡献的基准方法。按照支出法，GDP 总额包含了消费、投资和净出口三个部分，经济增长是各部分的加总。在支出法中，国内投资和消费等内需通常被看作内循环，净出口对应的外需通常被看成外循环。从经济增长模式看，包括出口导向型模式、扩大财政支出、低利率和减税促进的投资模式，以及消费驱动的增长模式。如果按照上述支出法净出口的方式，外部循环在中国经济增长中的作用较低，经济增长主要依赖消费和投资。2000 年以前，消费占有绝对比重。在加入 WTO 以后，中国对外贸易的特征表现为"大进大出"，出口规模不断扩大，但是进口规模也在扩张，净出口对经济增长的贡献为整体有所提升，在 2006 年达到 18.9%。之后由于国际金融危机的影响，净出口的作用日渐减弱，2009 年一度达到 -40%，整体来看，从 2009 年到 2019 年外需对中国经济增长的贡献为负值，意味着外需拉低了经济增长。加入 WTO 近 20 年，外需对经济增长有积极

作用的只有8年时间，其他年份都呈现负的作用。降低了经济增长，但是从现实情况看，中国的出口导向政策极大地促进了中国经济增长，积极扩大国外市场是中国改革开放以后经济增长的最主要动力，因此传统的净出口方法存在误区，也忽略了进口对经济增长的作用，如果把进口分解为资本品、消费品和出口品，则外需对经济增长的拉动作用显著放大，与净出口对经济增长贡献的均值差幅在10%左右，2006年对GDP的拉动作用约为24%，目前下降为15%左右（见图4-1）。

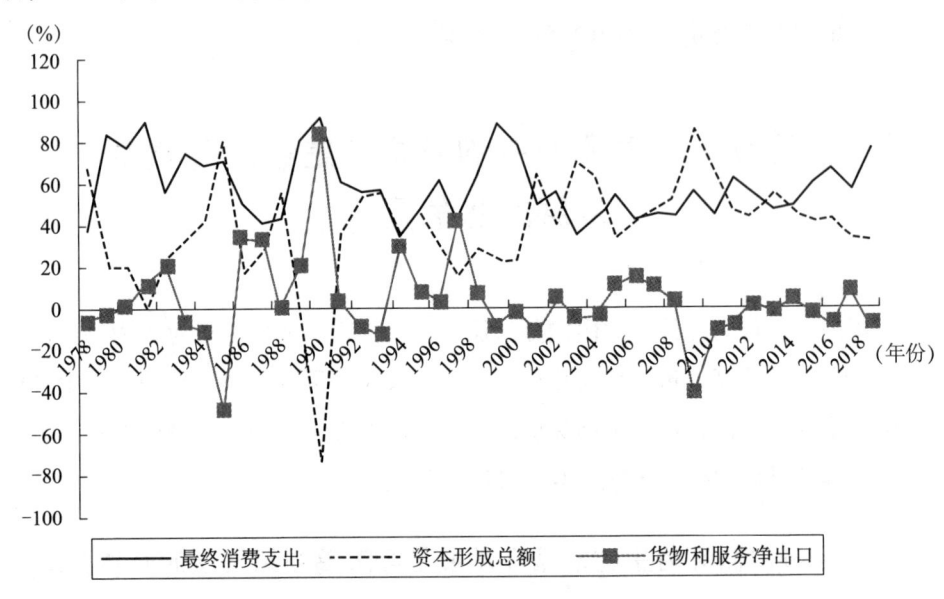

图4-1 经济增长贡献程度的分解

资料来源：作者测算。

如果考虑进口的作用，则应该把进口也看作外循环的一种，因此，按照支出法计算的外循环会明显低估。我们把出口和进口的总贸易量看作外循环，这样更能反映外部循环的作用。改革开放初期的1980年，中国贸易依存度为12.6%，1990年上升为30%，加入WTO之前的2000年为39.6%，在国际金融危机爆发前达到最高值57%，目前维持在46%~47%之间。这一数值远远超过韩国、欧盟和德国等经济体，在主要经济大国中位居前列。反思过去的经济增长模式，中国在出口和投资拉动的经济增长模式中取得了举世瞩目的成绩，但是随着国内外经济形势的演变，成本的上升以及环境保护等要加大，贸易和投资拉动的经济增长不可持续。要推动经济高质量发展，加快转变经济发展方式，推动经济发展实现量的合理增长和质的稳步提升，需要在增速换挡、结构转型、动能转换三个方面采取措施,而且这三个方面需要依赖于国内经济循环和国际经济循环的互动,也必然要在国内经济与世界经济的深入开放和不断循环中得以完成。

二、内循环为主的双循环是国外发达国家的普遍经验

从国际经验来看,包括日本、韩国、英国等国家都经历了从外向型经济向内外循环转变的过程,其中典型的是日本经济。二战过后的日本在1960~1970年,日本的工业生产年均增速达到了惊人的16%,国民生产总值年均增速同样高达11.3%;1966年与1967年,日本经济体量先后超过了英国和法国,1968年又超越了联邦德国,正式成为资本主义世界的第二经济大国;到了1973年,日本已初步完成了工业的现代化。针对本国资源贫瘠、市场规模狭小、技术落后等困难,日本确立了出口导向型的"贸易立国"发展战略,即大力发展对外贸易,以制成品出口换取外汇,同时引进技术设备和进口原料,扩大工业生产规模,进而实现国民经济现代化和赶超世界先进水平的目标。而在实践中,日本对美国等发达国家大量出口了纺织、煤炭、钢铁、家电、汽车等产品,外贸规模稳步增长。在此过程中,日本不忘引入先进的技术、设备与管理经验,产业竞争力日益提升,国民经济实力不断增强。除了频繁的贸易摩擦之外,出口导向型发展模式还暴露出两点缺陷:第一,该模式受海外政策与市场环境变化的影响太大,经济发展的主动权难以掌握在自己手里,比如,1973年石油危机导致的原油价格上涨,让日本陷入了严重的滞胀,经济随之步入萧条;第二,对出口的片面重视,引发了日本经济结构的失衡,也限制了日本的产业升级,而劳动力成本的上涨又日益制约着日本的出口竞争力。在此背景下,日本开始调整经济发展战略,并于1986年制定并通过了著名的《前川报告》,重点强调了经济发展思路从出口主导向内需主导转变,此后又接连出台了《经济结构调整推进纲要》等一系列纲领性文件,着力于摆脱过分依赖出口的状况,大力开发国内市场以应对国际环境变化。至此,一场浩浩荡荡的"内循环"大转型,正式在日本拉开了帷幕。经济转型并不容易。为了切实达成国民经济由"外循环"向"内循环"转变的目标。

第一,促进居民消费潜力的释放。消费是内需的重要组成部分,扩大内需,刺激消费自然是不可或缺的环节,尤其是在日本这个市场规模狭小的国家,想要以内需来带动国民经济增长,居民势必要具有极强的消费能力。为此,日本一方面提高居民收入,增加老百姓的获得感,同时着力推动减税降费。

第二，调整产业结构，发展新兴产业。激烈的国际竞争和贸易摩擦让日本意识到，仅靠外部技术引进断然无法长久地支持日本经济的发展，必须培育自身的科学技术创新能力，才能在国际竞争中居于不败地位。于是，日本政府基于国际国内经济形势的变化，重新对国家的科技发展战略进行调整，并提出了"科技立国"的战略口号，在此基础上着力推动产业结构的调整和升级。在具体实践中，日本将发展重心向知识密集型产业倾斜，先是大幅度缩减石油、钢铁、造船等传统制造业部门的规模，其压缩的人力和资金都投入新兴产业之中；随后，日本积极扶持电子通信、计算机、服务、新材料、生物工程、航天等产业，不少企业都"改行"投身于这些新兴产业。与此同时，日本还大力支持教育科研与基础研发工作，通过一系列财税优惠等正向激励手段来为产业升级保驾护航。如此一来，日本的主导产业逐渐由传统部门切换至中高端部门，产业附加值不断攀升，自主创新能力得到了质的提升，无论是在科技研发人员数量、论文发表数量还是专利申请数量上，均取得了重要突破，而纳米技术、生物医药、电子信息等高精尖领域更是得到了长足发展，这些也让日本跻身于全球为数不多的技术发达国家行列。

第三，实施积极的财政政策，大力开展基建投资。"二战"以后，日本国内社会公共设施有了较大的发展，但与欧美一些发达国家相比仍有不小的差距。于是借此机会，为了应对外部市场环境恶化导致的外需疲软，日本政府把改善住宅和生活环境为主的公共事业投资作为扩大内需的重要途径，不仅增加公共设施的数量，而且设法不断提高其质量，以此来满足人们日益升级且多元化的需求。这场"内循环"大转型，着实给日本经济社会带来了实质性的改变。最直接的表现，便是日本的经济发展模式逐步实现了由出口拉动向内需拉动的切换，国民收入水平不断攀升，消费规模不断扩大。数据显示，自20世纪80年代以来，日本的最终民间消费率始终保持在55%上下的高位状态。与此同时，人们日益追求丰富多样化的消费领域和休闲娱乐性较强的生活状态，餐饮、旅游、文娱、医疗等众多行业都得到了迅速的发展，中小城市和农村居民的生活同样得到了显著改善。此外，电子信息等新兴产业的发展深刻影响了经济社会的方方面面，整个日本社会的信息化程度不断增强，人们的工作和生活获得了极大便利，效率不断提升。可以看出，日本向内循环转变最为核心的几条，便是切实地提高居民可支配收入、缩小收入差距、推动产业转型升级、增强自主创新能力。

第三节 数字经济对双循环发展的促进机理

一、数字经济促进外内需市场数量和质量的提升

（一）数字经促进内需结构的优化

中国消费市场正经历数量上升和结构转换的过程，从温饱型的必需品消费阶段转换为耐用消费品阶段。第一阶段人民生活水平普遍较低，解决温饱问题是消费的主要需求，同时我国正向工业化过渡，对轻纺工业品的消费数量有所增加。第二阶段的核心是耐用消费品的变化，具有明显的商品标志，从60~80年代的老三件（自行车、手表、缝纫机）到90年代的新三件（彩电、电冰箱、洗衣机），而2000年后我国人均GDP开始迅速上升，2008年后，汽车、住房等商品消费的增加成为消费增长的主要动力。目前我国新一轮消费升级正经历"量变"到"质变"的过程，根据国家统计局数据，全国城镇居民家庭人均消费中，生存类消费占比逐渐下降，发展类消费占比不断上升，消费支出中居住项呈上升趋势。消费结构的变化体现了社会消费需求的改变，发展类需求正逐步成为消费的核心，人们更愿意为"健康""娱乐"等付出相应的溢价。在消费结构转换的过程之中，基于提升供给体系和国内需求相互适配性，数字经济一方面要需求牵引供给、供给创造需求，其中消费行为产生的数据正深刻定义消费者的行为，挖掘出消费者的潜在需求，根据阿里研究院的统计，中国消费者每100元的互联网消费中有39%属于新增消费，这正是由于数字经济的作用。另一方面要创新产品、服务和商业模式，带动新的消费，使两者在更高水平动态平衡。而数字经济会成为推动这一变革的重要力量，会对现有的消费需求式进行颠覆性的变革。目前，电子商务的线上消费正成为消费的主要方式，特别是对于年轻消费者，而且年轻消费者正在成为消费的主要动力。线上消费保持高速增长、移动消费成为主流消费渠道；消费人群代际更替加快，年轻群体成为购买主力；后发区域消费潜力得到释放，为消费升级提供了强有力的基础保障，成为消费升级的不竭源泉。随着一线城市的人口红利逐渐消失，二、三、四线城市表现出极大的消费潜力，消费

区域格局开始改变。城乡区域协调发展，中西部地区、三四线城市和农村成为消费增长的新蓝海。

（二）数字经济产生新的消费需求

从消费的产品结构来看，数字经济极大地改变了需求结构，创造新型消费模式。传统上消费品包括有形商品和无形商品，有形商品正在越来越多地基于电子商务在全国全球销售，对于无形商品，数字经济的技术发展使得部分必须现场消费的产品和服务都可以在线上进行，消费的空间实现更大程度的循环，包括远程医疗、云端旅游、远程教育等新型商业形态和模式不断兴起。在数字经济不发达的年代，这些传统服务业一般只能面对面为消费者提供服务，受众面狭窄，难以发挥服务业的规模经济，也难以实现资源在更大范围内的优化配置，遵循着本地化循环规律，难以实现国内和国际大循环，导致这些行业劳动生产率增长率缓慢，单位生产成本和消费价格增长。而数字技术的发展，包括5G、云、大数据和虚拟现实等技术正深刻改变传统的消费行为。有形消费品的数字贸易则是贸易手段的数字化过程，是线上与线下的融合。通过贸易的数字化改造，消费者可以在移动终端随时随地选购世界范围内的商品，供需双方借助线上展播、洽谈、交易、评价、支付等方式促进产品的跨区域流动，在更大范围内产生市场竞争效应，推动有形消费品领域更加有效的社会分工和最优的资源配置。

（三）数字经济促进跨境电商的发展和全球市场的扩大

随着大数据、人工智能和云计算等数字技术的发展，电子商务特别是跨境电子商务得到迅速发展。无论是社交媒体、大数据、人工智能，对于跨境电子商务可以带来较少的流通中间环节，减少交易层次，降低交易成本，缩短国际供应链，实现信息流、金融流和数据流。并且跨境电子商也催生了大量新型业态，包括商业运营、数据分析服务等。而跨境电子商务是实现内外循环的重要渠道，无论是 B to B 还是 B to C 的跨境电商平台，都有利于实现双循环的发展。数字经济从贸易服务、支付环节、生产环节、物流环节等方面影响到跨境电商发展：（1）贸易服务。传统贸易受制于时间和人工，智能客服提升服务体验，数字平台建立和轻量服务入口，云计算提升服务效率，针对交易数据提炼有效信息，大数据提升服务质量；（2）支付环节，沉淀支付等金融大数据，与金融垂直领域的深度融合发展，提供风控、借贷等金融科技服，区块链用于跨境结算降本增效；（3）生产环节，智能生产促进生产装备的数字化，逐步实现工业大数据、工业物联网、数字化工厂等新的智能制造技术，生产执行管理智能化，实现制造执行与运营管理、研发设计的集成；（4）物流环节，智能物流加速产品流转，智能硬件和智能算法强化调度能力和规划能力，区块链记录产品从生产到触达用户的全流程数据，助力产品溯源，让生产和流通环节实现信息共享。

二、数字经济助推产业链双循环发展

（一）数字技术促进制造企业的升级，促进产业基础高级化、产业链现代化

传统上中国制造业主要是以资源密集型和劳动密集型产业为主，高投入、低产出，经济效益低下，我国制造业处于大而不强的状态，还会影响整个行业的可持续健康发展。尤其在当前新冠疫情大环境下，国内外市场竞争加剧，不少传统型制造企业面临着优胜劣汰的风险。因此，不少企业开始采购数字化设计工具来寻求转型助力支持，告别以往粗放式发展模式。在经济内循环的战略之下，我国制造业转型升级、产业链上移之路必然会加速。对相关企业来说，利用内循环战略扶持东风，紧抓产业链、重塑新机会，开展自动化、信息化、智能化、高端化之升级转换，谁能抢占"内循环"上游先机，谁必然得到长足的发展。从国际上来看，世界各国也都把数字化制造作为传统产业升级的重要途径，推动信息技术与传统产业融合，提升产品质量，重塑竞争优势。

（二）供应链数字化发展保障供应链稳定

数字经济的本质是一种基于平台生态的双边市场经济形态，应用数字化技术实现市场主体之间的高效连接，激活用户的多样化需求和社会分工协作的动力，打破时间和空间的限制，达成供需的精准匹配，提高社会资源的配置效率。在数字经济时代，企业的商业竞争规则、资源组织方式发生了根本变化，"数据＋算法"成为价值链高地，数据作为新型生产要素，智能算法作为新型"流水线"，大幅减少了社会经济活动中的耗散和摩擦。数字经济对产业变革的推动，已从互联网应用、消费互联网阶段，过渡到与实体经济深度融合，并向农业、工业、社

会治理等社会各领域纵深发展的新阶段，将会对全球价值链和产业竞争格局产生深远的影响。数字技术会从现在的消费端为主，直接向生产领域扩张。现在有了物联网，可以把高速运转中的设备连接起来，这样它会让所有的生产过程处在一个智能化的控制之下，以此提高效率。对外可以把供应链、服务链都连接起来，然后高效率地来匹配这个生产过程。

（三）数字经济助力全球产业链循环

金融危机后，全球部分产业链出现变化，原来基于要素禀赋跨国公司在全球的生产布局，呈现集中化和专业化的特征。跨国公司为了降低生产成本、优化产品性能、提高产品的国际竞争力，就会通过进出口贸易或国际直接投资的方式在全球范围内组织生产，把价值链不同环节和不同中间投入品的生产布局在最合适的区位。但是金融危机之后，全球产业新一轮转移叠加发达国家的再工业化，全球产业链区域化趋势显现。新冠疫情之后，全球产业链重构加速，呈现多元化和区域化进程。数字技术既可导致基于大数据的集中生产，也可带来3D打印等灵活、分散的生产活动；既有助于海外生产回流，也可推动更多产业外包服务；既能促进东道国供应链关系重组，也能增加新的合作机会。全球各行业价值链若采用数字技术，将对国际化生产活动产生深远影响。全球价值链自1990年的兴起与发展得益于通信以及互联网等信息技术的普遍应用。以电子商务形式出现的平台经济也极大地缩减了价值链构建的成本。

基于中国在数字经济的优势，利用好自身的资金和产业链优势，优化产业链供应链结构，积极参与全球产业链供应链调整，强化中国在全球产业链中的地位，增强中国企业的竞争力。

（四）数字经济提升生产性服务发展

目前，我国存在的一些制约内循环的体制和机制障碍，主要表现在无形的生产性服务业领域，某些行业市场准入门槛过高，不同地区间的地方保护主义，限制了市场竞争，挤压社会资本的投资渠道和压低整体资本的边际收益率，限制了生产性服务业规模效应的发挥，导致下游生产制造企业缺乏专业化生产性服务业的有效支撑，阻碍国内大循环格局的形成。数字经济可以降低国内外不利于双循环发展的壁垒和障碍。数字化生产使得各类生产性服务业的可贸易程度提升，降低生产端的成本和壁垒。特别是数字技术的发展使得生产服务型企业可以跨越空间的地位限制，为客户提供多样化的服务，生产性服务业的数字化改造有助于连接分布在全国和全世界各地的众多区域性产业集群，有助于国内国际双循环格局的形成。

第四节　数字经济促进经济双循环的路径

一、继续进一步加大信息基础设施建设

数字经济主推双循环的发展，首先需要加快信息基础设施建设。数字基础设施是数字经济的核心要素——数据的基础保障，包括5G、工业互联网、卫星互联网为代表的通信网络基础设施，以人工智能、云计算、区块链等为代表的新技术基础设施，以数据中心、智能计算中心为代表的算力基础设施等，发展数字经济。数字基础设施建设无论是对于消费还是生产都具有重要意义。消费端的电子商务和跨境电商，生产端的数字化生产都离不开5G为基础的数字基建。虽然中国在5G等方面具有国际领先的技术和产业生态，但是由于区域间、城乡间与发展数字经济有关的基础设施建设差距较大，因此数字经济对消费需求的释放作用仍然有巨大空间，为此我国应进一步加大5G网络、大数据中心、工业互联网、物联网等新型基础设施建设，创新新基建投融资模式，从而提高更多传统行业和更多潜在用户的触网率。进一步放开数字基建投资领域的市场准入，为民营企业、社会资本参与投资拓宽渠道放开限制。全面实施市场准入负面清单，给予各市场主体公平参与、平等竞争的机会，给予财政、金融、产业等配套政策支持，推动产学研用相结合，优化产业生态、促进融合发展，引导资金链、创新链的深度融合，完善创新网络。

二、要大力发展专业化与高端化的生产性服务业

当前，新一轮科技革命和产业变革风起云涌，要深刻认识构建示范引领生产性服务业体系、提升资源整合能力、增强价值链构建能力的紧迫性，以做强特色

行业优势为出发点，以培育创新型领军企业为抓手，以壮大产业发展新动能为依托，以搭建高层级载体平台为支撑，以深化区域间产业层级分工为保障，坚持政府引导和市场机制相结合，加快构建生产性服务业体系。（1）招大引强与培大育强并重，培育创新型领军企业。创新型领军企业既是技术创新引领者，也是价值链构建者。围绕软件与信息服务、金融服务、科技服务、高端商务等重点领域，制定创新型领军企业分类评价标准和指标体系，基于发展潜力、成长性及技术水平等维度进行遴选，分类精准培育。对于高成长潜力企业给予定向投资、租金补贴、人才支持等政策扶持，引导其尽快做大；对处于快速发展期的企业给予产业配套政策扶持，制定成长时间表、任务书，指派专人进行跟踪，及时解决培育过程中出现的问题。（2）做大规模与提升层级并举，提升产业绝对话语权。行业规模是产业话语权的基础，价值链层级是产业话语权的根本。编制产业链图，以链长制促进产业快速发展。实现产业规模的爆发式增长。实施自主创新工程，突破关键性技术与工艺，拓展研发和销售以及高端环节，增强新产品开发能力。（3）技术驱动与模式创新同步，塑造领先性的业态模式。新技术、新业态与新模式是生产性服务业发展的核心驱动力，实施技术驱动与模式创新同步，共同赋能生产性服务业发展新动能。做好前瞻性布局，尝试设立"战略性前沿技术基础研究"培育基金，资助生产性服务业企业联合高校、科研院所创建技术研究中心，稳定一批研究团队，创新一批科技成果，以技术创新抢占竞争制高点。搭建基础研究和交叉学科研究的创新平台，支持创新型领军企业或新型研发机构牵头组建技术创新战略联盟，培育新产业、新业态和新模式，以模式创新、业态领先拓展产业发展新空间。（4）平台优化与载体搭建并举，增强产业资源汇聚力。抢占平台、借势载体，以满足产业链、价值链、创新链整合的需求导向，以增强产业资源汇聚能力为目的，在最大化利用现有平台载体的同时，积极搭建新的高层次平台载体。同时，基于市场化原则，引导和加强各公共服务平台间服务资源、信息的共享和互联互通，实现资源统筹、功能互补、协同服务，解决平台利用封闭低效的问题。（5）结构优化与层级分工协同，塑造产业发展新优势。层级分工及内部结构优化是生产性服务业优势塑造的前提，也是构建示范引领产业体系的基础。注重生产性服务业内部不同行业、业态及价值链环节的合理化。以能够对其他产业提供创造性供给为目标，加大对大数据、云计算、人工智能、区块链等信息技术的应用力度，强化对科技研发、工艺设计、中介咨询等行业支持,着力提升科技研发、高端商务、数字经济、创意经济等高端行业业态在生产性服务业的比重,提升高端服务行业、高端价值链环节的比重,解决生产性服务业高端不足、低端过剩的问题。

三、积极促进电商发展

经过多年发展,中国电子商务行业的规模已非常庞大,2019年,中国电子商务交易额达到34.81万亿元,2011~2019年,年均增长超过20%。而且随着交易技术的不断技术,电商交易方式也在不断发生变化。电子商务在消费方式中起到了举足轻重的作用,随着国内大循环为主体、国内国际双循环相互促进的新发展格局日趋形成,电商成为各地和各种类型企业开拓市场的首选方式,在促消费、保增长、调结构、促转型等方面的作用无可替代。国家也出台了各种措施支持电商发展。表4-1为中国促进电子商务发展的政策。

表4-1　　　　　　　　中国促进电子商务发展的政策

文件名	政策内容
《全国电子商务物流发展转向规划（2016—2020）》	提出到2020年基本形成"布局完善、结构优化、功能强大、运作高效、服务优质"的电商物流体系
《电子商务"十三五"发展规划》	坚持通过创新监管方式规范发展,加快建立开放、公平、诚信的电子商务市场秩序
《中华人民共和国电子商务法》	国家鼓励发展电子商务新业态,创新商业模式,促进电子商务技术研发和推广应用,推进电子商务诚信体系建设,营造有利于电子商务创新发展的市场环境

但是,大数据、云计算、人工智能、虚拟现实等新技术的发展催生营销模式不断创新,新的业态不断产生,比如,电商直播等方式的不断兴起也带来不少问题,包括直播人才的匮乏以及从业人员的良莠不齐,质量、售后、不正当竞争等新问题层出不穷。在线零售服务质量不稳定用户体验有待提升,在线教育、医疗供给方式单一服务效果有待提升,在线娱乐亟待规范化和多样化给监管带来巨大考验。因此,一方面,在电商立法、监管制度、市场秩序维护、平台治理等方面与时俱进,为电子商务的健康发展提供良好的政策环境支持;另一方面,积极支持相关业态不断健康发展,减税降费拓展多种扶持措施助力新

业态发展，引导新业态常态化提升服务品质，加强在线服务资质监管，提高服务产品质量。

四、大力发展跨境电商，链接内外循环

近年来，中国跨境电商市场规模持续扩大，交易额从2014年的4.2万亿元增长至2019年的10.5万亿元，占出口总额的比例从2014年的15.90%提升至2019年的33.29%。其中B to B业务为主流，交易额占比接近80%，B to C业务增长较快，成为中国制造连接全球消费者的重要路径。未来跨境电商产业会是产业链和价值链的协同与融合，连连打通跨境电商全链路，将进一步以数字化赋能跨境贸易的新形态，推动全球跨境电商生态持续繁荣。在跨境电商发展的过程中也出现了很多问题，包括支付、物流和通关等。要加强政府间的合作，消除在通关支付物流等方面存在的障碍。中国目前签署跨境电商合作的国家和地区只有14个，并且主要是周边的发展中国家，需要争取与更多国家和地区签署电子商务合作机制，开展电子商务政策协调和规划对接，通过电子商务合作不断拓展新领域，挖掘新的增长点，特别是中国的主要贸易对象（欧盟和东盟等）。加强在支付、物流、通关、退税、结汇等标准化建设和监管措施方面制度创新、管理创新、服务创新，破解跨境电商发展中的难题，建立一套适应跨境电商发展的政策框架。另外，利用数字经济促进跨境电商发展。

第五章 数字经济与就业高质量发展

第一节 引 言

由于全球疫情的影响，对我国经济造成了较大的负面影响，进而对就业产生了冲击。新冠疫情影响较严重的是服务业，特别是批发零售业、餐饮住宿业、交通运输业、文体娱乐业和居民服务业，这些服务产业在经济停摆的状况下影响最大，而且在中国疫情稳定的情况下，国外的疫情还处于高发状态，国外的进口需求持续低迷，对中国出口企业造成持续的压力，特别是电气设备、仪器仪表、纺织服装和金属制品等行业，这些行业都是中国出口比重比较大的行业。为应对就业压力，2020年中国政府工作报告中指出了稳就业的政策目标，政策工具包括促进数字经济发展等。按照数字经济的定义，包括了ICT基础产业以及产业数字化的内容。数字经济在中国已经有良好的发展基础，按照中国信通院的估计，目前位居世界第二位。数字经济对于就业有什么样的影响？能不能促进就业的提升？

目前的研究发现，数字经济对就业有着矛盾的结论，目前没有得出一致的结论。国外的研究结果表明，数字经济对于劳动力需求产生的影响比较复杂，既可能产生替代作用，也可能会产生促进作用（Trajtenberg M，2018；Acemoglu D，Restrepo P.，2018）。就替代作用而言，新技术革命往往都是偏向于技术性进步，因此来说，就会相应地减少对劳动力的需求。但是因为偏向于技术，因此在劳动力结构上，会促进技术性劳动力需求的增加，除了数字经济发展以外，就业还会受到包括许多宏观和微观因素的影响，包括经济发展制度背景、人口特征、家庭禀赋等（Rosenthal S.，2012；Goos M.，Manning A.，2009；陈永伟、许多，

2018)。

中国的研究结论表明，随着互联网、普惠金融和跨境电子商务等产业的发展，促进了就业岗位的增加，也对就业结构调整产生了影响（胡鞍钢，2012）。李小华（2013）的研究结论认为，数字经济的发展为中小企业发展提供了非常好的发展条件，促进了就业机会的提升。詹晓宁和欧阳永福等（2018）认为，数字经济的发展可以促进就业机会的增加，数字领域对传统产业的融合以及国际竞争力的提升，对于传统产业的就业提升有不可或缺的作用，也提升了新兴产业的就业机会。但是部分研究结果表明，数字经济对就业会产生负面的影响，谢绚丽和沈艳（2018）研究认为，数字经济对农村居民的创业行为有显著的正向影响，但是对城镇居民是有显著的负向影响。研究认为，人工智能的发展对于劳动力供给和劳动生产率会产生影响，从而对于就业产生替代效应（宋旭光，2019）。王文（2020）认为，数字经济进化到以人工智能为核心驱动力的智能经济新阶段，智能化生产作为产业变革和产业创新的主要方式，在对劳动力就业带来挑战的同时，也为实现更高质量的就业提供了契机。何宗樾和宋旭光（2020）认为，数字经济对非农就业特别是受雇型非正规就业具有显著的促进作用，并且对创业者也产生了积极影响。也有部分研究者认为，包括人工智能大数据等数字经济的发展，脑力劳动会对体力劳动产生挤出效应（王梦菲、张昕蔚，2020）。

从中国的实践来看，近些年中国数字经济在持续的发展，包括数字产业化以及产业数字化，都是处于蓬勃发展的过程当中，规模不断增加，与此同时，中国的劳动力就业规模也不断扩张，就业结构也发生了变化。中国的特征事实表明了数字经济对于就业规模和就业结构的影响。其产生的内在机理是什么，是否能够进行实证检验？这些都需要在已有理论基础上进行创新，并且在对中国各行业数字经济规模测度的基础上进行实证检验。

第二节　数字经济促进就业高质量发展的机理

一、数字经济对就业的替代效应

数字经济是以数字化的知识和信息为关键生产要素，以数字技术为核心驱动力量，以现代信息网络为重要载体，通过数字技术与实体经济深度融合，不断提高经济社会的数字化、网络化、智能化水平，加速重构经济发展与治理模式的新型经济形态（中国信通院，2020）。从这个概念可以看出，数字经济中数字技术广泛应用到经济社会的各个领域、各个行业，促进经济增长和全要素生产率提升。

人类科技历史的发展都证明，每一次技术进步都会伴随着一部分新兴行业的兴起，也会对一部分行业造成较大的冲击。机器的广泛使用造成了手工艺人的大批破产，自动化的发展也对劳动密集型产业就业人员产生较大的负面冲击。根据《2019全球人力资本报告》的内容，随着自动化和人工智能不断引入企业中，全球对劳动力的需求特别是对白领和蓝领技工的需求将减少700万人。

按照经济学的概念，失业包括结构性失业、周期性失业和摩擦性失业。从数字经济对于就业的负面影响来看，主要是结构性失业，结构性失业是由于经济结构包括产品结构，若发生变化，导致劳动力市场供需不匹配引起的失业，其主要特征表现为：一方面，职位大量空缺需要大量的求职者；另一方面，劳动力失业现象比较严重。这些都加剧了结构性失业的风险。替代效应主要通过以下三个方面影响结构性失业。

（1）机器自动化设备带来的结构性失业风险。随着中国劳动力短缺的不断出现，部分地区出现了劳工荒，另外劳动力成本不断上升，而在国际竞争越来越激烈的情况下，为了压缩成本，很多企业开始大规模采用机器自动化设备不断来替代劳动力。自从2015年起，中国机器人行业增速显著高于全球，工业机器人市场规模约占全球的比重达到1/3，服务机器人约占5%，是世界第一大工业机器人应用市场，工业机器人密度约为118台/万人，达到发达国家平均水平。机器人趋向于轻型化、柔性化，人机协作程度不断深化，不断提升企业的生产效率。随着机器自动化设备的不断采用，具有中低端技能的劳动者被机器替代的可能性非常大，这就会导致失业率的上升。

（2）新业态的不断出现，旧业态不断地被淘汰，带来结构性失业。随着大数据人工智能的快速进步，数字技术广泛应用于创新领域，实体经济利用数字经济广度深度不断扩展，新模式新业态持续涌现。根据中国信通院的统计，2018年我国数字经济领域就业岗位为1.91亿个，占当年总就业人数的24.6%。与此同时，传统形态的产业就会被淘汰，从而出现结构性失业风险。比如，在批发零售领域，包括淘宝、京东、拼多多等电子平台企业的销售规模越来越大，零销售额超过万亿元，在总体社会零售额增长速度不是非常大的情况下，就会对传统的零售批发业态产生替代，传统的批发市场已逐渐衰落。

（3）产业结构转型导致结构性失业。从中国的产业结构来看，三次产业中服务业占比不断提升，2019年为55%，成为国民经济的主导产业，这和发达国家普遍的发展趋势相一致，而且发达国家服务业占比普遍在75%以上，这说明中国服务业还有很大的提升空间。但是，对于农业和部分制造业来说，占国民经济的比重在不断下降，就业人口无论规模还是占比都在下降。这就形成了结构性失业。

二、数字经济对就业的促进效应

数字经济并不仅仅对劳动力需求有抑制作用，同时也有促进作用。奥托（Autor，2018）研究发现，数字经济将替代程式化任务的简单低技能劳动力，而对于非程式化的灵活性、创造性和抽象性的高技能劳动力需求会增加，多思（Dauth W，2018）的实证研究也发现了这一点，高技能和低技能工人的就业岗位和工资逐渐增加，而中等技能工人的就业岗位和工资逐渐减少。数字经济对于就业的积极影响，主要有从广化效应、深化效应以及职位创造效应。

从广化效应看，可以从微观和宏观两个角度进行分析。随着数字经济不断的发展，产生了就业替代，降低了生产率，不过降低了生产成本，市场规模进一步扩大，而规模的扩大进而带动了就业的需求，因此可以说，数字经济对于劳动力的需求增加，降低了数字化产品的价格并增加其产量，从而带来劳动力需求的增加，这是数字经济的微观就业效应。发展数字经济产业，提供的产品和服务价格降低，增加了消费者的实际收入，进而对其他产品和服务的需求增加，整体上促进了整个国民经济的扩大和就业的增加，这是数字经济的宏观就业效应。数字经济是继农业经济、工业经济之后，伴随科学技术的发展形成的一种新型经济形态。在数字经济发展过程中，以数字技术为支撑，逐步融合实体经济、虚拟经济等经济形态，衍生出一些新领域、新产业、新业态和新模式，不断创造出更多的用工需求，提供大量新增就业岗位，从而弥补了传统经济形态因产能过剩、结构调整、生产智能化等原因腾挪出的就业岗位和就业容量。数字经济就业市场需求量大，就业面广。近年来，与数字经济息息相关的新兴行业，是我国就业市场需求量急剧增长的领域。2018年,我国数字经济领域就业人数达1.91亿人,占当年总就业岗位的24.6%,同比增长11.5%,显著高于同期全国总就业规模增速。当前,以数字技术为标志的新生产力大大促进了现代经济的发展。与传统经济形态相比,数字经济社会参与度高,投入机制灵活,是我国"双创"的重要实现方式。

从数字经济的深化效应看,数字经济的基础设备,包括人工智能、大数据等替代现有的相关设备,这些设备不会增加额外的劳动力,但是会进一步通过生产效率效应,提高劳动力的需求,自从工业革命以来,重大技术变革伴随着新的工作岗位,都会进一步通过上述生产率效应提高劳动力需求。对于传统就业生态,由数字技术和数字经济构建的就业生态,呈现出平台式、灵活式、无界式的明显特征。数字经济的一个显著特征就是平台经济,它以平台为中枢,通过不断发展进化,协调各类资源,提供互联互通服务以满足社会需求。数字经济通过典型的平台模式,使社会上大量的就业和创新创业个体与团队,可以借"平台"出海,完成"'按需聚散的契约履行与价值实现行为",为那些难以找到工作、资金短缺的群体带来更多机会。同时,平台型创业企业自身会产生更多就业岗位,而与每个平台紧密联系的产业链及其上下游产业也会提供大量就业和创业机会,如围绕平台经济服务保障的运维、营销、物流、支付等相关行业。数字经济时代创业就业方式,迥异于传统型稳定密切的劳动关系、技术赋能及创业创新环境,促使劳动力市场供需关系更趋弹性,劳动力择业和创业更加灵活化。

图5-1为数字经济对就业的影响效应。

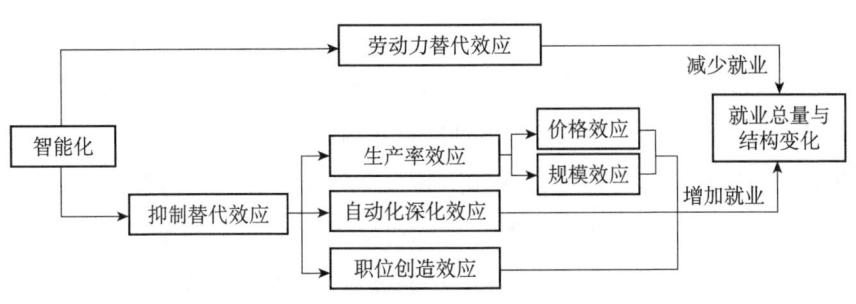

图5-1 数字经济对就业的影响效应

综合以上分析,数字经济既会产生减少就业岗位的劳动力替代效应,也会产生促进就业效应,包括广化效应、深化效应。因此,大部分研究认为短期内数字经济的发展不会造成就业规模的减少,但是会导致就业结构的变化,从而导致就业结构优化。理论上，数字经济倾向于替代中低技能就业岗位，同时创造出更多的知识和技术密集型岗位，这将增加一国对高技能人才的需求，促进劳动力向更高的就业技能结构调整，这也使得现有相关实证研究主要聚焦于数字经济对不同受教育程度劳动力就业的影响，对数字经济与不同行业就业结构变化之间研究的比较少。考虑到行业就业结构的升级是高质量就业的重要体现，因此，后文的实证分析研究数字经济对行业就业结构变动的影响。

第三节 数字经济与行业就业现状：中国的特征事实

为了对中国数字经济和不同行业的就业情况有一个直观认识，本部分将数字经济整体和行业发展状况进行描述，并对近年来三次产业和主要细分行业的就业人数变动进行分析。

一、数字经济水平

我们计算了42个行业的数字经济融合部分数值。由于部门较多，我们无法一一列出每一个行业的数字经济规模，但我选择了占整体规模比例前5名的行业（见表5-1），分别是计算机信息设备制造业、金融业、机械设备制造业、教育业和公共行政服务业。在这5个行业中，计算机信息设备制造业占比最高，其比例超过50%，远远超过其他行业。一方面显示出计算机信息设备行业的数字化程度较高，比其他行业更注重数字设备的使用和提升效率；另一方面，也显示出其他行业的数字化程度有待提高。其他特别是制造业，我们计算的数据显示制造业数字经济融合产值占总体融合值的比例约为70%，服务业约为25%，第一产业约为5%。相比较，各产业在国民经济中的地位，可以看出制造业数字经济规模占比远远超过其占国民经济的比例，而服务业占比相对较少，服务业的数字化程度有待提高。在服务业中，数字经济规模比较大的行业为金融、教育和公共行政服务业，这些行业基本属于市场化程度不高的行业，教育和公共行政都是政府财政投资，说明政府非常重视信息化建设，而市场化程度比较高的行业数字经济相对较少，比如，在国民经济中占有非常重要地位的建筑业和不动产业，其数字化经济规模只处于中游水平。说明我国服务业的竞争性企业还需要进一步加大信息化水平,提升数字化程度。

表5-1　　　　　数字经济占整体规模比例前五名行业　　　　单位:%

年份	计算机信息设备	机械设备	金融	公共行政	教育
2000	36.12	2.84	5.16	4.38	2.84
2001	35.11	2.76	6.03	4.50	2.67
2002	33.75	2.76	6.93	4.88	2.54
2003	36.67	2.90	6.13	5.17	2.81
2004	42.30	3.01	4.86	4.92	2.91
2005	43.66	2.79	4.74	5.00	2.97
2006	45.70	2.97	4.47	5.01	3.05
2007	44.77	3.07	5.09	5.15	3.43
2008	46.05	3.46	4.93	6.05	3.70
2009	46.96	4.23	4.69	5.83	4.01
2010	52.38	4.21	3.73	4.48	3.63
2011	52.79	4.47	3.84	4.30	3.75
2012	53.10	4.30	3.89	4.40	3.78
2013	52.67	4.18	4.10	4.53	3.90
2014	52.28	4.00	4.33	4.71	3.98
2015	52.10	4.09	4.41	4.63	4.33
2016	51.38	4.21	4.86	4.48	4.47
2017	50.73	4.35	5.07	4.43	4.43
2018	51.27	4.26	5.72	4.10	4.32

资料来源:作者计算。

二、行业就业状况

(一)三次产业就业人数

《中国人口和就业统计年鉴》按照总就业人数进行了统计,并且按照三次产业对就业状况进行了划分。从表5-2的数据可以看出,中国整体就业人数在持续增长,从2000年的7.2亿人上升到2018年的7.76亿人。在三次产业中,随着中国工业化的发展以及产业结构的优化,第一产业就业人口在持续下降,从2000年的50%下降到2018年的26.1%。按照国际经验,第一产业就业人口还将持续下降。第二产业就业人口经历了先上升后下降的过程，2000 年占比为 22.5%，2012 年达到最高点 30.23%，此后持续下降，到 2018 年达到 27.6%。与第一产业就业人口占比基本持平。第三产业就业人口一直在上升，占就业人口的比例从 2000 年的 27.5% 上升到 2018 年的 46.3%。

表 5-2　　　　　　　　　　三次产业就业人数及比重

年份	总就业人员	第一产业		第二产业		第三产业	
		数量（万人）	占比（%）	数量（万人）	占比（%）	数量（万人）	占比（%）
2000	72085	36043	50.0	16219	22.5	19823	27.5
2001	72797	36399	50.0	16234	22.3	20165	27.7
2002	73280	36640	50.0	15682	21.4	20958	28.6
2003	73736	36204	49.1	15927	21.6	21605	29.3
2004	74264	34830	46.9	16709	22.5	22725	30.6
2005	74647	33442	44.8	17766	23.8	23439	31.4
2006	74978	31941	42.6	18894	25.2	24143	32.2
2007	75321	30731	40.8	20186	26.8	24404	32.4
2008	75564	29923	39.6	20553	27.2	25087	33.2
2009	75828	28890	38.1	21080	27.8	25857	34.1
2010	76105	27931	36.7	21842	28.7	26332	34.6
2011	76420	26594	34.8	22544	29.5	27282	35.7
2012	76704	25773	33.6	23241	30.23	27690	36.1
2013	76977	24171	31.4	23170	30.1	29636	38.5
2014	77253	22790	29.5	23099	29.9	31364	40.6
2015	77451	21919	28.3	22693	29.3	32839	42.4
2016	77603	21496	27.7	22350	28.8	33757	43.5
2017	77640	20944	27.0	21824	28.1	34872	44.9
2018	77586	20258	26.1	21390	27.6	35938	46.3

资料来源：《中国人口和就业统计年鉴 2019》。

同时，我们对于不同细分行业的就业人数进行了分析。《中国人口和就业统计年鉴》没有直接统计分行业的就业人数，只有分行业城镇非私营单位就业人数和分地区按行业分工商登记注册的城镇私营企业和个体就业人数等。我们先对历年分地区按行业城镇私营企业和个体就业人数加总成国家层面的数据，得出按行业分的私营和个体就业人数，然后把这个数据和分行业城镇非私营单位就业人数进行加总，就可以得出全部企业性质的分行业就业人数。但是，由于两个数据统计的行业范围不同，城镇非私营单位就业人员包括的行业有19个（农林牧渔、采矿业、制造业、电力热力燃气等、建筑业、批发零售业、交通运输业、住宿餐饮业、信息传输服务业、金融业、房地产、租赁和商务服务业、科研和技术转让业、水利环境业、居民服务业、教育、卫生和社会工作、文体娱乐业、社会组织保障业），分地区按行业划分的城镇私人企业和个体就业人员包括的行业有7个（制造业、建筑业、批发零售业、交通运输和邮政业、住宿餐饮业、租赁服务业、居民服务业），可以看出，重叠的有7个，其余的11个中部分行业是由政府机构和事业单位组成的，私人企业不能提供或者只占很小的比例。所以，我们把重叠的加总，不重复的按照非私营单位就业人员规模统计。缺点是可能会低估统计数据。

（二）数字经济下的就业特征

行业差异。数字经济包含了产业数字化和数字产业化，因此，随着数字经济的发展，对数字产业化人才和产业数字化人才的需求会不断扩张。数字产业化是数字经济发展的先导力量，以信息通信产业为主要内容，具体包括电子信息制造业、电信业、软件和信息技术服务业、互联网行业及其他新兴产业，这些行业对人才的需求大规模提升。根据中国信通院的数据，数字产业化领域招聘岗位占总招聘数量的32.6%，而数字产业化增加值规模约占数字经济规模的20%。在产业数字化上，主要表现为服务业就业人口大幅增加，而农业和制造业就业需求出现下降的趋势，这也和产业结构的演变趋势相一致。制造业受到的数字化冲击最大，在机器人和人工智能的双重影响下，包括汽车制造、化工行业、冶金制造业、电子行业、食品和饮料等制造业吸纳就业的能力大幅萎缩。

职业差异。数字技术的大规模应用，一方面会对部分职业造成冲击，另一方面也会产生部分新的职业。劳动可以细分为四种类型，即程序性体力劳动和智力劳动、非程序性体力劳动和智力劳动。数字技术的发展，主要是取代程序性的体力劳动和智力劳动。例如，自动化的发展导致流水线就业人数的下降。而专业性的思考、复杂性的对话等包含价值观和目标函数设计的非程序性智力劳动，如创意工作、技术类工程师、管理类以及社会互动类工作的就业需求很难被取代。

就业方式的差异。传统就业是企业与员工签订劳动合同,双方出现问题纠纷适用于劳动法,关系固定。而数字经济下的就业是通过数字经济赋能,以更加市场化、更加灵活高效、更加智能化、更加人性化的方式实现人与工作任务的连接,实现劳动力要素的优化配置。因此,工作方式灵活化,这样就产生了大量包括平台用工、众包用工、网约工等新业态下的灵活用工模式。人力资源社会保障部的数据显示,中国灵活就业从业人员规模达 2 亿人左右,7800 万人是依托互联网的新就业形态,而且新业态就业规模呈现快速上升趋势。

第四节 数字经济促进就业高质量发展的实证研究

一、模型设定、数据来源和变量定义

行业在 i 时期的 C-D 函数为:

$$Q_{it} = A^{\theta} K_{it}^{\alpha} N_{it}^{\beta} \quad (5-1)$$

我们把数据作为一项重要的要素,在 C-D 函数中添加数据要素 D,因此,函数变为:

$$Q_{it} = A^{\theta} K_{it}^{\alpha} N_{it}^{\beta} D_{it}^{\gamma} \quad (5-2)$$

式中,Q 为产业,K 为资本存量,N 为劳动力数量,D 为数字要素。α,β,γ 为要素比例函数,根据生产者均衡条件,然后对两边取对数,可以求得行业大量需求函数:

$$\ln N_{it} = \varphi_0 + \varphi_1 \ln \frac{w_i}{c} + \varphi_2 \ln Q_i + \varphi_3 \ln D_i \quad (5-3)$$

为了更好地估计方程,对就业方程进行差分处理,从而消除产业的特殊固定效应,动态方程转化为:

$$\Delta \ln N_{it} = \varphi_0 + \varphi_1 \Delta \ln N_{it-1} + \varphi_2 \Delta \ln D_{it} + \varphi_3 \Delta \ln w_{it}$$
$$+ \varphi_4 \Delta \ln Q_{it} + \mu_i + \delta_t + \varepsilon_{it} \quad (5-4)$$

其中,N_{it} 表示行业 i 在 t 年的行业就业结构的系列变量。与行业就业结构相关的一系列变量,根据第三部分行业数就业数据和行业数字经济规模的分类,被解释变量包括了城镇所有单位整体就业、制造业和服务业就业三个变量。本书主

要考察数字经济对于就业结构的影响,因此,核心解释变量为数字经济规模 D_{it},代表 i 行业 t 年的数字经济规模。同时还控制了行业固定效应 μ_i 和年份固定效应 δ_t,ε_{it} 表示随机扰动项。

本书分别从国家层面和行业层面研究数字经济对就业的影响,时期为 2000 年到 2018 年。本书衡量行业就业情况和其他控制变量所采用的原始数据来源于《中国劳动统计年鉴》《中国第三产业统计年鉴》和各年度投产出表。表 5-3 给出了各变量的计算方法和描述性统计。

表 5-3　　　　　　　　　　变量及计算方法

变量	变量缩写	变量名称
被解释变量	N	整体就业水平
	MANL	制造业就业比重
	SERL	服务业就业比重
核心解释变量	D	数字经济规模
解释变量	Q	行业总产出
	w	人均工资
	EDU	人均受教育年限

二、基准估计结果

表 5-4 报告了模型（1）的固定效应估计结果。从列（1）可以看出,数字经济对整体就业水平没有显著影响,近年数字经济规模不断扩张,而就业人数呈现稳定的状态。这说明数字经济的发展对于就业的消极效应并不明显。但是分行业进行实证发现,数字经济显著降低了制造业的就业水平,其影响系数为 -0.382,且在 5% 的水平下显著。这表明,随着数字经济的广泛应用,制造业的就业替代效应不断显现。对于服务业来说,数字经济的就业效应非常显著。数字经济显著促进了服务业就业规模的提升,由于服务业包含的门类较多,行业结构复杂,后文我们进一步检验服务业的不同类型的影响。整个回归结果显示数字经济会导致制造业就业规模的下降,但是会被服务业就业增长所抵消,因此,数字经济对于整体就业规模的影响并不显著。结果也显示,教育对所有被解释变量都是显著的,无论是制造业还是服务业,提高受教育年限都有助于就业规模的提升。

表 5-4　　　　　　　　　　　　基本回归结果

变量	(1) TN	(2) MANN	(3) SERN
D	0.0012(0.0923)	-0.0168**(0.7837)	0.0027*(0.3482)
N_{t-1}	0.072***(0.891)	0.1062***(0.6384)	0.1374**(0.7438)
lnw	-0.0163*(0.1831)	-0.0179*(0.8763)	0.0028(0.8392)
lnQ	0.1829***(0.027)	0.2187***(0.1763)	0.1627***(0.5378)
lnEDU	0.06732**(0.5345)	0.0173*(0.2741)	0.0377**(0.6371)
年份固定效应	Y	Y	Y
行业固定效应	Y	Y	Y
X^2	0.7826	0.6373	0.8037

注：***、**、*分别代表1%、5%和10%的显著性，括号中的数值为t检验结果。

三、进一步检验

（一）数字经济对制造业就业的影响

在制造业内部，虽然《中国劳动统计年鉴》没有对制造业进行细分，我们根据《中国工业统计年鉴》的劳动者数据，再结合制造业细分行业的数字经济规模，对数字经济的就业效应进行了检验。检验结果见表5-5，我们对制造业划分为初级产品部门、劳动和资源部门、低技能制造部门、中等技术部门、高技术制造部门等。我们的检验结果发现，数字经济显著影响了制造业的就业规模和结构。劳动和资源密集型部门、低技能密集型行业受到的负向影响最大，数字经济产生了明显的替代效应。而中等技术密集型和高技术密集型部门受到的影响较小，高技术密集型部门的影响显著为正，这说明数字经济促进了高技术部门的就业。而且，从中国产业结构状况发现，中国高技术密集型部门的增加值近年快速增长，在国民经济中的地位越来越高。特别是中国工业化和信息化的不断推进，以环保设备、半导体、锂电池、手机和计算机这五大新兴制造业的快速发展，数字化程度提高，就业规模也大幅上升。

表 5-5　　　　　　制造业数字经济与就业的回归结果

变量	(1) 初级产品	(2) 劳动和资源密集	(3) 低技能行业	(4) 中技能行业	(5) 高技能行业
D	0.0032 (0.0873)	-0.0937*** (0.1736)	-0.0373** (0.0784)	0.0182* (0.7832)	0.0537*** (0.4958)

续表

变量	(1) 初级产品	(2) 劳动和资源密集	(3) 低技能行业	(4) 中技能行业	(5) 高技能行业
N_{t-1}	0.1727 *** (0.8375)	0.1993 *** (0.8978)	0.1621 ** (0.0931)	0.1028 *** (0.0928)	0.2294 *** (0.0894)
lnw	-0.0277 ** (0.3789)	-0.1948 *** (0.0384)	-0.1726 ** (0.3748)	-0.0127 *** (0.8874)	0.0271 *** (0.0288)
lnQ	0.0897 *** (0.9348)	0.1024 *** (0.8378)	0.1623 ** (0.7367)	0.1537 *** (0.284)	0.2357 *** (0.3138)
lnEDU	0.0288 * (0.2938)	0.0137 * (0.2736)	0.0199 ** (0.3938)	0.0736 *** (0.3385)	0.0927 *** (0.3921)
年份固定效应	Y	Y	Y	Y	Y
行业固定效应	Y	Y	Y	Y	Y
X^2	0.6738	0.7364	0.7287	0.6938	0.6328

注：***、**、*分别代表1%、5%和10%的显著性，括号中的数值为t检验结果。

基准的回归结果显示，受教育年限对于就业有积极的影响，从制造业内部各行业来看，也都反映了这一点，无论是初级产品、劳动和资源密集型产品和低技能密集型行业，还是中技能行业和高技能行业，不断加大教育投入，提升劳动者的受教育年限，都有助于提升就业。当然，只有初级产品行业对于受教育年限的影响不显著，其他行业显著为正，特别是高技能行业和中技能行业。这也符合一般的判断。

（二）数字经济对服务业就业的影响

同时，我们对数字经济对服务业内部就业的影响进行实证。由于服务业包括的范围比较广泛，《中国劳动统计年鉴》的服务业共有建筑业、批发零售业、交通运输、仓储邮政业、住宿餐饮业、金融业、房地产业、租赁和商务服务业、科研技术服务业、水利环境业、居民服务业、教育、文体娱乐业、公共管理业等。如果按照要素结构可以分为劳动密集型产业、知识密集型产业与资本密集型产业。借鉴邓仲良（2020）的研究，我们将服务业的分类分为生产性服务业、消费性服务业和公共基础性服务业，见表5-6。

表 5-6 中国服务业分类

服务业类型	具体产业
生产性服务业	交通运输、仓储与邮政业；信息传输、软件和信息技术服务业；金融业；租赁和商务服务业；科学研究和技术服务业
消费性服务业	批发与零售业；住宿和餐饮业；房地产业；居民服务、修理和其他服务业；文化、体育和娱乐业
公共基础性服务业	水利、环境和公共设施管理业；教育；卫生和社会工作；公共管理、社会保障和社会组织

根据上述分类，我们实证检验了数字经济对于生产性服务业、消费性服务业和公共组织管理服务业的就业效应。对于服务业来说，中国传统上相对重视制造业而忽视服务业，因此，产业政策和资金投入相对不足，表现为生产性服务业发展程度低、消费性服务业低层次等方面。从实证检验来看，数字经济的发展对服务业的每个分类都有积极的就业促进效应，特别是生产性服务业。数字经济对生产性服务业就业的影响系数为 0.0991，在 1% 的水平下显著。在发达国家，普遍的产业结构是服务业增加值占国民经济的 70%，生产性服务业占服务业增加值的 70%，而中国这一比例还不到 30%，所以随着产业结构升级，中国加大了制造业的服务业，生产性服务业规模化、集聚化，和制造业的深度融合，包括现代物流服务、信息服务、金融服务、节能与环保服务、商务服务、人力资源管理与培训服务，以及法律事务、专利事务、设计服务、管理咨询等专门服务行业加大信息化投入力度，这些行业的数字化程度提高也非常快。同时以信息传输、软件和信息技术服务业为引领的新兴生产性服务业吸纳就业能力持续走强。

数字经济对消费性服务业的就业效应也非常显著。一般认为，消费性服务业属于低端的劳动密集型服务业，随着数字经济的发展，必然会降低对就业人口的需求，比如，批发零售、住宿餐饮等行业，但是我们的实证研究却发现，数字经济也促进了消费性服务业的就业的提升，虽然影响的系数只有 0.0293，这主要是由于消费者服务业内部的结构转换导致的。我国消费性服务业存在有效供给不足、供给质量相对较低、供给呈结构性不平衡等问题，一些领域如医疗、养老、体育等行业发展相对滞后，总量供给不足，而另外一些行业供给过剩，结构性矛盾比较突出，但随着数字经济的发展，一些新的业态不断出现，比如，批发零售等环节出现的电商平台和跨境电商平台，在替代传统批发零售服务业的同时，也带动了大量的就业人口，就业人员不断出现转移。以人工智能、大数据、数字化为主要特征的数字革命产生了很多新的业态和新的服务模式,这些新的业态创造了大量的就业岗位,劳动力从程序化的任务职位转换到向现代服务业流动的结构性就业变化,促进了行业就业结构的优化,从而推动了就业质量的提升。

同时,我们看到,除了数字经济以外,其他因素也对就业结构有重要影响。其中,行业的产出影响最大,一个行业规模越大,相对应吸引的劳动力就越多。无论哪一种行业,行业产出的影响都是正向的。工资对消费性服务业有负向影响,对生产性服务业和公共组织服务业等影响为正,这说明,一个行业在快速发展阶段需要高收入吸引大量的就业人口,工资的增加会降低其他行业的劳动力需求,加快就业结构的转变。另外,受教育年限的影响,对消费性服务业的影响不显著,对生产性行业的影响非常显著,而且影响系数最大。公共部门近年在受教育年限与就业的关系上,虽然国家在不断精简机构,但是对于教育、卫生、基础设施建设等方面不断加大投入,就业规模也不断扩大,同时这些行业的受教育年限也不断提升(见表5-7)。

表5-7　　　　　　　　服务业数字经济与就业的回归结果

变量	(1) 消费性	(2) 生产性	(3) 公共基础性管理
D	0.0293**(0.7102)	0.0991***(0.9322)	0.0519(0.8921)
N_{t-1}	0.1028**(0.1093)	0.0928***(0.1038)	0.0627***(0.3749)
lnw	-0.0211*(0.0189)	0.0732**(0.2659)	0.0326*(0.9388)
lnQ	0.0227***(0.2931)	0.2639***(0.0391)	0.0911(0.2736)
lnEDU	0.0029(0.1023)	0.0927***(0.6939)	0.0479**(0.0289)
年份固定效应	Y	Y	Y
行业固定效应	Y	Y	Y
拟合优度	0.5591	0.6284	0.4928

注:***、**、*分别代表1%、5%和10%的显著性,括号中的数值为t检验结果。

第五节　小　　结

当前数字经济已经快速发展,而且中国在数字经济上具有重要的国际地位。中国政府也不断出台措施,促进数字经济发展,这势必对就业规模和就业结构产生影响。在分析数字经济影响就业和就业结构的机理基础上,从行业就业结构变动的视角实证研究了数字经济对就业结构的影响。基于中国 17 个行业 2000~2018 年的面板数据,实证结果发现,数字经济的发展对于整体就业水平并没有显著的影响,但是显著降低了制造业就业人数,对于服务业就业水平有显著的提升作用,从而促进了行业就业结构的改变。我们的实证研究结果表明,随着行业结构的优化,数字经济有助于实现就业向服务业的转变,但是在转换的过程之中,制造业的就业人口在下降,会出现一定的失业人口。但是对于受到高等教育的人来说,结构性转换的过程并不能造成摩擦。因此,在数字经济快速发展的过程中,如何在保持就业规模一定的情况下,优化就业结构,提升就业质量。可能的建议如下:

(1) 提升数字产业化质量,解决制约数字经济发展的短板问题。数字经济虽然降低了对制造业的就业规模,但提升了服务业的就业水平,改变了就业结构,这也符合经济发展的方向。数字经济包括数字产业化和产业数字化,在数字产业化上中国还存在基础技术薄弱,在关键技术上受制于人,"卡脖子"的技术也大量存在。因此,需要加大基础科学研究,集中人力和资金,投向基础研究、教育等环节,对相关产业提供税收优惠、融资等支持,通过自主创新之路补齐短板,实现网络信息等重要领域核心技术的自主可控,扶持相关产业做强做大,才能提供更多的就业机会。

(2) 加快传统产业向数字化转型,避免企业外迁导致的劳动力流失。近年,由于企业用工成本上升,再加上其他业务成本的增加,很多传统劳动密集型产业以及高科技的加工组装环节开始向东南亚以及其他地区转移。这种情况下,导致大量就业岗位流失。为了降低企业劳动力成本,企业有必要加大数字化转型力度。根据统计,我国企业数字化转型比例约 25%,远低于欧洲的 46% 和美国的 54%,因此,必须大力推行数字化转型,短期内帮助企业降低包括劳动力成本在内的企业运营成本,提升生产效率,避免国外出口市场的丧失,长期提升企业内生增长动力,提供更多的就业岗位。

(3) 提升全民受教育水平,加大数字经济人才培训力度。数字经济下人均受教育年限的提高有助于就业,因此国家有必要在教育的培养规模和培养结构上采取措施。在培养规模上,扩大研究生的规模,增加专业硕士和专业博士的比重。但是根据我国对创新人才的需求,我国不仅不应该控制研究生招生数量,还应该扩大研究生招生规模。很多人认为，中国已经是世界第一大博士授予国，已经超过美国的博士年授予数量，这其中存在误解。中国博士授予数量超过美国是在学术性博士方面，而美国存在大量的专业博士，2019年，美国博士授予数量为17.5万人。从授予学位的人数比较，我国研究生特别是博士研究生招生还处在规模扩张期。研究生以上学历的人才是我国创新的主力，进一步扩大人才规模才能促进创新的快速发展。采取1999年开始大学扩招的做法，大幅度增加硕士、博士研究生规模，使得硕士和博士研究生招生规模5年内分别增加2倍和3倍，长期内使得中国硕士和博士学位的授予人数达到美国的规模。一方面，根据我国国民经济发展实际需要的人才比例，另一方面就是我国较高的考录比例，2021年我国硕士研究生报名人数为377万人，招生规模为117万人左右，考录比为3.22:1，远远高于国际上发达国家水平，如果实施"宽进严出"的政策，可以大规模扩大研究生招收人数。另外，提高劳动力对新技术和新业态的适应能力，重视包括数字经济人才以及与行业发展相匹配的劳动力技能，满足数字经济时代对劳动力的多样化需求。开展形式多样的转岗技能培训，建立数字经济替代劳动力的行业预警机制，积极开展劳动力终身培训。

强化数字人才培养和数字技能培训。中国数字经济正逐渐从需求侧向供给侧，从市场营销向物流、制造、研发等产业链上游渗透，而供给侧、产业端的数字化转型则更加依赖既懂行业又有数字化素养的数字人才，目前的数字人才培养与社会需求还存在差距。在数字经济人才培养体系中，在顶层设计上重构数字经济背景下科技创新人才培养的知识体系，加大基础学科投入，优化专业布局，重塑课程体系；在产教融合上，促进教育链、人才链与产业链、创新链的有机衔接，积极推动产学研"融通"创新，全面加速数字技术创新成果的转化应用和顶尖数字人才的培养。除了数字人才培养外，还需要为在数字经济发展中结构性失业的人员提供数字技能培训。目前，数字职业技能培训工作还存在技能培训覆盖面不够广泛、培训服务供给不足、数字经济技能培训针对性不强、技能培训参与主体良莠不齐等问题。一方面，数字技能培训应该覆盖全体劳动者，包括新成长劳动力、失业人员等群体，以及就业人员和灵活就业人员，提升数字化思维和技能，加大大数据分析、软件编程、工业软件、数据安全等数字技能培训规模。另一方面，建设终身学习数字化平台体系。基于数字经济的新产业、新业态总在不断更新，这就要求劳动者终身学习。发展覆盖职业生涯全过程的数字化终身教育，开发一批大规模在线开放课程平台，推动教育培训机构和部分企业共建在线模块化网络课程，强化课程认证，方便劳动者随时随地利用碎片化时间学习；完善网络平台教学管理系统，开展自适应学习实践项目，构建能动学习的良好环境。

（4）做好新业态灵活就业人员社会保障和劳动者权益保护等工作。传统就业已经建立起完善的社会保障体系，但是对于新业态就业人员，其社会保障和劳动权益保障等问题日益突出。包括法律机制不健全、平台企业不重视从业者、社会保障权益的保护和职业特性导致的保障实施困难等。因此，应当构建适合新业态灵活从业者的劳动保护体系，在就业管理和保障、失业工伤保障以及职业培训方面要对灵活就业作出相应规定，同时在从业人员医疗、养老等方面探索完善灵活就业保障与城镇职工保险的衔接，打通制度障碍。研究制定平台就业劳动保障政策，明确互联网平台企业在劳动者权益保护方面的责任，发挥工会与行业协会的作用等。

第六章　数字经济对消费者福利的影响

第一节　引　　言

  数字经济是随着信息技术革命发展而产生的一种新的经济形态，近年来，随着全球信息产业的发展和产业结构升级的需要，世界各国都重视发展数字经济。全球范围内正在经历一场更大范围、更深层次的科技革命和产业变革，互联网、大数据、人工智能等现代信息技术不断取得突破，数字经济蓬勃发展，各国利益更加紧密相连（张爱丰，2018）。各国纷纷出台政策支持数字经济的发展。2018年，美国在数字经济领域主要发布了《数据科学战略计划》，同时也发布了《美国国家网络战略》和《美国先进制造业领导力战略》，明确提到了促进数字经济发展的相关内容。2018年，欧盟在数字经济领域发布了《欧盟人工智能战略》《通用数据保护条例》《非个人数据在欧盟境内自由流动框架条例》《促进人工智能在欧洲发展和应用的协调行动计划》和《可信赖的人工智能道德准则草案》等一系列政策。同时发布了《地平线欧洲》计划提案，阐述了推动数字经济发展的举措。英国在数字经济领域主要发布了《数字宪章》《产业战略：人工智能领域行动》和《国家计量战略实施计划》等一系列行动计划。德国在数字经济领域主要发布了《联邦政府人工智能战略要点》和《人工智能德国制造》，也发布了《高技术战略2025》，明确提出将推动人工智能技术的应用。中国正在大力建设"数字中国"，数字经济首次写入政府工作报告，在"互联网+"、人工智能等领域出台了一系列政策，政策体系包括数字经济整体发展促进政策、规制或治理政策、相关环境政策，以及大数据、人工智能、云计算等数字经济重要行业发展相关政策。

在数字经济中，基于连接不同用户群体的平台的市场发挥了突出而独特的作用。在线搜索、社交媒体、数字地图和其他应用程序经常免费为消费者提供服务，同时常常基于消费者的兴趣和特点为他们匹配广告内容，电子商务平台将卖家和顾客联系起来。这些数字平台公司的一个显著特征是他们提供服务的范围和规模相当大。根据 App Annie 的数据，2019 年全球月活跃用户数前十 App 的具体排名为 WhatsApp Messenger、Facebook、Facebook Messenger、微信、Instagram、抖音、支付宝、QQ、淘宝以及百度。在中国范围内，数据分析机构 Trustdata 发布的数据显示，2020 年 10 月移动互联网月活排名为：微信月活跃用户量最高达到 10.1111 亿，淘宝月活 7.9 亿，QQ 月活 7.2 亿，支付宝月活 6.1 亿，抖音月活 4.5 亿，拼多多月活 3.3 亿，百度月活 3.2 亿。可以看出，拥有类似规模、且跨越多个数字市场的公司，为消费者和经济带来了巨大的好处。但是，数字技术给消费者和经济带来了巨大的好处的同时，在数字经济发展的过程中，还有一系列经济因素，限制了数字市场在任何时点的竞争，同时也限制了该市场（新公司将推翻目前占市场主导地位的企业）的连续竞争。在数字经济市场，存在着广泛的市场集中行为，部分产业领导者的市场份额接近完全占有，这种市场集中按照经济学理论的观点就是垄断，垄断对于消费者等会产生负面影响。竞争市场是企业之间为赢得消费者而进行对抗的过程，这是市场经济的核心过程，且竞争在推动经济增长和提高其生活水平方面取得了巨大成功，竞争促使企业努力提供消费者想要的产品，从而确保价格保持在低水平的同时，商品和服务具有高品质，这些商品和服务应多样化，以适应不同消费者的偏好。竞争性的市场还是提高生产率的关键，它促使企业充分利用其资源，将市场份额和资源分配给生产率最高的企业，并激励现有企业不断进行创新和鼓励创新性的新企业进入。但是数字经济出现的单一企业拥有巨大的市场规模，加之一套独特的市场特征，也对竞争和传统的竞争政策提出了挑战。如何确保在促进数字经济发展的同时，消除垄断带来的负面影响，提升消费者福利，是理论界和政策制定者需要关注的课题。

第二节　数字经济的市场集中度分析

集中度是描述市场中企业的生产和销售份额如何分配的概念。市场集中是指在特定产业中若干家规模最大的企业具有的经济支配能力，一般根据厂商数目、产品差异化程度以及进入壁垒等因素来划分市场结构。它与竞争程度密切相关，因为当一个市场存在较多公司时（意味着市场的集中度低），参与者为了保持或增加市场份额，往往会展开激烈的竞争。集中度低、竞争激烈的市场通常更容易出现良好结果：低消费价格、高质量的产品或服务，以及持续的创新。

较为常用的集中度指标主要：绝对集中度指标、基尼系数、赫希曼—赫芬达尔指数。绝对集中度指标是最基本的市场集中度指标。绝对集中度指标是指产业中产出规模最大的前 n 家厂商的市场份额的加总。其计算公式为：$CR_n = \sum_{i=1}^{n} S_i$，或者 $s_i = X_i \big/ \sum_{i=1}^{N} X_i$。绝对集中度指标的缺点是不能精确反映产业内部全部企业的规模分布结构，反映的只是最大的几个企业规模的分布情况，忽略了其余企业的规模分布情况。在进行产业比较研究时，相同的集中比率未必意味着相同的产业集中度。另外一种方法就是赫希曼—赫芬达尔指数（HHI），其计算公式为：$HHI = \sum_{i=1}^{N} (s_i)^2$，$HHI$ 值的分布区间为（0，1]。在许多文献中，常取的是（0，10000]，即计算时都不考虑百分比，实际计算结果，相当于计算结果乘以 10000。HHI 值越接近 10000，集中程度越高，越接近 0，集中程度越低。当产业内只有 1 家企业时，HHI 为 100 的平方即 10000；当产业内有很多个企业，而且所有企业的规模都相同时，HHI 值越接近于 0。对于数字经济来说难以准确对市场进行界定，不同细分行业差别比较大，我们基本上采用市场份额的方法。

从表 6-1 的数据可以看出，许多数字平台市场的集中度普遍较高，市场份额基本集中于一家或者两家主要公司。在搜索市场，谷歌在全球在线搜索市场中一直占有很高的市场份额，除了 2014 年以外，其余年份都超过 90% 的在线页面浏览量，2020 年达到 92.41%。而百度只占到 2.1%，但从中国看，百度的市场占有率 2009 年为 55.84%，其后随着 Google 退出中国市场，百度的占有率逐渐上升，2019 年约为 71.57%。在社交媒体市场中，就用户数量来说，脸书（Facebook）在全球超过 20 亿用户，日活跃用户近 3 亿，在 2016 年市场占有率一度达到 86.16%，占绝对主导地位。在中国市场，2020 年，微信用户近 10 亿，月活用户达到 9.9 亿，QQ 的月活用户是 6 亿，新浪微博的月活用户达到 3 亿。在浏览器市场，全球主导产品是 Chrome，2009 年市场占有率仅仅只有 3.23%，但是到了 2019 年增长为 62.84%，IE 浏览器出现显著的下降，从 2009 年的 59.1%

下降到 2019 年的 2.45%。在操作系统市场上，Windows 和 Android 的市场占有率不相上下，但是 2009 年的时候 Windows 接近完全垄断，达到 93.79%，而 Android 仅有微不足道的 0.02% 的占有率。在线零售市场表现得也非常明显。亚马逊已成为全球商品品种最多的网上零售商和全球第二大互联网企业，2020 年净销售额 2805 亿美元，每月的独立访问次数超过 250 万次。阿里巴巴集团是全球最大的电商平台，2020 年数字经济体的消费型商业业务 GMV 达人民币 7.053 万亿元，包括天猫、淘宝、速卖通等针对不同细分市场。总体来看，数字经济具体产品上都呈现绝对垄断态势，部分企业"赢家通吃"，庞大的用户规模为相关公司提供了海量的数据资源。

表 6-1　　　　　　　全球主要数字经济产业市场集中度情况

年份	社交媒体 Facebook	浏览器 Chrome	搜索引擎 Google	操作系统 Windows	Android
2009	48.14	3.23	90.28	93.79	0.02
2010	59.58	9.95	90.91	90.27	0.26
2011	65.83	19.79	91.07	85.98	1.22
2012	65.33	29.3	91.85	79.18	3.32
2013	66.35	34.67	90.24	71.99	7.66
2014	73.28	38.94	89.81	59.83	16.24
2015	83.5	44.87	90.61	52.25	24.27
2016	86.16	49.08	92.01	43.82	31.76
2017	83.6	53.96	92.09	37.07	38.97
2018	68.61	59.12	91.4	36.45	39.63
2019	69.67	62.84	92.53	36.47	38.19
2020	72.04	64.19	92.41	35.26	40.17

资料来源：statcounter。

一些数字平台已经成为市场经济中的巨无霸企业，国民经济、人民生活对这些数字平台的依赖日益加深。根据普华永道公司报告，2020 年全球市值最高的上市公司前十名分别是：沙特阿美、微软、苹果、亚马逊、ALPHABET、阿里巴巴、脸书、腾讯、伯克希尔和强生。上述十家公司中，至少有七家属于平台企业。由此可见，伴随着网络经济的快速发展，一些数字平台企业获取了大量的投资和资源，已经成为全球市场中的龙头企业。与此同时，这些大型数字平台掌握着数以亿计的消费者和大量的中小企业、政府机构、科研事业等单位的身份、产

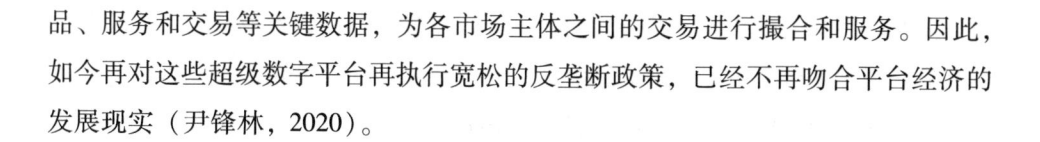

品、服务和交易等关键数据，为各市场主体之间的交易进行撮合和服务。因此，如今再对这些超级数字平台再执行宽松的反垄断政策，已经不再吻合平台经济的发展现实（尹锋林，2020）。

第三节　数字产业集中度高的动因

与传统市场相比，数字经济一般是去中心化，由于具有免费的特征，消费者可以快速地切换到不同的数字经济平台，消除部分转换的障碍，以及能够使用数字工具来比较价格和功能特点，从而扩大竞争转移具有增加竞争的特性。但是事实上数字经济具有较高的市场集中度，往往是市场自我累积效应的结果。一个平台积累了大量的用户数据，就可以利用邻近市场的这一地位，通过自我偏好给自己带来优势，以及通过持有的数据和对竞争对手创新的模仿获得不公平的优势。同时，数字市场还具有增加集中度的特性，包括规模经济和范围经济、网络效应、切换和多平台接入（multi-homing）的限制（包括行为因素）以及融资渠道和无形资本等。这些因素的相对重要性因市场而异，但在许多数字市场中，导致市场集中的因素似乎具有强大的累积效应，并因此占据主导地位。

一、数字市场具有规模经济和范围经济特征

微观经济学的生产理论认为，在技术不变的情况下，生产中厂商的行为决策取决于生产要素的短期变动和长期变动。在短期内，厂商的生产决策是建立在边际收益递减规律基础上，确定劳动力合理的投入区间和最佳投入点。而在全部可变生产要素的条件下（长期），决定厂商盈利能力最优的因素在于生产的适度规模。

企业的规模主要取决于三个外部因素：企业所提供的产品的市场类型、企业所处的发展阶段以及该企业的技术水平。与传统经济不同，在网络经济条件下，数字经济平台企业的规模不仅受成本结构的制约，而且受网络外部性的影响。正的网络外部性和低的市场进入壁垒有助于用户规模的增长，随着用户规模的增长，单位产品价格下降，产品供应增加，进而促使生产规模扩大。创造有价值的

服务需要高额的前期投资和固定成本，并且增加用户的边际成本较低或接近于零。随着数字平台公司用户数量的增多，其平均成本显著降低。这显然在效率和低成本方面为用户创造了巨大的利益，即便这并不利于竞争。与传统经济相比，数字平台消除了地域和语言的限制，具有强大的全球属性，在传统市场规模经济通常与实物生产相关，故其规模受到地理位置和运输成本的限制。但数字市场没有地理区域的限制，规模经济有助于数字市场在全球范围内集中度的提升，而不仅限于国别或地区范围。此外，数字市场也具有范围经济的特征。通过同时在多个相邻市场开展业务，数字企业可以降低成本，或提高服务质量。这些范围经济可以通过使用现有的客户和供应商关系、打造品牌、共享技术专业知识，以及共享和合并消费者数据来实现。这些范围经济是少数几家大型数字公司在数个相邻市场成功构建生态系统的原因之一。

规模经济和范围经济在积累和使用消费者行为相关数据方面特别大。那些拥有数据规模较多的企业，拥有超大型数据库，相对更具竞争优势。现有企业掌握的大量数据是数字经济中最大的进入壁垒，由互联网巨头提供的多项服务聚合而成的数据集的巨大规模构成小公司进入市场的实质障碍。因此，数据可以成为进入数字市场的障碍。一个拥有丰富数据的现有企业能够通过改进服务、使其更有针对性地服务用户，以及通过更好地定向投放广告赚取更多的收入，来巩固自己的地位。数据为现有企业提供竞争优势的机制称为反馈循环。以下是两种不同类型的反馈循环：当企业收集用户数据，用以提高其产品或服务的质量时，就会出现用户反馈循环，从而吸引更多用户，形成一个良性循环。货币化反馈循环是将来自业务用户的收入再投资于提高服务质量和吸引更多用户。用户反馈循环也是由获得增量用户所驱动。货币化反馈循环只需要对现有用户产生的收入进行再投资。图6-1为数据的反馈循环。

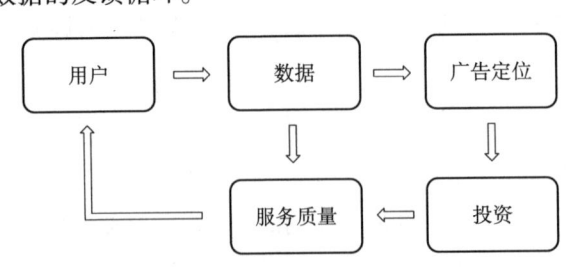

图6-1 数据的反馈循环

二、数据的垄断

数据是数字经济时代最重要的生产要素。2017年6月，荷兰经济事务部发布的《大数据与竞争》报告认为，数据主要有六点特性：非竞争性、一定的排他性、迁移性、可替代性、互补性和非持久性。而正是基于数据特性和数据驱动型公司的商业模式特点，数据垄断也就顺其自然地产生。首先，数据价值密度低，其价值需要挖掘海量数据得到。其次，虽然数据不具对抗性，但收集数据仍具有一定的技术和法律门槛，导致其前期投入成本高，而后期边际成本低，极易形成规模经济。大公司通常具备较高的技术水平和投资成本，这是收集海量数据的必备前提。再次，大公司通过业务扩张、投资、并购等方式，建立了横跨多领域的商业生态圈，掌握并打通了各数字化领域的用户数据，如社交、购物、交通、医疗等。各领域数据的融合形成了数据寡头公司的海量数据基础。研究发现，数据收集规模较大的公司通常拥有覆盖各领域的大量移动应用程序，如数据集内的腾讯公司开发了516个移动应用程序，在安全、社交、新闻、音乐、游戏等多领域的数据收集中占优势地位。最后，也是最根本的原因，拥有数据及相关的算力和算法的企业可能产生市场力量。如果一个企业能够拥有一定的数据及相关的算力和算法，而其他企业没有替代性的或者无法获得的，它就有可能会形成一种市场壁垒。各领域内既有市场份额较高的公司，其用户规模巨大，所收集到的用户数据远超市场份额较小的小型公司或初创公司。基于数据的算法可提升企业提供产品和服务的质量，进而吸引更多用户。"使用者反馈"与"获利反馈"使得大公司数据收集能力不断自我增强，使各数据收集者间的数据鸿沟越来越大（陈根，2020）。对于数字经济企业来说，拥有的独家数据越多，带来效益的可能性越多。风险投资公司对初创企业评价的一个重要指标就是用户数量的多少而不管盈利水平。在数字经济中，数据被单个企业拥有，缺乏消费者参与，这可能导致这些市场缺乏竞争压力。反过来，这可能会阻碍反馈循环的收益被完全实现或与消费者共享。数据对数字企业提供的服务至关重要，但竞争对手却无法获得大量、高速增长或多样化的相关数据，这给现有企业带来无可比拟的优势，从而降低了成功竞争的可能性。

许多数字市场都存在这种竞争优势。在在线搜索市场，如果一个潜在竞争对手需要处理的查询比较少，供其算法学习响应性搜索结果的数据也较少，那么生成的结果就会更不准确，这对于使用频率较低的搜索查询最为明显。因此，用户更倾向使用现有的平台（从而使竞争问题恶化）。数据作为数字市场的进入壁垒，其重要性是市场普遍认同的。那些能够有效利用现有数据的大型企业，在保持其现有地位和进一步扩大市场份额方面具有优势。这将不可避免地对新进入者（没有任何此方面的数据）或者甚至是较小的竞争对手构成障碍。

三、数字市场的网络效应

网络效应并非是数字市场独有的，各市场的网络效应也不尽相同，但网络效应是了解各自市场竞争动态的关键。数字市场存在两类网络效应：（1）直接网络效应。当用户的利益随着用户数量的增加而增加时，就会产生直接网络效应。例如，由于更多用户使用某个社交媒体，拥有更多用户的社交媒体带来的社交属性就更大，网络效应就非常明显。还对在线搜索很重要，即可以通过更多用户的体验和数据来改进在线搜索。（2）间接网络效应。指平台市场一方的用户收益随着市场另一方用户数量的增加而增加。在线市场、流媒体服务和应用程序商店的双方用户之间存在较强的间接网络效应，对于广告商来说亦如此。网络效应意味着，随着平台的发展，对用户而言，平台的价值越大，反过来，又使这些平台对其潜在用户更具吸引力。如果平台的用户增长停滞，或用户数量下降，那么该平台所提供服务的质量就会下降。这些发展动态会自然而然地将市场带入"赢者通吃"的环境，从而阻碍新市场玩家进入。

数字平台市场之间存在显著差异，而且"数字"并不意味着高度集中。导致市场集中度增加的因素在各市场的情况以及强度各不相同，比如，搜索引擎公司能够持续占据市场主导地位，得益于强大的直接网络效应，在注意力市场的强势地位使其在数字广告市场的份额增长。电子商务市场也是如此，强大的间接网络效应（由于已经获得了大量的买家和卖家），以及在物流业务方面形成的规模和范围经济，是支持其强势地位的部分原因。

四、不同服务间切换和多平台接入的壁垒

网络效应并不一定带来市场集中，因为只要消费者和企业可以自由地切换不同服务或同时使用多个服务（多平台接入），可以避免导致市场集中。在存在市

场普遍提供同质化产品和服务的情况下，消费者一般选择单一供应商的产品或者服务，但如果存在明显差异，消费者可以在平台之间进行自由切换，企业用户也可以在多平台之间自由地销售产品和服务，这种在不同服务间切换和多平台接入的自由，降低了单一平台的议价能力，对于消费者是有利的。但是现实情况是，存在多种制约多平台进入的壁垒，阻止消费者和企业自由地切换或同时使用服务。其中一些限制因素是市场固有的，而另一些则是现有企业的选择。这些限制因素包括：（1）口碑的丧失。如电子商务平台，第三方企业的口碑、评价、销售记录等对于企业来说非常重要，良好的口碑效应和级别是消费者购买非常重要的决策依据，如果更换平台都会让这些所有优势的丧失。对于消费者来说也同样如此，平台会给予长期忠诚用户一定的便利。（2）反竞争条款。在平台用户中，占主导地位的平台企业的议价能力很强。因此，这些企业可能会利用这一点将不公平或反竞争条款强加于自己，从而巩固其市场地位。这类条款包括平价条款或排他性条款。如在电子商务平台广泛存在的"二选一条款"。（3）默认选项。用户在下载安装相关软件时，存在默认选项，数字市场的消费者对默认选项有强烈的偏好，并热衷于他们熟悉的品牌，一般不关注此产品竞争对手提供的产品服务。因此，消费者的惯性驱使不能在平台间自由切换。（4）捆绑服务。数字经济的范围经济特征，大平台拥有多业态的产品，产品之间是相互关联的。选择一个平台的某项产品，其相关业务也随之得到广泛使用。这种捆绑服务，也阻碍用户在不同服务间自由切换。

五、融资和无形资产

在传统经济中企业的主要资产是有形的厂房和设备，但是对于数字经济企业来说，其资产的主要部分是无形资产，这种无形资产难以从需要抵押物的传统金融机构获得贷款，只有从风险投资处获得资金支持。而且对于数字经济公司来说，在免费或者低费的情况下，首先需要获取市场份额，扩大市场规模和更多的用户，初期投入非常大，收入比较少，因而初期存在巨大的亏损，而且亏损的金额越来越大，持续时间较长，只有等到用户超过临界点，才能把市场份额转化为盈利，这就导致进入市场的参与者比较少，加剧了市场不公平。一旦平台企业获取了竞争优势，就可以在全球范围自复制，而不需要运输成本，边际成本往往接近于零，而且只有极少数平台既成为时间有限的消费者的首选访问点，也成为许多供应商进入市场的核心路径。因此，网络及其他效应被极大地放大了，导致市场主导企业的形成（甚至在全球范围内）。规模经济和范围经济、强大的网络效应以及限制消费者切换和同时使用多项服务特性的叠加，意味着许多数字平台市场已趋于高度集中。

在市场经济条件下，企业面临新进入者取代的威胁，领导者企业将必须不断改善其服务、投资和创新，现有企业被创新型竞争对手取代的案例比比皆是，即使是在数字市场，也存在后来者替代的现象，比如浏览器市场和操作系统市场，但是整体来看，在既有的竞争格局下，垄断的格局很难被打破。当前企业持有的消费者行为数据对潜在竞争对手构成的进入和扩张障碍，远比他们刚起步时面临的消费者行为数据带来的障碍要大得多。围绕产品构建生态系统更可能够使这些企业的市场主导地位持续更长时间。大型数字公司很可能已经从他们所取代的竞争对手身上吸取了经验教训。市场竞争的威胁可以鼓励现有企业投资于研发，但此类投资的目标可能是某种形式的技术和创新，用来巩固企业的市场地位和降低新竞争对手成功进入的可能性，而非使消费者福利最大化。为了巩固其在主要市场的地位，大型数字公司还利用收购在多个价值链环节构建强大的生态系统。数字市场的现有大型企业不断吸收创新，以保护自己免受潜在竞争的影响，或者利用收购扼杀或扭曲创新，限制竞争对手的出现。

第四节 数字产业集中度对消费者福利的影响

一、数字产业集中度对消费者福利影响需要考虑的因素

（一）评估的依据

在自由竞争的市场中，价格由市场供求决定，消费者和生产者获得的剩余为零。但是如果存在垄断和寡头等非自由竞争的市场，垄断者可以获得远超过平均水平的利润，生产者剩余比较大。在数字经济市场，由于存在较大的进入壁垒，可以认为不是自由竞争的，市场主导者可以对市场产生较大的影响。因此，市场垄断者可以不需要像完全竞争市场的参与者一样不断改进产品和提升服务。对于

数字产业中的互联网消费者来说，早期阶段可能转换较快，但目前已让位于更大程度的稳定性。现有大型数字公司处于引领下一波技术浪潮的最佳位置，许多技术基于以大规模数据集为驱动力的机器学习和人工智能，而市场现有大型公司能够最大限度地获得相关数据，领导者公司的用户数量规模大，用于新技术研发的支出高。这表明，大型数字公司的地位正日益增强，且随着时间的推移，这种优势有望提高盈利能力。在中短期内难以看到有替代者出现，大公司不管通过何种路径实现及巩固其主导地位，其结果必然是特定市场的一家或两家公司能够高度控制和影响买家与卖家之间的关系，或广告商接触潜在买家的渠道。通常来说，包括平台类公司在内的数字产业公司具有控制访问权限和收取高额费用的能力、操纵排名或重点推荐的能力以及控制各方声誉的能力。一个占市场主导地位的平台拥有如此重要的战略性市场地位，买家或卖家都在某种程度上依赖于这些平台。但是由于数字产业部分行业对消费者是免费的，数字平台公司对消费者福利的影响如何评估，这与传统产业按照价格的比较是不同的。

（二）如何界定消费者

一般数字型平台公司提供的服务都是免费的，而且非常重视服务的质量和消费者体验，并没有收取用户任何费用，从直观意义上看，数字平台型公司提供的任何服务对于消费者来说都存在消费者剩余，消费者福利比较大。但是数字型平台公司从生产商或者广告商处获得收益，用户规模越大，获得的收益越大。最终厂商把广告费用分摊在生产成本中，由消费者支付费用。当然，这其中存在不对称效应，因为并不是所有的用户都会购买相关产品。因此数字平台公司的网络效应的确会产生真正的经济福利，但难以准确测定经济福利程度的大小以及谁获得了这部分福利。

二、数字产业集中对消费者福利的影响

从结果看，尽管许多数字市场趋向于高度集中，但对消费者福利的影响难以确定。数字经济存在规模经济和范围经济，领导企业拥有大规模的用户和数据，其边际生产成本基本为零，再加上网络效应，领导企业可以无限扩展经营范围，比如，社交媒体利用社交领域的垄断优势扩展到其他行业，其经营边界的扩展也为用户提供了便利性，消费者可以以较低的价格获取更多的服务和更多的产品类

型。但是从长期看，由于领导者面临的竞争有限，消费者的议价能力较低，市场缺乏有效的竞争约束。根据经济学理论，主导地位的厂商的决策以利润最大化为主，并不会最大限度上考虑消费者的福利，包括不公平条款和不公平访问权限等，都会直接影响消费者获取服务的价格及质量，也会间接影响第三方提供的产品和服务，并最终影响消费者从这些企业获得产品和服务的价格及质量。

（一）对消费者福利的直接影响

一般用户可以免费通过直接使用和访问有关平台获取相关服务，而且可以以较低的价格获取产品，如电子商务平台。在电子商务平台上，存在完全的市场竞争，消费者通过价格、评价等方式获取有关信息，从而做出最优化决策，在这种竞价机制下，消费者一般可以以最低的价格获取最优的产品或者服务，从而提升消费者福利。作为数字平台公司，必须不断进行创新和优化，向消费者提供快速、高效和免费的服务，符合平台的利益，否则就有可能被竞争对手所取代。这种积极的促进作用对于消费者来说可以获取更大的福利。而且《电子商务法》等法律规定电子商务经营者根据消费者的兴趣爱好、消费习惯等特征向其提供商品或者服务搜索结果的，应当同时向该消费者提供不针对其个人特征的选项，尊重和平等保护消费者合法权益（汪庆华，2019）。因此，从直接的积极影响看包括可以更优地获取信息和可以以更低的价格获取更优质的产品或者服务等，这都明显提升了消费者福利。

数据垄断将使得对消费者的保护变得日益艰难。包括"数据杀熟"等行为导致消费者付出越来越高的费用，平台收集消费者的身份数据、行为数据等，通过数据画像，透视消费者的消费意愿和预期价格，实施"一人一价"、差异化定价，这种价格歧视的实质正是利用算法与大数据来"杀熟"或"杀贫"。除了数据杀熟，更重要的事情是，在数据垄断的情况之下，消费者保护的法律合约问题将变得极为复杂。原来消费者在线下购物消费的时候，商家就是甲方，消费者就是乙方。双方签订了一个商品或者服务的购销合同后，双方的合同都较为简单透明，消费者保护的介入难度较低。然而，在数据寡头时期，从供货商、经销商、到物流，到平台，再到收货人是否及时收货等这一众环节中，涉及的合约方并不仅仅只是涉及甲乙两方，可能涉及多方。故而最后消费者能不能获得令他满意的产品货物，从源头到经销商再到物流等环节中都有可能出现差池，因此，消费者保护问题变得更为棘手。

消费者获取信息并不是完全免费的，在免费的表面实际上存在一定的制约因素和成本，主要涉及为获得服务而提供的数据量、数据处理的隐私和安全性、广告的密度以及搜索和其他排名的有用性，这些都是在评估数字市场对消费者福利影响时需要考虑的相关问题。一般的数字平台公司都需要覆盖其用户的隐私设置，包括地理位置、短信等，以便将数据传输给一些应用程序开发机构，向一些开发机构收取高昂的广告费用，以用于数据交换。这种隐私权的转让对于消费者可能会产生不利的影响，个人隐私和产业隐私缺乏合理完善的保护措施，信息安全保护机制还有待加强。数据作为基础性战略资源的地位日益凸显，个人数据信息被严重过度采集。人工智能、物联网、云计算、大数据等领域高度依赖对个人数据的读取、采集和应用，存在着严重的数据安全隐患；企业对个人数据信息隐私无底线、无节制地采集和使用，一旦服务器遭到黑客攻击导致数据泄露，对用户的隐私、财产甚至是人身安全都有可能危及。

隐私保护作为一项非价格竞争因素，在竞争失效的市场里被重视程度降低，如 2018 年意大利政府判定 Facebook 将数据非法提供给第三方。此外，海量数据的收集、处理和存储环节存在信息安全漏洞的可能性，如 2018 年谷歌旗下的社交网络 Google + 接口泄露了约 5000 万用户数据。

从全球来看，欧盟在保护消费者数据隐私上处于领先地位，2018 年欧盟出台了《通用数据保护条例》（GDPR），此条例仍然是以"知情同意"作为基本立法架构（notice-and-consent framework），要求机构在收集用户个人信息前，告知用户信息的处理状况，在网络环境中通常表现为发布隐私声明，用户在阅读声明后作出同意的意思表示，作为机构对个人信息收集及利用的合法授权（刘迎霜，2019）。但是，用户在使用时一般不细看有关隐私说明，直接越过说明点击同意，隐私声明只是起到保护供应商利益的作用，对消费者不利。而且，在网络中如果消费者不同意难以使用相关产品，只有同意其隐私说明，一旦出现争议用户就会处于不利地位。因此，这个规定有可能会巩固现有企业的地位，因为潜在竞争对手将面临比这些现有企业初创时更多的限制。在《通用数据保护条例》界定的范围内，仍将有大量收集和使用个人数据的空间。滥用消费者数据和损害隐私被认为是缺乏竞争导致服务质量低下的指标之一。这也可能是实现和巩固企业市场力量的一种方法。

(二) 对消费者的间接影响

数字市场集中度的提升，导致自由市场竞争将产生壁垒。一方面，排除、阻碍横向竞争，同领域内数据存量较小的小型公司或初创公司无法与数据寡头进行有利抗争。拥有更多数据资源的企业可能会利用手中的资源来采取一些"妨碍性滥用"行为。另一方面，拥有丰富数据的企业之间可以更好地进行交流，从而进行合谋。这里面包含了两个层次：第一是数据之间的合谋，第二是通过算法的设计，企业之间达成交流，实现合谋。

一般数字平台除了拥有直接用户之外，还会利用庞大的用户基础进行商业活动，包括广告和收取商业佣金等。因此，除了能够直接体验到平台的影响之外，消费者还可以感受到与之互动的企业被数字平台限制带来的影响。如果平台对企业收取的费用和佣金高于市场激烈竞争时的水平，那么这些费用和佣金将在一定程度上转嫁给消费者。由于成本削减了依赖企业的利润，这些企业提供服务或产品的质量会下降、选择也会减少。从长期来看，这些情况可能会限制这些企业投资于新创意和其自身增长的能力。消费者将因此错过有创意的新产品和服务。数字平台公司能够在很大程度上操控其业务用户或潜在竞争对手，而且存在通过平台企业端损害消费者利益的重大风险。通过将大部分消费者需求汇集在市场的一端，平台对那些处于长尾部分、依赖平台进入市场的企业用户具有强大的议价能力。

大型数字平台对小型企业的下列行为可能会间接损害消费者利益：战略性重要平台向其企业用户收取不公平的使用费、佣金，或者要求企业用户接受其他不公平的合同条款。如果该平台本身与企业用户竞争，通过其平台提供产品或服务，那么这种行为也可能产生排他性影响，因为收取高额费用能够限制竞争对手的竞争能力。企业可能无法公平地接触到消费者，要么是因为他们被完全拒绝使用该平台，要么是由于不平衡的排名结构，这会扭曲竞争，并导致消费者获得次优结果。反竞争行为或反竞争合同条款也可能在其他方面限制企业用户，使其不能自由竞争。战略重要性平台具有为其用户评分的能力，这意味着他们能够对其企业用户的声誉造成影响。大型数字平台可以通过"杀手收购"（killer acquisitions）战略清除或吞并其潜在的竞争对手。

因此，大型数字平台对小企业的各种限制行为，可能会降低这些企业的投资和创新能力。限制企业用户的发展，还会限制他们数年后成为直接竞争对手的潜力。因此，预计消费者未来最终可能会面临更高的价格，更低的质量，或选择减少的结果。

第五节　构建竞争性政策促进消费者福利提升

数字经济是未来各国产业发展的方向，但是数字经济具有独有的特征，包括规模经济和范围经济，会导致市场集中性的趋势，这对消费者福利会产生影响，需要对数字经济的高集中度进行规范，构建竞争性政策，促进消费者福利的提升。可能的政策建议包括以下方面。

一、扩大公共数据的提供和管理

随着大数据、云计算、区块链、智能终端以及网络通信等技术的进步，为制造业或工业、金融、医疗、交通、零售、城市建设与管理、政府及事业单位等各行各业提供了突破信息互联网服务局限的新型科技产业形态，对数据的需求会越来越大，甚至成为远远超过劳动力和资本的生产要素。在数据类型上存在政府数据、企业数据等，未来政府应该加强公共数据的提供和管理，为社会提供更多更有效的数据，政府数据资源是产生于政府内部或产生于政府外部，但对政府活动、公共事务和公众生活有影响、有意义的所有数据资源，政府大数据的开放不能仅仅关注效率性和效益型，更应该关注个体公平，避免数据鸿沟导致"数据贫富差距"。在企业拥有的数据上，大型平台公司的用户数量多，数据资源丰富，应该积极有效地促使大平台开放更多的数据，让所有用户都可以获得数据的访问权、使用权等，从而提升消费者福利。

二、加强数字经济的市场行为准则制定和执行

同传统经济不同，数字经济行业具有天然的垄断性，市场大多向头部企业集中。因此，传统的反垄断方法不适用于数字经济时代。但是作为新兴事物，为促进数字经济发展尽量抱着试错和少监管的态度，在数字经济发展的各个阶段，政

府采用了较为宽容的政策措施，包容审慎原则、制定新兴产业监管规则，因此，传统的行业监管思路以及反垄断工具难以适应数字经济的发展模式。但是，对于数字经济来说，在规模经济、范围经济和网络效应等因素的共同作用下，数字经济极易出现严重的数据垄断，特定行业的用户数据会加速在某一个企业集聚，包括用户个人信息、出行习惯、消费偏好、地理位置等数据资源将汇入越来越少的市场主体之中（赵建波，2019）。当市场新进入者试图获取有关信息时，就会遭到独占企业凭借技术和策略壁垒开展的阻击，不正当竞争、缺乏许可证的非法经营、众多的网络欺诈行为、潜在的公共安全风险等。这些都需要探索新的监管模式，政府应该通过立法监管，塑造既健康又能促进数字经济迅速发展的市场环境，保护消费者利益免受侵犯。可能的监管思路包括形成顶层设计和政策储备，对现行竞争政策框架的调整将在一定程度上限制数字市场集中的趋势，并阻止占主导地位的公司从事明显的反竞争行为。同时，制定一套数字经济行为准则，明确数字经济公司及其用户之间可接受的行为，对于违反行为准则的公司，设置较高的罚款金额。《反垄断法》规制大数据杀熟当前面临一些现实困境，包括对行为主体的范围的限定比较狭窄、反竞争的效果在法律上很难进行衡量、当理由的抗辩面临不确定性以及司法维权激励不足。面对这些现实困境，从市场效率的角度出发，执法监管对大数据杀熟应该采取谦抑规制的原则，在干预与放任中找到平衡。具体而言，规制首先应当突破行为主体之限制，将具备相对市场优势地位的企业也纳入相关的法律进行规制。从效率和公平两方面的角度充分考量限制竞争政策效果和企业经营需要的正当理由是否成立。必要时还应当借鉴证据发现制度，强化当事人证据出示义务，以缓解原告对对方当事人证据收集的困难。

三、降低不同服务间切换和多平台接入的壁垒，提升数据共享程度

很多平台涉及"二选一"的壁垒，降低了第三方厂家的选择性，也降低了消费者福利。一方面，打破多平台接入壁垒，让市场主体可以自由选择，另一方面，统一各项服务之间的数据流动和开放标准，通过要求各系统使用公开的、标准化的格式进行沟通，克服能够导致市场倾斜的网络效应。消费者可以在不同网络间传输数据，与其他相似网络上的用户进行互动，而且小公司可以将其服务接入规模较大公司的服务中。使用、管理和组合数据等新的业务机会将被开启。反过来，消费者将会有新的数字服务选择，切换服务变得更加容易。从消费者来

看，反垄断增加了市场竞争，加速产品迭代、体验提升，消费者有了更多的选择，整个社会福利水平才能提高。

四、保护消费者隐私，提升消费者数据权利

中国质量协会发布《中国数字经济服务质量满意度DES-CSI测评研究报告》显示，61.3%的消费者认为，数字经济服务的交易是安全的，但对目前数字经济服务相关法律法规的健全程度及个人隐私安全保护方面认为还有很大的提升空间，主要体现在即时通信服务业态上个人隐私安全性的保护。个人数据可以被随意获取，个人隐私被消费导致消费者很难相信数字经济下网络身份的安全，人们对数字经济的信任程度下降，制约数字经济服务质量满意度的提升。保护个人隐私是数据利用的前提和基础。个人隐私保护有三个相互交织的维度：一是法律保障，通过界定个人信息主体的权属和相关人员的行为空间来保护个人隐私；二是技术实现，通过数据处理、计算方法和管理技术等确保个人隐私；三是利益平衡，通过市场交易，以自愿承担一定隐私泄漏风险为对价获得更好服务或收益。三个维度相互补充，也有一定的替代性。过度强调某一维度的保护，如法律保障，从道德的制高点一开始就过于严格地保护个人隐私，可能会丧失合作空间，不能充分挖掘个人信息价值。隐私计算是隐私保护前提下数据共享的技术实现路径。为解决互不信任的多个机构间数据共享和数据价值挖掘问题，国际上开发出了在不共享原始数据前提下实现数据价值挖掘和流转的技术手段，即隐私计算。隐私计算一般通过三个环节保证数据和模型隐私，实现数据"可用不可见""可算不可识"和"可用不可拥"。一是原始数据的"去标识化"。确保合作第三方不能通过数据反向逆推出数据主体，即不能识别出消费者的"自然人"身份，但又尽可能保留数据中的"信息"价值，做到共享信息的"可算不可识"。二是可信的执行环境。通过硬件化、安全沙箱、访问控制、数据脱敏、流转管控、实时风控和行为审计等技术手段，提升数据和模型计算环境的安全性，确保全程安全可控。三是能够保护数据和模型隐私的智能计算技术，如多方安全计算、差分隐私、联邦学习等。用户的原始数据可以在不出域、不泄漏的前提下共享并提取数据价值，实现信息的"可用不可见"。国内外利用隐私计算平衡隐私保护和数据价值流转已经取得了积极成效，美国隐私保护标准一直相对宽松，数字经济也较发达。美国联邦层面没有关于隐私保护的统一立法，无论现行的隐私法案CC-

PA 还是计划实施的 CPRA，对个人数据利用都较为开放，更强调市场自我调节，意在保持其互联网第一大国的全球竞争力。如 CCPA 允许企业通过提供经济激励获得消费者对收集个人信息的许可，允许依据个人信息价值实施差别待遇，明确企业豁免情形等。欧盟开始反思个人信息利用限制过严的弊端，致力于建立欧洲单一数据市场。2020 年 2 月欧盟发布《欧洲数据战略》，指出过于严苛而烦琐的个人信息收集约束，可能会导致产业或公共数据供给不足，不利于建设欧盟统一数字市场。据此提出加强数据共享，推动建立欧洲统一数据市场。如公共数据的开放共享，包括以符合欧洲通用数据保护法规的方式保证数据在技术层面具有可用性，便利以公共利益为目的的个人数据使用和实现更多高质量公共数据的再利用，又如通过开放银行推动金融领域数据开放等。同样的个人数据可以同时被多个权利主体掌握，同时个人数据的使用价值和价值在其被支配的过程中没有损害，某权利主体通过对个人数据的运用或交易获得利益时，无法构成对其他主体通过相同方式获取直接经济利益的排除。目前数字经济中个人数据出现滥用的情况，而且个人数据的所有权难以被消费者掌握。因此，应该制定共同标准，使消费者对自己的数据有更大的控制权，因此，消费者可以选择其个人数据在目前已持有的数字平台与其他新服务商之间进行流动或者共享。通过简化个人数据流动，消费者可以在不丢失其在某一平台积累的个人信息的前提下迁移个人信息到一个新的社交网络，通过单一的服务管理其持有和共享的个人数据，或者尝试一项以全新方式使用其信息的创新数字服务。

第七章 数字经济对经济高质量的影响——国际贸易的视角

第一节 互联网发展对国际贸易的影响

一、引言和文献综述

互联网的出现和发展,已经对经济生活的各个方面产生了影响。鉴于互联网几乎对所有地区的经济和社会产生影响,研究者预期会出现一个新的经济学分支以提供数字革命的理论基础。麦基·梅森和瓦里安(MacKie-Mason and Varian, 1992)提出了"互联网经济学",研究了互联网对经济的影响,越来越多的文献开始关注互联网经济学的特定部分,例如,互联网市场运作和对其他经济部门的影响(Jorgenson et al., 2008; Levin, 2011)。

对于国际贸易来说,由于地理位置、语言等限制,在出口国和进口国之间存在较大的交易成本,互联网已经极大地改变国家通过降低出口成本的交易方式。企业利用互联网来销售自己的商品,找到客户以及完整的交易沟通。其结果是减少买家和卖家之间的匹配成本,扩大出口。因此,互联网促进了国际贸易和国际生产网络(Baldwin, 2014),通过降低贸易成本提升国际贸易规模(Anderson and Wincoop, 2004)。弗洛因德和韦恩霍尔德(Freund, Weinhold, 2002, 2004)都发现互联网会促进贸易进出口的发展。随着国际贸易品种的不断丰富,差异化产品不断增多,扩大了国际贸易搜寻成本和交流成本。一般来说,地理距离(包含运输成本和搜寻成本)对差异化产品的阻碍作用大于同质产品,互联网可以降低国际贸易搜寻成本和交流成本,从而促进贸易发展,互联网可以降低企业生产成本、企业组织管理成本，以及企业与上下游供应商之间、企业与消费者之间的搜寻匹配、通信成本和物流运输成本等（Meijers，2014；Yushkova，2014）。赫尔马西克和施米茨（Hellmazik and Schmitz，2015）则直接将双边互联网发展纳入双边贸易成本。但是也有部分研究认为互联网并不能促进国际贸易的发展，克拉克和沃尔斯滕（Clarke and Wallsten，2006）发现，互联网普及率的增加与出口增长可能具有同时性，但鉴于观测值较少，因而缺乏证据支持这两种变化的联系。部分研究者认为，电子商务对国际贸易交易成本的降低效应很有限，给企业带来的效益仅限于组织内部和组织之间的信息交流，而关于市场壁垒、成本降低等战略效益并没有被发现。存在差异的原因在于互联网对国际贸易的影响渠道，互联网是从数量、价格还是种类上影响国际贸易？既有的研究大多是从总金额的角度，而贸易细分广度边际和集约边际等。梅利兹（Melitz，2003）认为，互联网发展可以降低企业进入成本，互联网会影响出口的扩展边际。

　　国内研究来看，马汴京（2015）认为，中国的贸易成本逐年下降，其中互联网因素有显著的作用。朱彤和苏崇华（2012）利用中国31个省的样本数据，分析了互联网对中国外贸出口的影响。研究表明，在控制了对出口有影响的变量之后，互联网普及率对中国外贸出口有显著的促进作用。另外，还发现不同区域的回归结果存在显著差异，西部地区互联网对出口的促进作用最大且显著，在中部和东部此作用不显著。何勇（2015）以冰山成本为切入点，将互联网因素引入到国际贸易模型之中，并基于全球244个国家在2000～2010年间的统计数据建立面板数据模型。研究结果显示，互联网对进口、出口以及进出口总额产生正面影响，且随着收入水平的提高，互联网对进口贸易额的影响逐渐减弱，对出口贸易额的影响逐渐增强。但是，部分研究显示互联网对贸易的积极作用没有得到验证，杨恺钧和褚天威（2016）基于中国30省份2002～2014年的面板数据，对互联网发展及交通运输对进口贸易的影响进行了机制分析，研究结论显示，互联网发展对当地进口贸易有显著抑制作用，但对周边区域的进口贸易有促进作用。部分研究对互联网贸易的影响途径进行了分解，施炳展（2016）利用双边、双向网址链接数量作为互联网代理变量，分析互联网对中国企业出口的影响。实证结果表明，互联网提升了中国企业出口价值量，且这一作用对一般贸易、差异化产品、本土企业、高生产效率企业更明显。从影响途径看，互联网可以增加企业的出口概率，促进企业持续出口；互联网提升了企业出口的扩展边际和集约边际，但对于集约边际的作用更大；互联网降低了企业出口的价格，但增加了企业出口的数量。施炳展和金祥义（2019）利用 2006～2016 年中国对世界各国的百度搜索指数作为注意力配置的代理变量，采用各国自然文化遗产数量作为互联网搜索指数的工具变量，并结合同期中国双边六分位贸易数据进行实证检验。研究发现，注意力配置会影响贸易规模、贸易结构和贸易模式，注意力配置主要通过降低不确定性渠道促进国际贸易。韩玉军和李子尧（2020）选取 69 个经济体作为样本，利用中介效应模型 Bootstrap 法等方法对双边贸易中出口方互联网普及与制造业产品贸易的关系进行研究。结果表明，出口方互联网普及率越高，制造业产品贸易规模越大。

在本书中，我们量化考察互联网对国际贸易的影响。不仅仅是评估互联网对两国出口的影响，我们分解贸易互联网的影响，并探讨互联网如何影响双边出口的三个方面。首先，我们探讨互联网如何影响贸易流动的平均值（集约边际）和出口货物产品数量（扩展边际）；其次，我们考察互联网是否对当出口国和进口国拥有互联网普及率类似水平的出口附加效果；最后，我们探讨在互联网是否对不同差异商品类型的贸易有不同的影响。

二、模型设计和数据

研究双边贸易一般用引力模型，根据弗洛因德和韦恩霍尔德（Freund and Weinhold，2004）、赫尔曼兹克和施米兹（Hellmanzik and Schmitz，2015）的框架，本书仍然以引力模型为基础进行实证分析，第一个因变量将是双边出口流量，出口流可以在数学上被进一步分解为深度和广度：平均出口价格和产品出口数量。模型如下：

$$V_{ijt} = x_{ijt} \times n_{ijt} \tag{7-1}$$

其中，V_{ijt} 是 i 国对 j 国的出口贸易流量，x_{ijt} 是单位产品的平均出口价值，n_{ijt} 是 SITC4 位数字的产品国家之间的出口数量。对式（7-1）两边取对数：

$$\ln V_{ijt} = \ln x_{ijt} + \ln n_{ijt} \tag{7-2}$$

互联网可以通过减少贸易的固定和边际成本影响国家之间的贸易。互联网可以让企业和消费者更快和更容易地分析对方，从而减少搜索成本，另外，互联网也降低了买卖双方之间的通信费用及其他费用。根据引力模型，也有其他变量影响贸易流量，如双边经济总量、距离等，因此，模型设置如下：

$$\ln V_{ijt} = \beta_0 + \beta_1 \ln INT_{it} + \beta_2 \ln INT_{jt} + \beta_3 \ln GDP_{it}$$
$$+ \beta_4 \ln GDP_{jt} + \delta_t + \delta_{ij} + \varepsilon_{ijt} \qquad (7-3)$$

其中，$\ln GDP_{it}$、$\ln GDP_{jt}$分别为i国和j国的名义国民生产总值对数，INT_{it}、INT_{jt}分别为i国和j国的互联网普及率。对于因变量来说，我们分别估计$\ln V_{ijt}$、$\ln x_{ijt}$、$\ln n_{ijt}$，δ_t为与年度 GDP 和互联网普及率变化无关的其他变量的年份固定效应。δ_{ij}为对贸易有影响的国家固定效应，包括语言、文化习俗等。国家固定效应更适合处理面板数据引力模型出现的估计偏差，但是利用国家固定效应的缺点是无法观察时间不变的双边变量，如距离的影响，但是这不会影响基本变量，如具体到出口国和进口国的互联网普及率等随时间变化而变化的变量。本书假设，对于国内生产总值和国家对固定效应等，互联网普及率时是外生的，互联网普及率的变化不随其他变量的变化而变化。

我们也将按照不同的互联网普及率（互联网用户数占人口总数的比例，国际上用来衡量一个国家或地区的信息化发达程度）分组水平来验证互联网对进口国和出口国的影响。按照互联网普及率的不同分为两组，标准是一个国家互联网普及率高于中位数为高，低于中位数为低，则存在高出口国高进口国、高出口国低进口国、低出口国高进口国和低出口国低进口国四个组合。

数据来自联合国商品贸易统计数据库（UNCOMTRADE）2000～2015 年的数据。引力变量（包括距离和语言）从 CEPII 中获得，GDP 数据来自世界银行世界发展指标。互联网普及率被定义为每 100 人使用互联网的数目，来自国际电信联盟（ITU）。表 7-1 报告了贸易、互联网普及率和 GDP 汇总统计。

表 7-1　　　　　　　　　描述性分析

变量	均值	标准误	最小值	最大值
出口（百万美元）	583729.2	4728482.3	13.8	4.98E+09
行业平均出口（百万美元）	2847284.7	1.94E+09	218.3	30485727480
进口国互联网普及率（%）	31.4	28.2	1.9	94.3
出口国互联网普及率（%）	38.2	21.9	0	95.7
进口国 GDP（百万美元）	638392	1748372	0.0	21837482
出口国 GDP（百万美元）	723839	20384737	0.0	23483449

最后，我们还将探讨互联网通过不同类型的商品的作用。互联网减少了出口国和进口国之间的信息和沟通成本，这对差异化商品的影响比较大，因此，需要

按照 4 位 SITC 级分类数据进行同质化和差异化的商品分类。

三、实证结果分析

(一) 基本回归结果

我们首先考察互联网对双边贸易流量整体的影响，回归结果见表 7-2，第一列为添加互联网变量的引力模型的 OLS 分析，这个回归采取了年度固定效应和国家固定效应，回归结果与一般的引力模型的回归结果一致，地理距离变量对贸易流量有消极影响，互联网显著地促进了双边国际贸易流量。但是这个回归结果并不充分，我们添加了其他引力模型的变量，第二列的回归结果显示，距离变量为负向效应，GDP、共同语言和互联网都对贸易产生正向影响。第三列为伪泊松最大似然（PPML）回归的结果，这个回归结果考虑了双边没有贸易产生的情况（Santos-Silva and Tenreyro，2006），在 PPML 回归中，国家固定效应在技术上是不可行的，我们考虑了年度固定效应以及进出口厂商固定效应，PPML 回归的结果与 OLS 结果相一致。

表 7-2　　　　　　　互联网普及率与双边贸易

变量	OLS(1)	OLS(2)	PPML(3)
出口国互联网普及率	0.161*** (0.0285)	0.132*** (0.0105)	0.139*** (0.0129)
进口国互联网普及率	0.143*** (0.015)	0.105*** (0.01)	0.117*** (0.098)
出口国 GDP		0.139*** (0.108)	0.378*** (0.0928)
进口国 GDP		0.0628*** (0.091)	0.509*** (0.024)
距离	-1.8373*** (0.0284)	-1.3898*** (0.0374)	-0.941*** (0.0388)
共同语言		0.626** (0.0389)	0.309*** (0.0282)
样本数量	263748	263748	263748
R^2	0.683	0.703	0.846
年固定效应	YES	YES	YES
国家固定效应	YES	NO	NO

注：***、**和*分别表示1%、5%和10%的显著性水平，括号中的数字 t 值为标准误。

从表 7-2 的数据可以看出，互联网对于双边贸易具有较大的积极效应，但是互联网对出口国的影响大于对进口国的影响，在第二列中，出口国互联网普及率的影响系数为 0.132，进口国互联网普及率为 0.105，也就是说，出口国国内互联网普及率每提高 1%，出口增加 13.2%，而进口国互联网普及率每提高 1%，可以提高10.5%的进口。这种差异在每种情境下都非常显著。这表明，对于出口国来说，国内互联网普及率的提高，可以较大程度上减少贸易的固定成本，提供了较多展示产品的渠道，提高公司品牌形象和知名度。

对于中国来说，贸易整体规模并不能反映中国对外贸易的特征，由于存在大量的加工贸易，使得传统贸易理论难以进行解释。因此，我们对出口额进行分解，分为一般出口和加工出口。我们只采用伪泊松最大似然法进行回归，回归结果见表7-3。可以看出，互联网普及率对一般贸易和加工贸易都产生积极影响，无论是加工贸易还是一般贸易，出口国互联网普及率都显著地促进了其增长。与整体规模相比较，一般贸易的影响系数变大，加工贸易的效应变小，这也符合一般预期，加工出口的主要影响因素是生产成本，而一般贸易所受影响因素较多，互联网的发展程度越高，越有利于促进一般贸易的出口。从进口国互联网普及率看，其对一般贸易出口的影响比较显著，加工贸易的影响只是在10%的水平下显著。

表7-3　　　　　　　　区分贸易方式的互联网影响效应

变量	一般贸易	加工贸易
出口国互联网普及率	0.1591*** (0.0005)	0.0832*** (0.0287)
进口国互联网普及率	0.0937*** (0.0001)	0.117* (0.0372)
出口国GDP	0.128*** (0.092)	0.378*** (0.0928)
进口国GDP	0.0983*** (0.004)	0.509*** (0.024)
距离	-0.2984** (0.0325)	-1.0372*** (0.0002)
共同语言	0.528** (0.0049)	0.483*** (0.0006)
样本数量	263748	263748
R^2	0.584	0.503
年固定效应	YES	YES
国家固定效应	YES	YES

注：***、**和*分别表示1%、5%和10%的显著性水平，括号中的数字 t 值为标准误。

根据式（7-1），我们把双边贸易流进行分解为集约边际和扩展边际，与一般的研究不同，我们把集约边际主要表现为出口产品数量的扩张，而扩展边际主要是现有出口产品价值的提升，集约边际与扩展边际乘积为出口总体价值量，这样我们就可以分析互联网对整体贸易规模、扩展边际、集约边际的影响。也就是说，我们分析互联网到底是促进了贸易的规模提升还是导致贸易单位产品价格的增加，使用带有国家固定效应和年度固定效应的回归结果如表7-4所示。

表7-4　　　　　　　　互联网普及率的集约边际和扩展边际效应

变量	贸易流量	集约边际	扩展边际
出口国互联网普及率	0.132***（0.0105）	0.039***（0.0129）	0.122***（0.032）
进口国互联网普及率	0.105***（0.01）	0.117***（0.098）	-0.0102***（0.003）
出口国GDP	0.339***（0.108）	0.178***（0.0928）	0.263***（0.027）
进口国GDP	0.0628***（0.091）	0.0509***（0.024）	0.0022（0.004）
样本数量	263748	263748	263748
R^2	0.703	0.846	0.873
年固定效应	YES	YES	YES
国家固定效应	YES	YES	YES

注：***、**和*分别表示1%、5%和10%的显著性水平，括号中的数字 t 值为标准误。

互联网对出口国贸易的扩展边际和集约边际都产生了积极的影响。对于出口国来说，互联网普及率对集约边际的影响显著大于扩展边际，互联网普及率每提高1%，对出口数量的影响为3.9%，而对出口价格的影响为12.2%。这说明，互联网有利于出口国提高价格和利润。在传统外贸经济下，一般通过贸易商和其他中间商进行交易，商品从出口国到消费者手中一般要经过5~6个环节，从而成本加大、销售价格较高。在互联网的促进下，买卖双方通过跨境电商等形式直接进行交易，一方面出口国可以降低出口中间商的利润，提高出口价格水平获得利润；另一方面消费者也可以获得价格优惠。而对进口国来说，互联网普及率的提高对扩展边际的影响小于集约边际，互联网普及率每提高1%，出口数量提高11.7%。而较高的互联网普及率降低了扩展边际。互联网普及率对进口国进口价格有负向效应，之所以如此，主要是因为互联网具有替代效应，进口国较高的互联网普及率减少了搜索和通信成本，使消费者能够在众多的出口国之间进行比较，因此，价格得到降低。

（二）互联网普及率相似情况下的影响

互联网的网络属性要求买卖双方使用网络相互进行通信，如果两国互联网普及程度相似，买卖双方就很容易匹配。我们考察互联网普及程度相类似情况下对贸易的影响，回归结果见表7-5。可以看出，如果出口国所在国具有较高的互联网普及程度，对于双边出口都有积极影响，无论进口国所在国互联网普及程度是高还是低。相反，如果出口国所在国互联网普及程度较低，双边出口都比较低。表7-5的第（1）列~第（4）列反映了这个结果。

表 7-5　　　　　　　　进出口国互联网普及率相似情况下的影响

变量	总出口(1)	总出口(2)	总出口(3)	总出口(4)	总出口(5)	集约边际(6)	扩展边际(7)
=1，出口国高，进口国高	0.053 *** (0.0376)				0.248 *** (0.021)	0.187 *** (0.0152)	0.068 *** (0.01)
=1，出口国高，进口国低		0.275 *** (0.0837)			0.362 *** (0.026)	0.109 *** (0.018)	0.264 *** (0.019)
=1，出口国低，进口国高			-0.175 ** (0.063)		-0.0471 * (0.019)	-0.139 *** (0.021)	0.168 *** (0.018)
=1，出口国低，进口国低				-0.165 *** (0.024)			
log(GDP) 出口国	0.387 *** (0.016)	0.366 *** (0.016)	0.382 *** (0.052)	0.402 *** (0.221)	0.359 *** (0.0183)	0.068³ ** (0.081)	0.299 *** (0.009)
log(GDP) 进口国	0.083 *** (0.0184)	0.0913 *** (0.0163)	0.108 *** (0.016)	0.0832 *** (0.075)	0.897 *** (0.274)	0.0792 *** (0.001)	
样本数量	263748	263748	263748	263748	263748	263748	263748
R^2	0.882	0.832	0.817	0.853	0.847	0.684	0.863
年固定效应	YES	YES	YES	YES	YES	YES	YES
国家固定效应	YES	YES	YES	YES	YES	YES	YES

注：***、** 和 * 分别表示1%、5%和10%的显著性水平，括号中的数字 t 值为标准误。

进一步，我们把所有的组合放在一起进行比较，结果与上述结论相一致，列（5）～列（7）所有不同的成对组合在一起比较这个结果仍然存在。如果出口国所在国具有较高的互联网普及率，则在出口流量、扩展边际和集约边际都具有积极效应。相比较其他组合，进出口国所在国的互联网普及程度都高的情况时的双边贸易有24.8%的出口效应、18.7%的扩展边际效应和6.8%的集约边际效应。而且从表7-5还可以看出，当出口国具有较低的互联网普及率时，对总出口和集约边际有负向效应。这主要是由于出口国所在国互联网普及率低，电子商务不发达，进口国获取产品的信息有限，成本较高，因而就限制了双边贸易的发生。

（三）互联网普及率对不同差异化商品贸易的影响

这部分考察不同互联网普及率对不同差异化商品贸易的影响。商品在成交之前，需要不同阶段的沟通方式，对于标准化产品来说，由于标准既定，进口国关注的主要是成交条件，包括价格、交付方式、支付条件等。高新（2017）认为，由于消费者的异质性，对于差异化商品，互联网可以为买卖双方沟通提供一定的便利条件。首先可根据产品是否有参考价格或基准价格将其分为同质产品和差异产品，同质产品则可进一步区分为在有组织的商品交易所交易的产品（可理解为大宗交易产品）和价格定期在某个专业贸易出版物或行业研究报告发布的产品，因此，有组织的商品交易所交易的产品称为低差异化产品（只是按照差异化程度分为三类，即使是同质化产品因为差异化为零，也可以称之为低差异化产品），把价格定期在某个专业贸易出版物上发布的产品称为中差异化产品，把差异化品称为高差异化产品。按照吴小康（2015）的总结，高差异化产品不同于低差异化产品的特征主要在于：贸易受地理临近、共同语言和殖民联系影响更大（Melitz and Toubal，2014），贸易受通信成本影响更大（Fink et al.，2005）。替代两阶段 OLS 方法，我们使用 SUR 方法研究互联网普及程度对差异化商品贸易的影响，这主要在于两阶段 OLS 回归的误差项具有相关性，SUR 方法可以准确地测度互联网普及程度对三类产品的影响系数。表 7-6 汇报了使用进出口国固定效应和进出口国国内生产总值以及其他变量的回归结果。

表 7-6　　　　　　　　互联网普及率对差异化商品贸易的影响

变量	低差异化	中差异化	高差异化
出口国互联网普及率	-0.0132*** (0.0294)	0.139*** (0.0138)	0.263*** (0.0043)
进口国互联网普及率	0.162*** (0.013)	0.0747*** (0.037)	0.197*** (0.083)
出口国 GDP	0.702*** (0.146)	0.791*** (0.0764)	0.7481*** (0.037)
进口国 GDP	0.728*** (0.091)	0.639*** (0.0291)	0.683*** (0.0812)
距离	-1.2734*** (0.0281)	-1.7362*** (0.089)	-1.0355*** (0.0382)
文化	0.5027*** (0.0372)	0.4732*** (0.0284)	0.4821*** (0.0283)
样本数量	263748	263748	263748
R^2	0.742	0.827	0.683
年固定	YES	YES	YES
出口国固定	YES	YES	YES
进口国固定	YES	YES	YES

注：***、**和*分别表示1%、5%和10%的显著性水平，括号的数字 t 值为标准误。

研究结果发现，出口国互联网普及率对双边贸易不同类型产品的影响存在差异，对中差异化商品和高差异商品的影响系数为正，但对于低差异化产品的影响系数为负。其主要原因是一般具有高互联网普及率的国家，其收入水平也比较高，因此，偏向于生产和出口差异化产品，对于标准化的同质产品生产和出口较少。当然，这个结论对于中国来说是否如此尚有待验证。如果进口国互联网普及程度较高，对于所有类型产品的贸易都有积极的影响，进口互联网普及率对三种类型产品贸易的影响系数分别为 16.2%、7.47% 和 19.7%，可以看出，对高差异化产品的影响程度最高。进出口国的国内生产总值对于双边贸易具有最大限度的积极影响，而且出口国 GDP 对于中差异化商品的影响程度较大，进口国对于低差异化商品的影响程度比较大。地理距离对于三种类型商品的影响系数都为负，但是对于中差异商品的影响程度最大，高差异化商品对地理距离的敏感程度较低。相同的语言文化对于三种类型的水平也具有积极的影响。

（四）稳健性检验

在上述实证研究中，对于互联网我们选择的变量为互联网普及率，它衡量的是每百人宽带普及程度。一般来说，经济发展程度越高，电信基础设施越发达，互联网普及程度越高，但是互联网工具由传统的电脑转化到移动电话，使用宽带普及程度也越来越难以准确测定一国互联网普及程度。寻找可替代的工具变量显得尤为重要。阿尔贝托·奥斯纳戈和肖恩·W. 谭（Alberto Osnago and Shawn W. Tan，2016）使用网络的价格和速度来代替，但是这是针对宽带用户进行的分析。根据国际电信联盟（ITU）的统计，互联网使用移动用户比例远远高于固网宽带。因此，我们使用互联网用户数量代替，互联网用户是互联网存在和应用的基础，能在一定程度上反映互联网在该国的发展程度和应用水平，等于移动用户与宽带用户的综合。我们采取了年固定效应和国家固定效应，利用 OLS 和 2SLS 方法分别对贸易流量、扩展边际和集约边际进行了回归，2SLS 两阶段最小二乘法用于检验有内生性变量的回归模型，回归结果见表 7 - 7。

表 7 - 7　　　　　　　　　　稳健性检验结果

变量	贸易流量		集约边际		扩展边际	
	OLS(1)	2SLS(2)	OLS(3)	2SLS(4)	OLS(5)	2SLS(6)
出口国互联网用户数量	0.163 *** (0.028)	0.2184 *** (0.0637)	0.0361 *** (0.0839)	0.0024 *** (0.0037)	0.159 *** (0.0132)	0.209 *** (0.0289)
进口国互联网用户数量	0.0736 * (0.0283)	0.0621 *** (0.0731)	0.0897 *** (0.0921)	0.134 *** (0.0712)	-0.03 *** (0.0023)	-0.163 *** (0.0275)
出口国 GDP	0.7363 *** (0.0327)	0.6826 *** (0.0017)	0.5087 *** (0.0121)	0.4281 *** (0.0273)	0.173 *** (0.0182)	0.173 *** (0.0478)

续表

变量	贸易流量		集约边际		扩展边际	
	OLS(1)	2SLS(2)	OLS(3)	2SLS(4)	OLS(5)	2SLS(6)
进口国 GDP	0.2748*** (0.0841)	0.3018*** (0.0284)	0.3362*** (0.0632)	0.3721*** (0.0279)	-0.12*** (0.0014)	-0.162*** (0.0372)
样本数量	263748	263748	263748	263748	263748	263748
R^2	0.703	0.846	0.7653	0.7284	0.8028	0.8239
年固定效应	YES	YES	YES	YES	YES	YES
国家固定效应	YES	YES	YES	YES	YES	YES

注：***、**和*分别表示1%、5%和10%的显著性水平，括号中的数字 t 值为标准误。

对于出口国来说，互联网用户数量显著地促进了双边贸易流量、扩展边际和集约边际，与 OLS 结果相比较，2SLS 的结论显示影响的系数更高，无论是对于双边贸易流量还是集约边际。而且我们还可以看到，互联网对扩展边际的影响大于集约边际，这主要是由于互联网可以节约成本，减少中间交易环节，从而提高出口产品的单价。同样，对于进口国来说，互联网用户数量显著地影响了集约边际和扩展边际，但是对集约边际的影响为正，对扩展边际的影响为负，在整体贸易流量上在 10% 的水平下显著。

四、结论和政策含义

互联网的迅速发展，改变了传统的经济形态，国际贸易也不例外，互联网对国际贸易有什么影响？影响的机制和渠道是什么？本书提供了互联网对贸易的正面效应的经验证据。基于全球 244 个国家和地区在 2000~2015 年间 SITC4 位数的数据，利用引力模型研究了互联网对国际贸易的影响。研究结果发现，互联网对国家间贸易有积极的影响：出口国的互联网普及率越高，双边贸易的流量越大，出口国的互联网普及率增加 1% 导致双边贸易增长了 13.2%；进口国的互联网普及率增加 15% 导致双边贸易增长了 10.5%。研究还发现，当贸易双方都有较高的互联网普及率时，出口流量、扩展边际和集约边际都具有积极效应，而进口国互联网普及率对贸易的影响具有不确定性。研究还发现，互联网普及率对双边贸易不同类型产品的影响存在差异，出口国互联网普及率对中差异化商品和高差异商品的影响系数为正，但对于低差异化产品的影响系数为负，进口国互联网普及程度对高差异化产品的影响程度最高。稳健性检验的结果验证了上述结论。

虽然研究结论支持互联网对国际贸易的促进作用,但是还需要进一步进行研究以支持这个结论。首先,研究所使用的数据为宏观数据,涉及国家之间 SITC4 位数的产品,但微观企业的数据是否支持这一结论尚不得而知,企业积极开展跨境电商是促进了出口数量还是出口价格?其次,互联网对国际贸易产生作用需要其他条件的支撑,特别是支付条件、物流、基础设施投资等,是配套基础设施建设可以减少或放大互联网对贸易的影响?这些都是未来需要进一步研究的方向。

本书的研究结果对我国互联网+外贸提供了新的启示:第一,应该进一步促进互联网+外贸的发展。在互联网+外贸上,主要通过跨境电商以及企业自身的互联网平台进行。目前互联网+外贸上存在一些制约,在政策上包括货源、报关、通关、物流、支付等环节,原有的监管体系和进出口流程不适应电子商务的发展要求,在企业层面表现为自身运作不规范、竞争力不强及人才储备不足。因此,政府应该制定与跨境电子商务发展相适应的监管政策。第二,完善互联网基础设施建设。目前中国互联网基础设施建设还存在制约要素,包括互联网监管政策、互联网宽带速度和价格等,相比较其他国家存在网速慢、网费贵和互联网的技术创新体系陈旧等。需要进一步针对宽带"提速降费",完善物流和支付体系等。

第二节 数字经济对贸易利益的影响

一、引言和文献综述

随着国际贸易的开展,使得贸易产生的成因成为贸易理论分析的开端,从古典贸易理论、新古典贸易理论到新贸易理论、新新贸易理论,关于产生贸易的原因学者们进行了大量的研究,同时对贸易收益的研究也逐渐成为各种理论分析的落脚点,对贸易收益的研究也越来越深入。20 世纪 90 年代以来,国际分工向垂直专业化分工转变,由跨国公司主导的全球价值链分工成为经济全球化和国际分工的新模式。改革开放以来,中国迅速融入全球化浪潮,积极开展国际贸易,吸引外商投资,利用国内丰裕的劳动力积极开展加工贸易,参与到全球分工中,对外贸易规模迅速扩大。虽然中国的对外贸易发展迅速,但是中国的贸易收益并不高，加工贸易出口比重较高，出口商品的附加值较低。但是，近几年，随着信息技术的发展，中国传统劳动力密集型产品出口趋稳，高质量、高技术、高附加值产品出口稳步增长，商品结构不断升级，2019年机电产品出口占比达58.4%，集成电路、汽车整车等高质量、高技术、高附加值产品出口分别增长25.3%和8.2%。信息技术的突飞猛进和全面应用使得数字经济发展迅速，并逐渐成为世界经济增长的新引擎。中国的数字经济高速增长，快速创新，为中国的经济发展注入了活力。中国海量互联网用户，庞大的市场体量，使得我国数字经济起步快，发展迅速，在许多领域都得到应用和发展。数字经济的发展使得新的贸易产品不断涌现，改变了行业的贸易方式和贸易规模，推动了国际贸易的发展，促使全球价值链分工的重构。数字技术的广泛运用可以降低已有产品全球价值链的组织和协调成本，而且提供了一系列新的可贸易产品及相应的新产品的全球价值链。

在信息化背景下，数字经济在各国发展迅速，那么，数字经济对一国的贸易收益有没有影响？它的影响机理又是什么？对于贸易收益，学者们已经有了大量研究，大多是关于贸易收益的衡量和影响贸易收益的因素研究。对数字经济对贸易收益的影响研究较少，本书把数字经济和贸易收益结合起来，在对数字经济对于一国贸易收益的影响进行研究的基础上，进一步研究数字经济对贸易收益影响的理论机制，能够对数字经济对贸易带来的影响有更深入的认识，对如何提升贸易收益有理论指导意义。此外，本书通过研究数字经济对贸易收益的影响，分析数字经济下各国在全球价值链中的贸易收益，进一步验证数字经济和其他因素对贸易收益的影响，从而对数字经济下提升我国的贸易收益提出政策建议，具有较强的现实意义。

在全球生产网络条件下，传统的出口规模、贸易条件并不能反映一个国家的贸易收益情况。由于全球价值链的生产方式存在大量中间品贸易，导致核算中存在大量重复统计和计算，学者们开始使用诸如出口增加值、增加值贸易平衡等指标代替总值贸易差额测度整体贸易利益的分配情况，为准确衡量各国在全球价值链分工中获得贸易利益的一种更好的核算方法，同时，关于贸易收益的影响因素研究也越来越多。

（一）贸易收益的核算方法

胡梅尔斯（Hummels D.，2001）利用投入产出表，把一国（地区）出口分解为国内、国外两部分贸易附加值，避免了对中间品贸易的重复测度，并把其中的国内贸易附加值视作一国或地区的贸易收益，称为 HIY 方法。该方法为国际分工下贸易收益的核算提供了一个全新的思路，但它的两个假设条件为更加精确的测度带来极大限制。库普曼（Koopman，2010）放宽了 HIY 的假设条件，提出了贸易增加值统计 KPWW 法，该方法以全球生产链和国民账户核算体系为基础，根据区域间投入产出模型，把一个国家的出口总值分为国内增加值和国外增加值，其中国内增加值又可以分解为最终产品出口、被转口到第三国的中间品出口、由直接进口国吸收的中间品出口、返销本国的中间品出口。樊秀峰、程文先（2015）通过构建 GAMS 模型解决了传统的 HIY 方法和 Koopman 测算方法的局限，并利用改进后的模型测算了 2002~2012 年中国出口国内外附加值的变化情况。结果表明：HIY 方法忽略了加工贸易出口，因而高估了中国出口国内附加值率。由于加工贸易出口中使用了更多的进口中间投入品，文章的测算结果纠正了 HIY 方法在国外附加值率以及趋势方面的预测偏误。李昕和徐滇庆（2013）按照 KPWW 方法，整理了 2002 年和 2007 年全球投入产出表，分解中国贸易增值中的国内与国外份额，测算了中国与贸易伙伴之间的增加值贸易。

另外，部分学者尝试利用出口增加值率等指标度量贸易利益在国家间的分配。郑丹青和于津平（2014）则从企业生产增加值出发，寻求企业生产增加值和出口贸易增加值之间的内在联系，并利用 1999~2007 年企业层面数据对中国出口贸易增加值率及其影响因素进行测算和分析。研究发现，中国出口贸易增加值率总体上处于上升趋势，其中劳动密集型的民营企业是出口贸易增加值率上升的主要推动力。黎峰（2014）通过构建多国投入产出模型，首先核算出中国出口实现的属地贸易利益，进而利用外资企业的股权比例信息，进一步得到属权贸易收益，实现了对中国单边出口贸易利益的测度。王岚（2018）通过构建融合增加值贸易和所有权贸易的双边贸易利益核算框架，在剔除中国对美国出口中的国外增加值的基础上，进一步在中国国内增加值中剔除由外资企业获得的部分，首次实现双边层面真实贸易利益的测度。

（二）贸易收益的影响因素

关于贸易收益的影响因素，郑丹青和于津平（2014）从企业角度指出 FDI 流入、研发投入、品牌营销、全要素生产率是提升企业出口贸易增加值率的重要因素；持续扩大的出口规模并没有带来贸易增加值率的相应增长，反而抑制了中国出口贸易增加值率的增加；而政府补贴确实能对企业出口增加值率产生正向影响，使企业获得更大的增加值收益。樊秀峰、程文先（2015）研究出口国内附加值的相关影响因素发现，加工贸易出口和混合贸易的国内附加值极易受到国际资本流入的影响。唐（Tang，2015）提出了研究国内增加值的理论模型，并使用海关数据和工业企业数据分析了中国的出口增加值，研究结果表明，中国加工贸易企业的出口增加值率在2000～2006年增长了近10%，企业的生产成本和使用国内原材料份额的变化是中国出口增加值变化的主要原因。郭晶和刘菲菲（2016）改进了Upward的出口国内增加值测度方法，并测算了2000～2006年中国出口国内增加值，研究发现出口国内增加值呈上升趋势，主要原因是FDI等外部因素的拉动和服务投入等内部高端要素的推动。约翰逊和莫克尼斯（Johnson and Moxnes，2019）建立了一个多阶段制造业价值链的贸易定量模型，该模型以贸易成本和产品与生产阶段的技术差异为特征。研究了比较优势和贸易成本如何影响全球价值链和贸易流量的结构。当贸易成本水平下降时，双边贸易对贸易成本的弹性会增加，这是由于价值链的内源性重组（出口平台生产增加）。波尔·安特拉斯（Pol Antràs，2019）在全球价值链中，要素禀赋在生产专业化方面发挥着重要作用，区域贸易协定和贸易成本不仅影响各国全球价值链的整体参与，而且可能对各国在全球价值链中的定位产生重大影响。

毛其淋和许家云（2019）考察了贸易自由化对中国企业出口国内附加值的影响及其传导机制。研究表明，贸易自由化显著提高了企业出口的国内附加值率，这一效应随企业加工贸易程度的提高而减弱。马丹等（2019）用出口产品最终所有权归属作为核算依据，采用生产分解模型测算了来自国际贸易的增加值份额，从出口增加值率效应和出口依存效应分析了出口国内增加值份额的演变路径；识别了技术差距变化对国内外中间产品再配置所带来的转换边界，从出口增加值率效应和出口依存效应角度讨论了技术驱动下中间产品再配置对出口国内增加值份额变动的影响。部分学者分析通过提升全球价值链分工地位对贸易收益的影响。黎峰（2015）发现，出口产品结构、国际分工地位对贸易收益水平的正向影响显著，出口产品结构的优化、国际分工地位尤其是比较收益劣势产品的国际分工地位提升有利于改善贸易收益水平。出口产品的国际分工参与度对贸易收益水平负向影响显著，国内生产配套率尤其是比较收益劣势产品的国内生产配套率提升有利于改善贸易收益水平。岑丽君（2015）运用 Koopman 等的 KPWW 分析方法，采用其所构建的 GVC 指数，借助 OECD 和 WTO 发布的 TiVA 数据，从价值增值角度考察中国及世界主要国家参与全球生产网络的程度及国际分工与贸易地位，并进一步剖析中国制造业内部各行业的国际分工地位及出口贸易附加值来源，挖掘出口贸易对国内价值增值的贡献，从而综合评价中国出口在全球价值链的分工与贸易地位及真实贸易利益。

（三）数字经济的文献

对于数字经济的研究，国内外学者和机构主要聚焦于数字经济的内涵和数字经济的测度，对于数字经济的政策研究较多，但缺乏理论和实证研究。数字经济以 ICT 资本为核心，以利用资本为动力支撑的数字化资本要素。数字经济对制造业的影响逐步从价值重塑走向价值创造，为制造业转型提供新思路并赋能制造业转型（焦勇，2020）。数字经济不仅推动了宏观产业结构转型升级，对微观企业管理也产生影响，在数字经济背景下，用户价值主导和替代式竞争作为驱动企业管理变革的两个根本力量，推动着企业内部管理模式包括组织结构趋于网络化、扁平化，营销模式趋于精准化、精细化，生产模式趋于模块化、柔性化，产品设计趋于版本化、迭代化，研发模式趋于开放化、开源化，用工模式趋于多元化、弹性化等一系列改变（戚聿东、肖旭，2020）。康铁祥（2008）在综合国内外数字经济相关研究的基础上，设计出数字经济规模的测算方法，并对 2003~2005 年中国的数字经济规模进行了实证测算。

通过对增加值贸易和贸易收益的影响因素的文献进行梳理，发现贸易收益核算方法主要是附加值法，对贸易收益的影响因素研究中缺乏关于数字经济对贸易收益的影响研究，因此，本书在贸易附加值核算框架下，利用 OECD 数据库，同时运用计量模型来分析数字经济对贸易收益的影响，以便对如何优化我国贸易结构、提升我国出口贸易利益有一个更深入的认识。

（四）数字经济对贸易的影响研究

关于数字经济对贸易的影响，学者们大多从互联网和电子商务的发展对贸易的影响进行研究，直接对数字经济对贸易的影响研究较少。从出口贸易角度，弗劳德和温霍尔德（Freund and Weinhold，2004）研究了互联网发展对国际货物贸易的影响,运用出口方网址数量多少衡量互联网发展,结论发现,出口方网址数量增加会提升该国出口贸易增长率。崔(Choi,2010)以出口国互联网普及率为衡量互联网发展水平的指标,指出互联网的发展能有效地促进服务贸易的出口。许统生等(2016)采用面板向量自回归模型实证电子商务发展对出口的动态影响,研究发现,电子商务发展对出口额一直表现为正向作用。张鹏飞和汤蕴懿(2020)采用引力扩展模型对数字化服务水平对沿线国家出口所产生的影响进行实证研究,发现贸易双方的数字化服务水平提升都有助于双方贸易出口额的增长,但是数字化服务水平对不同收入水平国家出口影响是不同的。范鑫(2020)以网络就绪指数衡量不同国家的数字经济发展水平,运用异质性随机前沿引力模型进行实证分析,结果表明,进口国数字经济的发展能够显著降低我国出口效率损失,提高我国出口贸易效率。

从出口企业角度,施炳展(2016)实证发现,互联网可以增加企业的出口概率,提升企业出口的扩展边际和集约边际,降低企业出口价格和增加出口数量。李兵和李柔(2017)采用倾向得分匹配后的双重差分方法考察了互联网对企业出口的影响。研究发现,互联网显著促进了企业出口,且对企业出口的影响大于国内销售,会提高企业出口密集度。耿伟和杨晓亮(2019)研究发现,互联网显著地促进了企业出口国内增加值率的提升。卡瑞诗玛(Karishma,2019)认为,数字化可以成为全球价值链升级的驱动力,有助于发展中国家参与高附加值的生产活动,企业的数字化能力对产品复杂度有着显著的正向影响,能提高企业出口竞争力。萨拉维茨(Szalavetz,2019)认为,部分数字技术可以帮助依附于全球价值链分工的子制造企业转向知识密集型的生产活动,促进价值的创造。沈国兵和袁征宇(2020)基于 Melitz 模型,对企业互联网化进行了扩展,研究发现,企业互联网化主要通过提高国内中间投入的使用这一渠道提升了中国企业出口国内增加值率。

通过对上述文献的阅读,发现国内外学者对贸易收益和数字经济有了大量的研究。贸易收益方面,学者们大多对贸易收益的核算方法和影响因素进行研究,随着国际分工的深入发展,对贸易收益的研究也在逐渐深入,学者们更加关注一国或地区参与国际贸易的真实收益,他们从垂直专业化指标和贸易增加值等多个角度,对贸易收益进行研究,但是由于国际分工的细化和信息技术的发展,对贸易收益的衡量也有了更大的挑战,影响贸易收益的因素也更加多样化,需要学者们进一步研究。在数字经济方面，数字经济概念提出至今，有大量学者、研究机构、政府部门和国际组织等从各个角度界定数字经济的内涵及特征，丰富了数字经济的研究成果，使我们加深了对数字经济的认识。随着数字经济的进一步发展，关于数字经济对经济增长的影响，国内外学者也进行了相关研究。目前，已有的研究主要集中在数字经济基础设施的信息设备和软件服务以及互联网等对经济增长的作用。对数字经济对贸易的影响，学者们大多研究互联网和数字化对出口贸易的影响，缺乏数字经济对贸易收益的影响研究。

二、数字经济和贸易收益的现状分析

（一）数字经济发展现状

近年来，全球经济数字化发展趋势愈加明显，传统产业加速向数字化、网络化、智能化转型升级，数字经济规模持续扩大，数字经济增加值规模由2018年的30.2万亿美元扩张至2019年的31.8万亿美元，规模增长了1.6万亿美元，数字经济已成为全球经济发展的新动能。从不同收入组别国家来看，高收入国家经济体量大，远超中高收入和中低收入国家。

（二）贸易收益的发展现状

对于贸易收益的衡量，传统贸易理论用出口额和贸易顺差来衡量一国参与国际贸易的收益。随着国际分工的深入和垂直专业化生产的发展，用出口额和贸易顺差并不能衡量贸易收益多少，出现了附加值核算方法，对一国在全球价值链中的价值增值进行分解，更加准确地衡量贸易收益。对于贸易收益的发展现状主要从出口额和出口贸易附加值进行分析。

受全球经济增长的放缓，全球贸易紧张局势等的影响，世界经济下行压力持续加大，世界出口贸易额增长放缓。从2005~2019年世界出口贸易额可以看出，其总体呈上升趋势。受金融危机的影响，世界出口贸易额在2009年有明显的下降，之后稳步上升，在2015年出现明显下降，如图7-1所示。

从图7-2可以看出，货物出口占我国出口的较大比重，我国货物出口额变化呈明显的上升趋势，受2008年金融危机影响，在2009年有短暂下降，由于世界经济形势的变化，货物出口在2015年和2016年出现小幅度的下降。在我国的

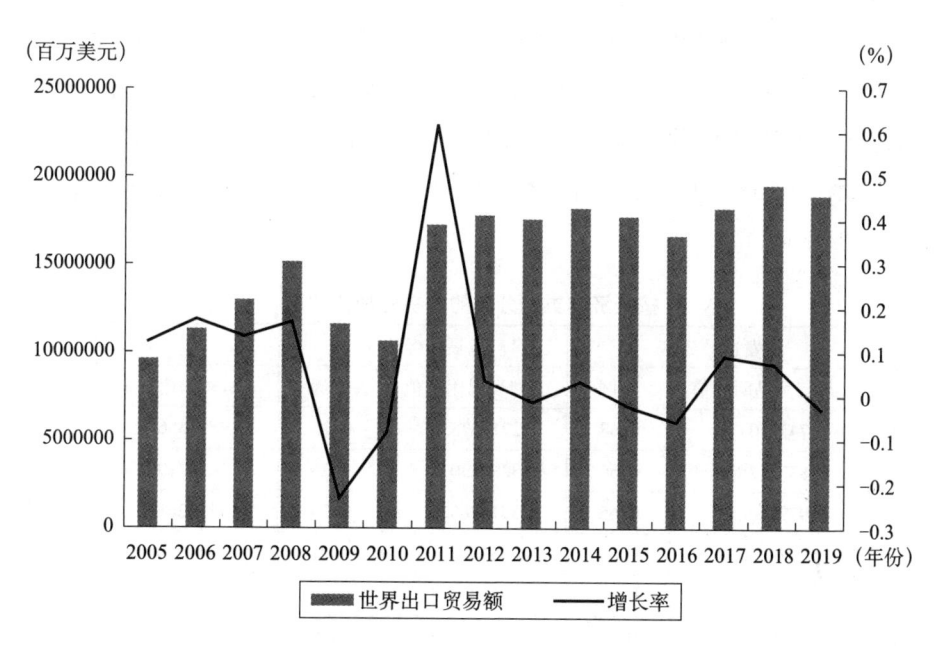

第七章 数字经济对经济高质量的影响——国际贸易的视角

图 7-1 2005~2019 年世界出口贸易额及增长率

资料来源：根据 UNCTAD 数据库整理所得。

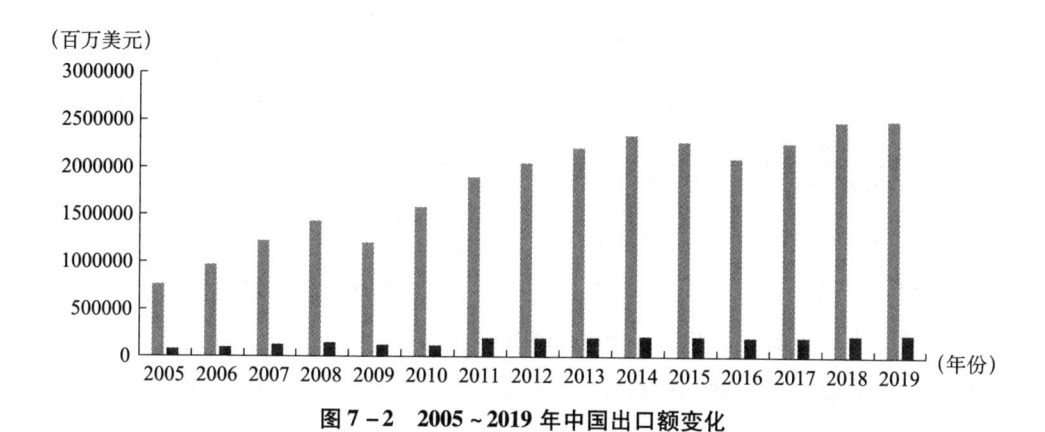

图 7-2 2005~2019 年中国出口额变化

出口贸易结构中，货物贸易占有绝大部分的比重，服务贸易的整体规模较小，也反映出我国在服务贸易出口方面缺乏竞争力，显示出我国需要优化出口贸易结构。虽然，服务出口的比重较小，但总体保持稳步上涨，根据商务部数据，2019年我国服务出口增长8.9%，知识密集型服务出口占较大比重。在数字经济迅速发展的当下，数字技术促进了服务贸易的发展、互联网平台的发展，更进一步推动服务出口的提升，想要继续优化出口贸易结构，就要抓住数字经济的机遇。

全球出口贸易附加值比重主要集中在发达经济体，创造的贸易附加值比重明显高于发展中经济体。自 2005 年以来，发达经济体的出口附加值所占的比重呈下降趋势，从 2005 年的 68% 下降至 2016 年的 62%。这也意味着发展中经济体出口贸易附加值比重的不断上升，在全球价值链分工地位中的作用越来越明显，如表 7-8 所示。

表 7-8　　　　　　　　按经济体类别分列的贸易附加值情况

年份	发达经济体		发展中经济体		其他	
	出口贸易附加值	比例	出口贸易附加值	比例	出口贸易附加值	比例
2005	7479507.3	0.68	2719675.3	0.25	852656	0.07
2006	8373774.5	0.66	3280830.1	0.26	1040319.4	0.08
2007	9723208.3	0.65	3917885.2	0.26	1190261.2	0.08
2008	10789236.7	0.64	4651493	0.27	1541790.6	0.09
2009	8700114.1	0.64	3712002.5	0.27	1119334.7	0.08
2010	10029424	0.62	4755214.7	0.29	1398569.4	0.09
2011	11572578	0.60	5893204.2	0.31	1794770.3	0.09
2012	11441329.9	0.59	6121969.1	0.32	1860887.8	0.1
2013	11760635.7	0.59	6327775.2	0.32	1813714.5	0.09
2014	12099949	0.60	6424331.7	0.32	1714262.4	0.08
2015	10886977.3	0.61	5731328.4	0.32	1319442.5	0.07
2016	10888653.1	0.62	5396492.4	0.31	1232123.6	0.07

资料来源：根据 OECD-TiVA 数据库整理所得。

表 7-9 为世界出口贸易附加值区位分布排名。

从国家层面分析，表 7-9 为 2005～2015 年出口国内贸易附加值排名前十的国家。从表中可以看到，出口附加值靠前的主要为发达经济体，如美国、日本和德国的出口贸易附加值基本位居前三。而在 2008 年以后，中国作为发展中国家，其出口贸易附加值排名上升至第二位，主要原因是中国目前处于经济转型升级阶段，生产技术水平提升，产品生产制造由劳动密集型逐步转向资本和技术密集型，从而使得出口产品的国内附加值不断提升。

表 7-9　　　　　　　　世界出口贸易附加值区位分布排名

年份	第一	第二	第三	第四	第五	第六	第七	第八	第九	第十
2005	美国	德国	日本	中国	法国	英国	意大利	加拿大	韩国	西班牙
2006	美国	德国	中国	日本	英国	法国	意大利	加拿大	韩国	俄罗斯

续表

年份	第一	第二	第三	第四	第五	第六	第七	第八	第九	第十
2007	美国	德国	中国	日本	英国	法国	意大利	加拿大	韩国	俄罗斯
2008	美国	中国	德国	日本	法国	英国	意大利	韩国	加拿大	俄罗斯
2009	美国	中国	德国	日本	法国	英国	意大利	韩国	加拿大	西班牙
2010	美国	中国	德国	日本	法国	英国	韩国	意大利	加拿大	俄罗斯
2011	美国	中国	德国	日本	法国	英国	韩国	意大利	俄罗斯	加拿大
2012	美国	中国	德国	日本	法国	英国	韩国	意大利	俄罗斯	加拿大
2013	美国	中国	德国	日本	英国	法国	意大利	俄罗斯	韩国	加拿大
2014	美国	中国	德国	日本	英国	法国	意大利	俄罗斯	韩国	加拿大
2015	美国	中国	德国	日本	英国	法国	韩国	意大利	加拿大	俄罗斯
2016	美国	中国	德国	日本	英国	法国	意大利	韩国	加拿大	印度

资料来源：根据 OECD-TiVA 数据库整理所得。

从图 7-3 可以看出，工业、制造业和服务业的出口贸易附加值份额较高，而且整体呈上升趋势，信息产业的出口贸易附加值稳步上升。信息技术的进步，数字化和传统产业的结合，对于出口贸易附加值的提升都有十分重要的作用。

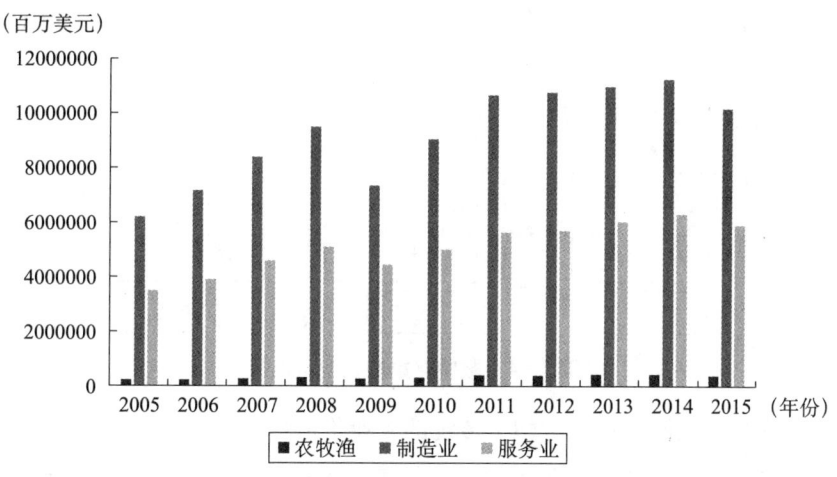

图 7-3 世界主要行业的出口贸易附加值

三、数字经济对贸易收益影响的理论机制

贸易收益是指一国参与国际贸易中获得的回报，随着信息技术的快速发展，全球经济正不断向以信息技术产业为主导的数字经济转型。数字经济对一国国民经济的影响越来越大，数字化逐渐渗透到各行各业，数字经济改变着企业的生产

方式，使企业的价值链环节附加值发生改变，也使得传统行业之间的联系和融和程度不断加深，改变了传统产业链，进而对一国的贸易收益产生影响。数字经济从微观层面改善着制造业企业的生产方式，改变了企业的价值链环节的附加值；从中观层面使传统产业之间的联系与融合程度不断加深，使传统产业链得以重塑；更从宏观层面改变着一个国家的比较优势，对不同国家参与国际贸易，获取贸易收益产生影响。

（一）微观层面：数字经济对企业的影响

数字经济使企业可以拓展的业务范围大幅增加，产业价值链的多个环节都能成为企业拓展创新业务时的切入点。通过大数据、云计算等高科技技术，企业可以打破传统业务流程的很多痛点。数字化可以帮助企业优化组织结构和业务流程，最大限度地发掘数字化业务存在的巨大价值。以数字化平台为核心的数字化产业链，将帮助企业极大地提升产品和服务的溢价能力。数字化帮助企业获得对其所有业务实时高效决策的能力，从而使企业在数字化产业链中获得高额回报，帮助企业将主要资源和精力放在为用户创造价值方面，使企业在国内和国外市场中都具有竞争力。

图7-4为数字化重塑企业价值链。

研发	生产	销售
由企业单向主导转为企业和用户双向交互	由标准化生产模式转向柔性化、定制化生产	由传统销售到全渠道、交互式、精准化营销

图7-4 数字化重塑企业价值链

数字化和互联网发展，重塑了传统的企业价值链，包括研发、生产、销售各个方面。在研发上，传统企业研发是由精英研发团队主导的，在互联网模式下，企业通过网络可以更加精准快速地把握市场和用户需求，有针对性地确定研发方向和内容，用户可以直接参与到产品研发设计中，为企业带来创新源泉，从而推动研发方式的变革。在生产上，互联网和相关技术的发展成熟，以及消费者定制化、个性化需求的不断增长，推动着工业流水线的标准化生产模式转向柔性化、定制化的生产状态，提升生产环节的附加值。在销售上，数字经济能够把市场信号更快、更准确地传递到供给侧，把优质商品信息更高效、更便捷地交换到需求端,线上线下的多渠道交互实现供需的高效交互,特别是电子商务平台的快速发展,减少了产品销售的中间环节,市场更加公开透明,帮助企业获得更高的附加值。通过数字化使企业在参与国际分工的过程中从研发设计到生产制造再到营销及售后服务环节都可获得更多的附加值,使企业在国际贸易中获得更大的收益。

(二) 中观层面:数字经济对产业的影响

从微观企业来说,数字经济改变了企业价值链的各个方面,包括生产、研发和销售。从中观产业价值链的角度看,这种价值链的变化实际衍生出基于不同环节的互联网化企业,带动整个行业和产业的数字化。不同行业数字化发展路径各不相同,但都致力于向集约高效、研发和创新来提升产业价值链水平。数字经济与传统产业融合创新推动O2O、分享经济等新形态持续涌现,"互联网+"融入各个产业,智能制造、工业互联网等新业态快速兴起,精准农业、农村电商等新模式方兴未艾。

表7-10为"互联网+"与产业升级。

表7-10　　　　　　"互联网+"与产业升级

"互联网+"工业	依托物联网、智能化等新技术,借助智能制造、动态定价等网络技术,加强了对生产制造过程的实时管理,让生产制造变得更加智能,制造业朝着工厂智能化、产品个性化、物流智慧化、定制批量化发展
"互联网+"农业	把信息技术融入农业生产中,利用大数据为农业生产提供支撑,能够帮助增收。数字化新技术促使农业生产与市场需求衔接。互联网与农业的有效融合推动了"新农业"的诞生,催化了中国农业品牌化道路
"互联网+"服务业	数字信息化深入服务业发展,在教育、医疗、旅游、金融、生活服务各个方面,数字技术都得到了广泛应用,进而推动了服务贸易的发展,互联网给予服务业更大的发展潜力

从中观产业层面来看,数字技术对传统产业的数字化改造,能够加速信息对接,解决传统产业下的信息闭塞问题,减少成本投入,获得更多的附加值。数字化知识和信息传输与交易这种生产性服务给实体经济发展带来的巨大推动作用,中国作为全球第一的制造业大国,我国传统制造业通过数字化改造升级,特别是智能制造,会使其生产效率进一步提高,制造业创造的附加值不断提升,我国制造业在国际分工中的地位得到提升,获得更多的贸易收益。从服务贸易角度看,数字经济、互联网经济和平台企业等新经济模式的出现,极大丰富了服务贸易的

种类，为服务贸易发展和变革提供了新动力，也推动着数字全球价值链的形成。

(三) 宏观层面：数字经济对国家竞争优势的影响

从宏观国家角度来看，数字技术的进步改变着全球发达国家与发展中国家的竞争格局，特别是对于发展中国家来说，既是机遇又是挑战。数字经济以数字化的知识和信息为关键生产要素，能够使一国的要素资源得到优化配置，在数字经济发展进程中，决定一国比较优势的因素可能不再是劳动力成本等传统因素，更多可能是一个国家的数字技术、数字基础设施水平以及促进数字经济发展的包容性环境等新常态因素。数字经济带来了新产业和新业态，形成了新的商品形式、商业流程和服务模式。一国在国际贸易中的竞争优势，也与数字经济发展紧密相关，所以，对我国来说，要积极获取更多的数字技术领导权与控制权，加强数字基础设施建设，防止资本向数字经济水平先进的发达国家回流，影响我国的贸易收益水平。

四、数字经济与贸易收益：实证检验

在贸易附加值核算框架下，根据最新 OECD-TiVA 数据库，同时运用计量模型来分析数字经济发展对贸易收益的影响，从国家层面和行业层面进行实证分析，以便对如何优化我国贸易结构、提升我国出口贸易利益有一个更深入的认识，进一步提出通过发展数字经济促进我国在全球价值链中贸易收益提升的对策建议。

(一) 模型建立和变量描述

首先，国家层面。本书将贸易增加值作为被解释变量，数字经济规模（DE）作为核心解释变量，本书根据世界投入产出表计算各国的数字经济增加值，反映数字经济状况。为了研究的需要，还增加了一些影响贸易收益的变量，将外商直接投资（FDI）、研发支出（RD）和贸易自由度（FT）作为控制变量，共同探究其对贸易收益的影响。建立模型：

$$DVA_{it} = \beta_0 + \beta_1 DE_{it} + \beta_2 FDI_{it} + \beta_3 RD_{it} + \beta_4 FT_{it} + \varepsilon_{it} \qquad (7-4)$$

1. 贸易收益（DVA_{it}）。

以各国出口国内附加值来衡量贸易收益，利用 TiVA 数据库中的出口国内附加值数据，DVA_{it} 表示 i 国第 t 年的出口国内附加值。通过贸易附加值衡量一国的贸易收益状况会更加准确，更能贴近一国在国际贸易中的真实收益。

2. 数字经济状况（DE_{it}）。

本书根据世界投入产出表计算各国的数字经济增加值，反映数字经济状况，数据来源于 WIOD 数据库。DE_{it} 表示 i 国第 t 年的数字经济增加值。通过对各国各行业数字经济投入的统计和测算，了解各行业数字经济的融入状况，衡量一国数字经济的发展状况。

3. 外商直接投资（FDI_{it}）。

用一国的外商直接投资存量表示，FDI_{it} 表示 i 国第 t 年的外商直接投资存量。外商直接投资具有技术外溢效应和竞争效应。FDI 可以通过增加国外中间产品流入和提高全球价值链嵌入度来提升出口产品的国内附加值，从而提高一国的贸易收益。因此，本书借鉴其他学者的方法选取各国外商直接投资存量衡量 FDI 水平。

4. 研发支出（RD_{it}）。

用一国国内研发支出总额表示，数据来源于 OECD 数据库。RD_{it} 表示 i 国第 t 年的研发投入。研发投入有助于提升产品附加值，帮助企业在激烈的国际竞争中获得收益。

5. 贸易自由度（FT_{it}）。

选取各国货物与服务出口总额与 GDP 的比值作为衡量自由度的指标，数据来源于世界银行数据库。贸易自由度越高，中间产品的贸易成本将减小，则会大大增强一国的出口竞争能力。随着全球化程度的不断加深，贸易自由度将影响一国嵌入全球价值链的程度，进而影响该国全球价值链地位，影响一国在国际贸易中获得的贸易收益。

其次，行业层面。由于不同行业的数字经济的发展水平和要素密集度不同，使得行业在全球贸易中的收益也会有所差异。本书以制造业细分行业情况来说明我国分行业数字经济对贸易收益的影响程度，从行业层面出发，选取行业国内贸易附加值为被解释变量，行业数字经济增加值作为核心解释变量，并引入外商投资状况、研发投入和贸易自由度为控制变量。建立实证模型（7-5）：

$$IDVA_{it} = \beta_0 + \beta_1 IDE_{it} + \beta_2 IFDI_{it} + \beta_3 IRD_{it} + \beta_4 IFT_{it} + \varepsilon_{it} \quad (7-5)$$

式（7-5）中，it 表示第 t 年的 i 行业，$IDVA_{it}$ 表示行业国内贸易附加值，数据来源于 OECD-TiVA 数据库；IDE_{it} 表示行业数字经济增加值，数据由世界投入产出表计算所得；$IFDI_{it}$ 表示行业外商投资状况，用外商投资和港澳台投资企业的总资产表示，数据来自中国工业统计年鉴；IRD_{it} 表示行业研发投入状况，用行业研究与试验内部支出表示，数据来源于中国科技统计年鉴；IFT_{it} 表示行业贸易自由度，用行业出口状况占 GDP 的比重表示，数据来源于 OECD-TiVA 数据库。

（二）国家层面的实证分析

1. 基本回归结果。

使用 Stata16.0 计量软件，利用 OECD 数据库选取 32 个国家 2005~2018 年的面板数据对数字经济对贸易收益的影响进行实证分析，其中，由于 TIVA 数据库缺乏 2017~2018 年的贸易附加值数据，在数字经济规模的统计上缺乏 2017~2018 年的数据，本文利用函数，通过对往年数据进行预测得出这些数据。本书对面板数据进行 OLS 混合回归，随机效应回归和固定效应回归，回归结果如表 7-11 所示。通过对回归结果进行分析，对面板数据的处理应该选用固定效应。

表 7-11　　　　　　　　　　全样本回归结果

Variable LNDVA	(1) OLS	(2) RE	(3) FE
LNDE	0.425*** (13.83)	0.319*** (12.97)	0.243*** (9.57)
LNFDI	0.168*** (9.93)	0.123*** (7.38)	0.109*** (6.69)
LNRD	0.279*** (10.54)	0.329*** (13.43)	0.227*** (8.24)
LNFT	0.241*** (7.36)	0.294*** (5.98)	0.471*** (8.43)
Constant	2.992*** (25.58)	4.226*** (18.93)	6.298*** (18.65)
Observations	462	462	462
Adjusted R^2	0.9633	0.9619	0.9360

注：***、**和*分别表示 1%、5% 和 10% 的显著性水平，括号中的数字 t 值为标准误。

由实证结果分析可知，模型回归效果较好，数字经济、外商直接投资、研发投入、贸易自由度均能通过显著性检验，说明变量之间具有长期的稳定关系。对回归结果进行以下分析：

（1）数字经济对贸易收益的影响：系数为正数，说明数字经济发展对贸易收益的影响是显著的，并有正向的作用，在1%的显著性水平下显著，说明发展数字经济能够提升一国贸易地位，获得更多的贸易收益。

（2）外商直接投资对贸易收益的影响：系数为正数，在1%的显著性水平下显著，说明外商直接投资的增多，会带来技术外溢效应和竞争效应，使得国内企业积极提高自主创新能力，更好的参与国际竞争，提升一国在全球价值链中的地位，获得更高的贸易收益。

（3）研发投入对贸易收益的影响：系数为正，在1%的显著性水平下显著，说明研发投入对贸易收益有正向影响。研发投入的增加能够提高一国的贸易收益，加大研发投入能够提高生产技术水平，提高产品附加值，使产品在国际贸易更具竞争力。

（4）贸易自由度对贸易收益的影响：系数为正数，说明贸易自由度对贸易收益有正向影响。贸易自由度越高，放宽贸易限制引起的贸易规模扩大，对一国的贸易收益会产生正向影响。

2. 稳健性检验。

通常对估计结果的稳健性检验有两种方法：一是采用其他估计方法再次估计原模型；二是选择一个与原模型中某一解释变量高度相关的新变量，以此代替原来的解释变量来进行估计。本书对面板数据使用 OLS，随机效应和固定效应回归，由表7-11回归结果可以看出，各解释变量的符号及显著性基本一致，表明模型估计结果是稳健的。再通过替换被解释变量，再次对原模型进行回归，本书用货物和商品出口额作为被解释变量出口国内附加值的替代变量，进行回归，稳健性检验结果如表7-12所示。

表7-12　　　　　　　稳健性检验

Variable LNEX	(1) OLS	(2) RE	(3) FE
LNDE	0.396*** (12.91)	0.296*** (11.76)	0.215*** (8.31)
LNFDI	0.165*** (9.76)	0.120*** (7.07)	0.106*** (6.36)
LNRD	0.307*** (11.59)	0.354*** (14.19)	0.246*** (8.77)

续表

Variable LNEX	(1) OLS	(2) RE	(3) FE
LNFT	0.562 ***	0.621 ***	0.808 ***
	(17.21)	(12.42)	(14.17)
Constant	3.846 ***	5.055 ***	7.236 ***
	(32.91)	(22.52)	(21.00)
Observations	462	462	462
Adjusted R^2	0.9582	0.9553	0.8841

注：括号内为 t 值，* 表示在10%的置信区间上显著，** 表示在5%的置信区间上显著，*** 表示在1%的置信区间上显著。

由表7-12回归结果可以看出，替换被解释变量后，各解释变量的符号和显著性一致，说明在替换了被解释变量的情况下，数字经济对一国的贸易收益仍具有正向影响，说明回归结果是稳健的。由表7-12的回归结果可以看出，将被解释变量替换为行业出口额后，各解释变量的符号和显著性没有明显的变化，说明回归结果是稳健的。

3. 异质性检验。

数字经济对贸易收益的影响对于所有国家都是同质的吗？目前看来，数字经济在发达国家的发展迅速，多数发达国家出台了相关的政策大力发展数字经济，与此同时，发达国家也意识到发展数字经济的重要性，开始发展数字经济。但是，由于发达国家的技术创新水平更高，数字经济的基础设施建设也更加完善，因此，数字经济的发展对发达国家贸易收益的影响应该会更显著。本文从国家层面出发，将国家其分为发展中国家和发达国家，根据模型进行分样本回归，回归结果如表7-13所示。

表7-13　区分发达国家和发展中国家的异质性检验

Variable LNDVA	(1) 发达国家	(2) 发展中国家
LNDE	0.493 ***	-0.000557
	(19.02)	(-0.01)
LNFDI	0.0617 ***	0.426 ***
	(5.20)	(8.42)
LNRD	0.0766 ***	0.372 ***
	(3.51)	(7.66)
LNFT	0.713 ***	0.396 *
	(15.71)	(2.53)

续表

Variable LNDVA	(1) 发达国家	(2) 发展中国家
Constant	5.819*** (18.31)	3.864*** (8.30)
Observations	406	56
Adjusted R^2	0.9216	0.9554

注：括号内为 t 值，* 表示在10%的置信区间上显著，** 表示在5%的置信区间上显著，*** 表示在1%的置信区间上显著。

在表7-13的第（1）列中，数字经济在1%的显著水平上为正，说明发达国家的数字经济对贸易收益有显著的正向影响，说明了数字经济显著地促进了贸易收益的提高。在第（2）列中，数字经济系数并不显著，说明发展中国家数字经济对贸易收益的影响并不显著。由此可见，在数字经济发展水平对贸易收益的影响作用上，发展中国家数字经济对贸易收益的影响作用有待进一步激发，发展中国家还需大力发展数字经济，从而使自己能够在贸易中获得更多的收益。

（三）中国行业层面的实证分析

1. 基本回归结果。

根据制造业各行业使用要素结构不同，选取 WIOD 涉及的14个制造业细分行业，并将其分为三类，分别为劳动密集型行业、资本密集型行业和知识密集型行业。使用 Stata16.0 计量软件，选取14个制造业细分行业2005~2018年的面板数据对数字经济对行业贸易收益的影响进行实证分析。对模型进行 Hausman 检验，结果显示应选用固定效应模型。回归结果如表7-14所示。

表7-14　　　　　　　　　全样本回归结果

Variable	LNDVA	LNIEX
LNIDE	0.0885*** (-3.74)	0.0622** (-3.01)
LNIFDI	0.559*** (-14.67)	0.550*** (-16.53)
LNIRD	0.132*** (5.56)	0.122*** (5.87)
LNIFT	0.813*** (16.21)	0.890*** (20.30)
Constant	7.018*** (17.94)	8.039*** (23.31)
Observations	126	126
Adjusted R^2	0.8676	0.9029

注：括号内为 t 值，* 表示在10%的置信区间上显著，** 表示在5%的置信区间上显著，*** 表示在1%的置信区间上显著。

从表 7-14 回归结果可以看出，模型回归效果较好，数字经济、外商直接投资、研发投入、贸易自由度均能通过显著性检验，说明从制造业的细分行业角度，数字经济的发展对行业贸易收益有显著的正向影响，数字经济的发展能够促进贸易收益的提升。

2. 异质性行业的回归分析。

数字经济对贸易收益的影响在不同要素密集度行业中存在异质性吗？本书根据制造业各行业使用要素结构不同，选取 WIOD 涉及的 14 个制造业细分行业，参照《中国制造业发展研究报告 2013》按要素密集程度对制造业行业进行划分，将其分为三类，分别为劳动密集型行业、资本密集型行业和知识密集型行业。根据模型进行分样本回归，回归结果如表 7-15 所示。

表 7-15　　　　　　　区分行业要素密集度的异质性检验

Variable LNIDVA	(1) 劳动密集型	(2) 资本密集型	(3) 技术密集型
LNIDE	0.195 ** (3.28)	0.0994 ** (2.90)	0.352 *** (4.41)
LNIFDI	0.796 *** (9.41)	0.589 *** (12.18)	-0.0213 (-0.13)
LNIRD	0.0681 (2.03)	0.109 ** (2.82)	0.192 ** (3.61)
LNIFT	0.645 *** (6.85)	0.820 *** (12.48)	0.774 *** (8.20)
Constant	3.973 ** (3.85)	6.963 *** (13.85)	10.26 *** (10.93)
Observations	27	63	36
Adjusted R^2	0.7390	0.9347	0.9257

注：括号内为 t 值，* 表示在 10% 的置信区间上显著，** 表示在 5% 的置信区间上显著，*** 表示在 1% 的置信区间上显著。

在第（1）列和第（2）列中，核心解释变量在 5% 的水平上显著为正，在第（3）列中，核心解释变量在 1% 的显著水平显著，说明数字经济水平的提升显著促进了不同要素密集度行业的贸易收益水平。特别是对知识密集型行业，这说明数字经济在知识密集型行业得到了更好的发展，对贸易收益的影响更大。

五、结论

随着数字化和数字经济的深入发展，信息和知识逐渐成为主要的生产要素，那么数字经济的发展对一国的国际贸易和贸易收益有怎样的影响呢？行业数字经济的发展对贸易收益的影响如何呢？本书借助贸易附加值数据，探讨在数字化深入发展的背景下，数字经济发展对贸易收益的影响。本书的主要结论和建议如下。

第一，通过对数字经济对贸易收益进行实证分析，结果表明，数字经济的发展对贸易收益有积极的正向作用，数字经济的发展能够促进贸易收益的提升，增加一国在全球价值链中的贸易附加值，提升其在全球价值链分工中的地位。在我国经济和社会发展的进程中，互联网发展快速，数字经济在国民经济中占据的比重也在提升，但与发达国家相比还存在较大差距，中国要想在世界经济发展中占据重要地位，大力发展数字经济是必然趋势。

第二，外商直接投资流入对有利于提高一国的贸易收益。全球资本的流入对出口附加值有促进作用，外商直接投资基于国外对本国的资本投入，东道国能够对母国资源进行模仿与学习，获得技术外溢效应，提高本国的产品竞争力。政府要继续做好招商引资工作，全面提高开放水平，作为发展中的经济体，通过吸引外商直接投资能够获得技术溢出效应，学习先进技术及管理模式，改善贸易结构，在国际贸易中获得更多的贸易收益。

第三，研发投入对贸易收益有显著的正向作用，加大研发投入能够提升一国的贸易收益。研发投入和技术进步是提高效率、降低成本、升级出口产品结构的关键，将有利于国家提升出口产品竞争力。企业要加大在产品研发上的投入，深度了解自身价值链分布，明确自身定位，推动智能化生产，打造智能化管理运营体系，积极提升价值链各个环节的增加值，提高产品的国际竞争力，进而提高在国际贸易中的收益。贸易自由度对贸易收益有显著的正向作用，所以我国想要提升贸易收益，还要继续扩大开放水平，积极地参与到国际贸易中。

第四，数字经济在各国发展迅速，全球经济在向数字经济转变。对于中国而言，要继续做好数字资本的投资工作，优化数字经济布局。继续搞好数字基础设施建设完善数字经济发展的商业环境，利用移动互联网缩小城乡在网络普及程度方面的差距，做好数字基础设施建设。积极营造有利于数字技术创新的制度环境，这样才能促进企业的数字化转型，更好地吸引和培养数字人才。积极推动传统产业的转型升级。加快数字技术与传统实体产业的融合，运用数字化技术提高传统产业的劳动生产率，提高产品的附加值，通过智能制造、数字农业、智能服务等新型业态发展，促进资源优化配置，推动实体经济向数字化和智能化转型，提高产业发展效益和质量。实现企业行为数字化，企业应利用信息化降低生产成本，提升生产效率；利用数字化构建新的企业发展平台，开拓新的市场等。大力发展数字经济，从多方面提升贸易收益。

第三节 数字经济对贸易地位的影响

一、引言和文献综述

在传统理论中，国际贸易指的仅仅是货物和服务贸易，而在全球生产与分工日益紧密的环境下，它逐渐转变为"任务贸易"（WTO，2011），全球投入与产出相联系的贸易模式往往比无联系的贸易模式带来更大的贸易利益（Antràs，de Gortari，2019），这为发展中国家提供了通过提供就业机会和更高收入融入全球经济的机会。对外开放以来，中国凭借廉价劳动力和制造大国的优势生产出低价优质的出口商品，使中国在国际贸易市场中取得了快速发展，中国的国际地位也实现了明显提升。然而，随着技术水平的升级发展和数字经济的崛起，中国开始面临曾经的比较优势，日益丧失和处于全球价值链低端的困境，各国各行业的贸易地位也逐渐发生改变。

近年来，在大数据、物联网等技术的影响下，数字经济发展迅速，极大地提高了我国的贸易质量，带动了经济的持续发展。杨新铭（2017）认为，数字经济在我国能如此快速的发展，并超过了一些早于我国发展数字经济的国家的原因，主要是因为它利用了我国庞大的人口消费基础，并不断尝试改变传统的经济增长模式。然而，在数字经济的区域发展上，我国东中西部差距明显（刘刚、张昕蔚，2019）；同时，在数字经济总量、监督与管理、产业创新和发展等方面，我国数字经济发展对比美国存在较大差距（钟春平、刘诚、李勇坚，2017）。

2019年11月，中共中央、国务院发布《关于推进贸易高质量发展的指导意见》，指出数字经济对于推动外贸转型升级、促进贸易高质量发展的重要性。数字技术通过减少企业在试图加入全球价值链时面临的许多障碍来鼓励全球价值链的参与。扩展高速互联网接入和扩展电子商务等数字技术还加强了更广泛的库存和物流管理，从而提高了全球价值链制造部门的参与度（Fort，2017）。但新的数字技术对全球价值链的影响是不确定的：它们可以通过鼓励制造业生产的再支撑来缩短供应链的长度，从而减少发展中国家参与全球生产网络的机会，也可以通过减少买方和供应商之间的协调和匹配成本来加强全球价值链（WTO & IDE-JETRO，2019）。

数字经济能否推动贸易高质量发展？目前缺乏数字经济与贸易高质量发展之间的定量检验，使得两者的关系难以进一步解释。明确数字经济与贸易高质量发展的内在关系，可以进一步拓展数字经济的研究领域以及贸易发展的多种可能，为我国产业结构的优化和贸易升级提供有力依据。

2017年10月，习近平总书记在十九大报告中作出了中国经济已由高速增长阶段转向高质量发展阶段的重大判断，指出"在转变发展方式、优化经济结构、转换增长动力的攻关期，建设现代化经济体系是跨越关口的迫切要求和我国发展的战略目标"，首次提出了"高质量发展"的概念。

探讨一国贸易高质量发展问题，首先必须明确什么因素会影响一国的贸易高质量发展。

从本国角度看，首先，技术创新是影响一国贸易高质量发展的重要因素。金碚（2018）认为，只有创新驱动的经济才能实现持续的高质量发展；任保平、李禹墨（2019）指出，要实现经济从高速增长向高质量增长转变，就需要以创新为核心，实现新旧动力转化。在实证上，陈清萍（2020）通过对长三角地区2010～2017年数据的分析，证明了协同创新和技术进步对制造业高质量发展有着重要贡献；牛华、崔茂生、曾燕萍（2020）发现了高技术产品贸易在中国贸易高质量发展的重要体现，他们的研究发现：各经济体之间的高级依赖关系会显著促进高技术产品出口，具有高水平研发投入的经济体之间不易发生高技术产品贸易，但是研发投入水平越高的经济体其出口倾向越高。

其次，产业结构也是推动贸易高质量发展的一大动力。石华平、易敏利（2020）认为，产业结构调整不仅能提高全要素生产率，从而增加经济增长数量，而且也能改善环境质量，提升经济增长质量，从经济增长数量和质量层面协同推进经济高质量发展。刘国斌、宋瑾泽（2019）通过分析中国区域经济发展的演变阶段，发现产业结构不合理是制约经济高质量发展的主要原因之一。洪俊杰（2020）指出，贸易高质量发展的前提是贸易的可持续发展，在各产业中全要素生产率增强能够为贸易长期增长提供源源不断的动力。

从国际角度看，开放程度与贸易高质量发展有着重要联系。如余思勤和孙司琦（2020）在对中国与"海上丝绸之路"沿线国家的数据分析中发现，贸易开放度和经济发展之间存在双向对称但不显著的关系。贸易开放度的提高既可以直接或间接地推动经济发展，而经济发展通过贸易竞争力间接促进贸易开放度的提高。魏蓉蓉和李天德（2020）以不同地区相继实施的自贸区战略为准自然实验，运用多期双重差分法考察了自贸区政策对经济高质量发展的影响。实证结果表明：自贸区建设能够显著提高地区经济高质量发展水平

综上所述，要促进贸易高质量发展，一方面，要提高技术创新水平、优化产业结构，提高本国商品的国际竞争力，促进贸易在数量和质量上的增加；另一方面，要提高本国的贸易开放程度，利用开放的贸易环境和有效的国际分工促进贸易发展。

随着"互联网+"和信息化的深入发展，数字资源禀赋越来越成为国际贸易中国家竞争力的核心（王玉柱，2018），未来贸易的发展常态将会是由政府主导的数字化发展。不同于传统的农业经济和工业经济，这种新的经济形态——数字经济悄然产生（裴长洪等，2018），它利用数字化的信息和现代信息网络的载体功能，大幅度提升了生产效率，对于经济结构的优化也有着关键推动力，数字经济已经成为各国乃至世界经济社会发展和技术创新的主导动力（世界银行，2017）。可以预见，数字经济已经成为引领高质量发展的强劲力量（任保平，2020），一国的数字经济发展水平将会影响其贸易高质量发展。

那么数字经济具体会如何影响一国的贸易高质量发展呢？钞小静（2020）认为，数字经济推动我国经济高质量发展主要是通过动能转换、结构优化和效率提升这三大路径。易宪容（2019）等学者基于现代经济学的分析认为，在这种数字经济背景下，数据成为推动经济发展的关键生产要素。任保平（2020）从产业角度分析，认为数字经济推动了产业组织模式和产业结构的转变，促进了新型产业组织的成长和产业融合，从而促进高质量发展。

已有文献为本书提供分析基础，但还存在需要进一步研究的方面：数字经济

影响贸易高质量发展的机制是如何的？针对该问题，本书从数字经济与贸易高质量发展的关系出发，选用经合组织和世贸组织联合发布的2018版TiVA数据，利用相关指标分别测度两者，并使用已有数据进行分析，从附加值角度考察中国及世界其他国家参与国际分工的程度，以及它们在全球价值链中的贸易地位，以探究各因素之间的影响程度，揭示数字经济与我国贸易高质量发展的作用机理，并进一步剖析数字经济对于中国国际贸易地位提升、贸易高质量发展的重要性。

二、贸易高质量发展——基于贸易地位的评估

贸易地位是衡量一国贸易发展质量高低的重要指标。随着国与国之间分工的细化，传统的贸易会计方法和贸易数据已经不足以反映新的国际分工模式下的真实贸易，而经合组织和世贸组织联合发布的附加值贸易数据有效地弥补了这一缺陷。本书基于库普曼等（Koopman et al., 2010）、安特拉（Antràs et al., 2012）的测算方法，使用全球价值链指数和上游度指数分别从静态和动态角度，计算中国及世界其他主要国家参与全球价值链的程度及其国际贸易分工地位，从价值链角度，分析了中国和主要国家贸易地位及国际竞争力。

（一）基于 GVC 指数的贸易地位评估

1. GVC 指数。

库普曼等（2010）在对出口贸易进行分解的基础上，构建 GVC 参与指数和 GVC 地位指数，分别用以反映一国参与全球价值链的程度和在全球价值链中所处的地位。具体含义如表 7-16 所示。

表 7-16　　　　　　　　　　GVC 指标含义

指标	计算公式	含义
GVC 参与指数	$GVC\_Participation_{ir} = \dfrac{IV_{ir} + FV_{ir}}{E_{ir}}$	数值越大，代表这个国家参与全球价值链的程度越深
GVC 地位指数	$GVC\_Position_{ir} = \ln\left(1 + \dfrac{IV_{ir}}{E_{ir}}\right) - \ln\left(1 + \dfrac{FV_{ir}}{E_{ir}}\right)$	数值越大，代表这个国家在全球生产网络的地位越高

注：下标 i、r 分别表示国家和产业；E_{ir} 表示以附加值角度核算的出口总量，IV_{ir} 和 FV_{ir} 分别代表一国出口总量中的间接国内增值和国外增值部分。

2. 贸易地位评估。

一国的 GVC 参与指数虽然能体现其深入生产价值链的程度，但不能反映其

国际分工地位,更不能反映出其国际贸易对本国的实际影响。因此,本书选取以 2016 年出口总额排名前 15 位的国家,计算了各国的 GVC 地位指数值,就其参与全球价值链的深入程度与国际贸易地位进行分析,如表 7-17 所示。

表 7-17　　　　　　　　各国 GVC 地位指数值

国家	2005 年	2009 年	2012 年	2016 年	2017 年	2018 年
美国	0.185(2)	0.186(3)	0.168(3)	0.195(3)	0.203(3)	0.211(4)
中国	0.113(6)	0.204(2)	0.194(1)	0.271(1)	0.298(1)	0.327(1)
德国	0.111(7)	0.117(6)	0.049(9)	0.060(9)	0.063(9)	0.065(9)
日本	0.214(1)	0.215(1)	0.174(2)	0.201(2)	0.208(2)	0.216(3)
英国	0.132(4)	0.107(8)	0.073(5)	0.100(5)	0.107(5)	0.115(5)
法国	0.096(8)	0.112(7)	0.056(7)	0.058(10)	0.058(10)	0.058(10)
韩国	-0.055(13)	-0.094(14)	-0.138(14)	-0.019(11)	-0.013(11)	-0.009(11)
意大利	0.125(5)	0.134(4)	0.074(4)	0.091(6)	0.098(6)	0.105(6)
加拿大	0.071(9)	0.0721(10)	0.073(6)	0.066(8)	0.066(8)	0.066(8)
印度	0.135(3)	0.096(9)	0.044(10)	0.144(4)	0.184(4)	0.234(2)
西班牙	0.065(10)	0.119(5)	0.050(8)	0.079(7)	0.084(7)	0.090(7)
墨西哥	-0.070(14)	-0.054(13)	-0.063(13)	-0.080(14)	-0.091(14)	-0.104(14)
瑞士	-0.030(12)	-0.021(12)	-0.025(12)	-0.024(13)	-0.042(13)	-0.073(13)
荷兰	0.027(11)	0.047(11)	-0.013(11)	-0.024(12)	-0.030(12)	-0.039(12)
爱尔兰	-0.137(15)	-0.168(15)	-0.203(15)	-0.238(15)	-0.247(15)	-0.256(15)

注:括号中表示排名;因篇幅所限,部分年份数据省略;其中,2017 年和 2018 年的数值由近 5 年 GVC 地位指数的平均增幅估计得到。其他根据 OECD-WTO 附加值贸易数据库计算。

由表 7-17 可以看到,虽然 2005 年中国的 GVC 地位指数较低,但随后几年有了很大程度的提升。2005 年 GVC 地位指数为 0.113,在 15 个国家中排名第六,处于中等水平;GVC 地位指数在 2009 年有了大幅度的上升,达到了 0.204,中国的排名提升到了第二名;在 2012 年指数值为 0.194,虽然略有下降,但排名上升到了第一名;GVC 地位指数在 2016 年达到了最高,为 0.271,保持了 2012 年以来的第一排名。可见,2005 年以来中国在全球价值链中的地位越来越高,2012 年以后始终处于领先地位。

2012 年后,GVC 地位指数排名前三的分别是中国、日本和美国。结合各国的 GVC 参与指数,可以发现中国不仅参与全球生产网络的程度很高,而且在全球价值链中的地位也很高。相反,日本和美国参与全球生产网络程度相对较低,但他们在全球价值链中处于较高的地位。GVC 地位指数较低的是韩国、墨西哥、瑞士和爱尔兰，他们的 GVC 地位指数均呈负值，从这里可以看出，这些国家的出口贸易中对国外附加值的依赖程度较高。

（二）基于上游度指标的贸易地位评估

1. 上游度指数。

出于测算在开放经济体中各国各行业在全球价值链中的地位的需要，波尔·安特拉斯（Antràs，2012）提出了上游度指标，包括行业上游度和出口上游度。具体含义如表 7-18 所示。

表 7-18　　　　　　　　　上游度指标含义

指标	计算公式	含义
行业上游度	$U_i = 1 + \sum_{j=1} \frac{e_{ij} Y_j}{Y_i} U_j$	衡量一个行业在世界生产网络中的地位，其基本思想是，上游程度更高的产业若使用更高的 i 行业产出，则说明 i 行业在比它更上游的位置
出口上游度	$U = \sum_{i=1}^{N} \frac{X_i}{X} U_i$	衡量一个国家在世界生产网络中的地位，数值越大，代表这个国家在全球生产网络的地位越高

注：Y_i 表示 i 行业的产值，e_{ij} 表示生产 1 产值的产品 j 需要投入行业 i 的产值数量；X 表示一国的出口总量，$\frac{X_i}{X}$ 代表某行业的出口比例。

在波尔·安特拉斯（Antràs，2012）的研究中，他采用的是传统贸易数据测算的上游度。而在全球分工日益紧密的环境下，在计算出口上游度时，附加值数据相比于传统贸易数据更具有代表性。

2. 贸易地位评估。

根据以上计算方法，本书选取以 2014 年出口总额排名前十位的国家，利用 OECD-WTO 附加值贸易数据库中的出口数据，计算了各国各行业（以 ISIC Rev 4.0 为分类标准）的出口占比，以之为权重计算了各国的出口上游度，就其在深入全球价值链的程度进行比较分析，如表 7-19 所示。

表 7-19　　　　　　　　　各国出口上游度

国家	2005 年	2008 年	2009 年	2012 年	2013 年	2014 年	2015 年	2016 年	2017 年	2018 年
美国	2.167842	2.231936	2.15503	2.201061	2.193235	2.207756	2.218527	2.229351	2.240227	2.251157
中国	2.845727	2.902669	2.972649	2.998833	3.068692	3.083207	3.10596	3.128822	3.151972	3.175233
德国	2.357327	2.403427	2.412584	2.408252	2.419792	2.418555	2.420125	2.421396	2.422668	2.42394
日本	2.420438	2.53008	2.506214	2.516096	2.527938	2.503786	2.503345	2.502904	2.502463	2.502022

续表

国家	2005年	2008年	2009年	2012年	2013年	2014年	2015年	2016年	2017年	2018年
英国	2.268599	2.341508	2.363615	2.416465	2.450084	2.441112	2.457032	2.473056	2.489184	2.505418
法国	2.27451	2.310922	2.295504	2.320604	2.338071	2.332574	2.340087	2.347625	2.355187	2.362774
韩国	2.577529	2.737176	2.829579	2.829516	2.875268	2.91441	2.931848	2.949391	2.967039	2.984792
意大利	2.373373	2.415936	2.381312	2.503798	2.485198	2.479137	2.499425	2.51988	2.540503	2.561294
加拿大	2.481635	2.533505	2.504923	2.538375	2.573638	2.573894	2.58815	2.602484	2.616899	2.631393
印度	2.024568	1.990311	1.974512	1.941166	1.945226	1.923583	1.9137	1.903868	1.894087	1.884356

资料来源：根据 OECD-WTO 附加值贸易数据库和 UIBE GVC Indicators 数据库计算；2015～2018 年由前 5 年平均增幅估算所得。

表 7-19 与图 7-5 展示了 2005～2018 年这十个国家的出口上游度情况。出口上游度越大，表明参与全球价值链分工的深入程度越高，分工地位也就越高。从中可以明显看出，自 2005 年以来，中国始终处于全球价值链最为上游的位置。充足的资源、丰富廉价的劳动力、高效的物流水平，以及日益加强的数字化技术，使中国在中间产品贸易中占据着较大优势，中间产品到最终产品的转变经历的过程也高于其他国家。同样处于东亚的韩国，在全球价值链中也处于较为上游的位置，与中国出口上游度上升趋势也较为接近。经济较为发达的欧美企业为了寻求利益最大化，而会将中间产品的生产更多地放到成本更低的地区，因此，加拿大、日本、意大利、德国和英国则居于较为中游的位置，而法国、美国以及印度则处于较为下游的位置，同时印度还存在不断下游化的趋势。

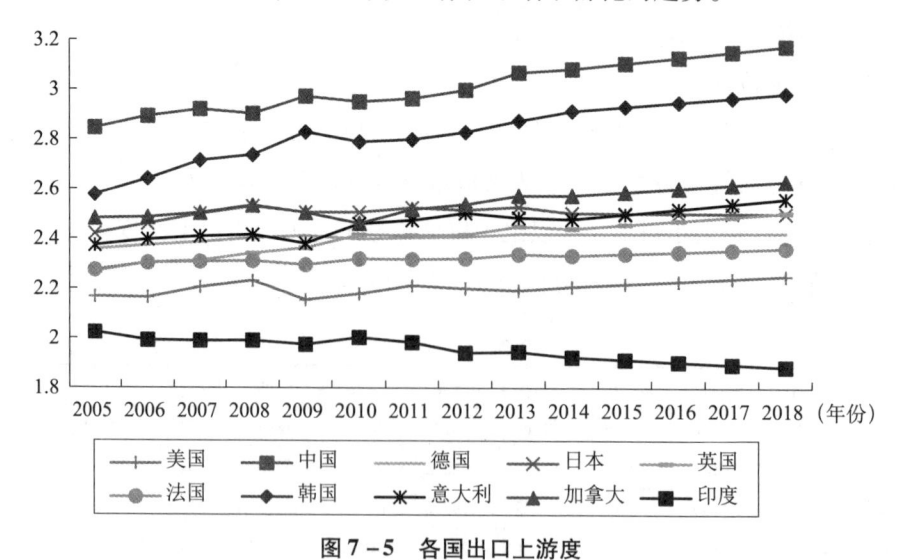

图 7-5 各国出口上游度

三、数字经济对于贸易高质量发展的影响研究

当前,随着物联网、"互联网+"和大数据等现代信息技术的普及与发展,数字经济融入实体经济的程度日益加深,在技术创新突破的推动下,新产业和新模式不断涌现,这为促进一国的贸易高质量发展提供了强大动力,也推动了世界贸易格局和产业形式的转变。可以说,数字经济是未来衡量国家竞争优势的重要因素,对于促进我国贸易高质量发展、提高贸易地位有着重要的作用。

(一) 理论分析

贸易高质量发展是一个国家经济发展水平的体现,不仅包括GDP的增长速度,更体现在国家经济的发展质量,是否可持续发展,国家的经济体系是否符合发展规律,这种发展速度是否合理,是否适合这个国家,等等。贸易高质量发展的关键是在维持发展速度的同时保持高质量,而非贸易体量。贸易高质量发展的衡量往往需要考虑很多因素,包括国内外因素、经济结构与发展因素等。

在传统经济发展持续低迷的情形下,数字经济异军突起。以IT、通信等为代表的现代信息技术推动了数字经济的产生。在全球生产网络形成和信息化全面渗透的背景下,数字经济特有的融合性、跨界性以及创新性,使之正成为优化经济结构、创新经济增长方式以及推动经济长足发展的强大动能。

数字经济可以分为数字产业和融合产业两部分,本书从这两方面总结了数字经济影响贸易高质量发展的路径。

1. 高附加值的数字产业有利于贸易收益与质量的提升。

近年来,随着数字产品和信息基础设施的普及,在领先的信息技术与庞大的网民规模的优势推动下,以数字产业为核心的互联网企业对国家经济的贡献迅速增加,其在全球的地位也日渐提升。

数字产业的本质是信息化,它是企业以信息为加工对象,辅以数字技术衍生的一种产业,企业可以通过出售数字产品创造利润,也可以利用数字产业优化生产、管理过程从而达到增加利润的目的。数字产业对于企业的信息处理能力、创新能力以及数字技术水平的要求比较高,在产业中属于高端产业,附加值较一般产业高出很多。因此,促进数字产业的发展对于贸易高质量发展有着很大的

影响。

2. 以数字产业融合传统产业有利于创新贸易增长方式。

数字经济的本质是融合的经济,可以分为产业数字化和数字产业化。产业数字化就是原有产业进行数字化升级,生产管理过程向着更高效更精准化发展,从而提高产品质量和目标用户的满意度,附加值也能随之提升。正是由于数字经济的独有特性,使得各个产业都能与之融合,大数据、人工智能的现代信息技术的发展促使生产效率的提升,国际分工更加细化,国家间的贸易更加密切,从而使得具有高技术、高产能的国家的贸易实现高质量发展,地位逐渐提升。

以制造业为例,制造企业在生产过程中使用3D打印机、机器人等智能化设备,通过大数据、云计算和物联网等技术优化生产管理流程和产品库存,从而促进产业转型,实现了附加值的提升。因此,融合数字产业的传统产业也是促进贸易高质量发展的一大推动力。

基于上述理论分析,可以得到本书的假设:一国数字经济的发展水平越高,就越有利于该国贸易高质量发展。

(二) 实证分析

1. 模型设定及变量选取。

为了分析数字经济对一国贸易高质量发展的影响,本书选取 GVC 地位指数作为被解释变量,选取数字经济水平作为核心解释变量。此外,为了准确分析数字经济对一国贸易高质量发展的影响,避免遗漏变量产生偏误,本书还分别选取了经济水平(GDP)、对外开放程度(TO)以及创新能力(RD)作为控制变量。

基于理论分析及以往的文献研究,本书构建数字经济对贸易高质量发展影响的面板数据模型如下:

$$\ln GVC\_P_{it} = \alpha + \beta_1 \ln I_{it} + \beta_2 \ln GDP_{it} + \beta_3 \ln TO_{it} + \beta_4 \ln RD_{it} + \varepsilon_i \quad (7-6)$$

其中,下标 i 和 t 分别代表国家和年份。GVC_P_{it} 为被解释变量,指 GVC 地位指数,度量贸易高质量发展水平。核心解释变量 I_{it} 表示 i 国 t 时期的数字经济发展程度,用信息产业出口总量进行度量;ε_i 为随机扰动项。具体的变量含义说明及数据来源如表 7 – 20 所示。

表7-20　　　　　　　　　　　变量选取及数据来源

变量缩写	变量名称	变量说明	数据来源
GVC_P	GVC 地位指数	被解释变量，衡量一个经济体在全球价值链中的位置与分工地位，在一定程度上能代表该国的贸易发展水平	UIBE 数据库
I	信息产业出口量	核心解释变量，反映一国的数字经济规模及发展状况	OECD 数据库
GDP	人均国内生产总值	人均经济规模反映了一国或地区的经济发展情况	WTO
TO	对外开放程度	货物和服务贸易占 GDP 的比重	世界贸易指标数据库
RD	创新能力	研发支出占 GDP 的比重	

受部分数据可得性的限制，本书选取美国、中国、德国、日本、英国、法国、韩国等共34个国家2005~2014年的面板数据进行分析。

2. 基准回归结果。

本书运用Stata16.0对面板数据进行回归，结果如表7-21所示。

表7-21　　　　　　　　　　　回归结果

变量	(1) ln GVC	(2) ln GVC	(3) ln GVC	(4) ln GVC
ln I	0.0368 (0.17)	0.432 (0.85)	0.482 (1.04)	0.583 (0.83)
ln GDP		-0.453 (-0.86)	-0.648 (-1.35)	-0.553 (-1.15)
ln TO			-2.660*** (-5.70)	-2.487*** (-5.24)
ln RD				-0.721 (-1.70)
_cons	-3.181 (-1.32)	-2.928 (-1.21)	9.569** (3.07)	7.007* (2.04)
国家和时间效应	控制	控制	控制	控制

注：括号内为 t 值；*、**、*** 分别表示在5%、1%和0.1%的置信区间上显著。

根据回归结果，重点关注系数 β_1 的符号及其显著性，可以得出：第（1）列是仅将 I（ln I）作为解释变量进行回归得到的结果，结果表明I的估计系数为正，说明在该显著性水平下数字经济对贸易高质量发展存在显著的促进作用，这与前文的理论假设相一致。第（2）~（4）列，是在计量方程中依次加入经济水平（lnGDP）、对外开放程度（lnTO）以及创新能力（lnRD）所得到的回归结果。可以看出，加入上述控制变量后，并没有改变 I 对 GVC_P 的影响方向和显著性，ln I 的估计系数始终为正，进一步证明了一国数字经济对于其贸易高质量发展有着显著正向作用的理论假设。以（4）为例，系数 β_1 的经济含义是，当一国的数字经济水平提升 1 个百分点时，有助于本国的贸易高质量发展程度提高约 0.583 个百分点。综上所述，数字经济可以促进本国的贸易高质量发展。

3. 稳健性检验。

为了印证基准回归的结论，本书通过使用上游度指标来替代 GVC 地位指数作为被解释变量，对前文设置的模型进行稳健性分析。

基准回归中使用 GVC 地位指数作为度量贸易高质量发展水平的指标。由于对于国家在全球价值链地位的测量方法多样，仅仅使用 GVC 地位指数来度量存在着该指标是否具有代表的问题。因此，表7-22 采用了上游度指标进行估计。结果显示：尽管回归系数 β_1 的数值，即一国数字经济水平对该国贸易高质量发展的影响程度的显著性略有下降，但无论是否加入控制变量，回归系数 β_1 的符号依旧始终为正，并没有发生改变。

表7-22　　　　　　　　　基于上游度指标的估计

变量	(1) lnU	(2) lnU	(3) lnU	(4) lnU
lnI	0.0477*** (4.64)	0.0134 (0.58)	0.0132 (0.72)	0.0247 (1.65)
lnGDP		0.0408 (1.68)	0.0557** (2.81)	-0.0127 (-0.66)
lnTO			0.108*** (6.16)	0.0597*** (3.72)
lnRD				0.154*** (6.27)
_cons	0.315* (2.46)	0.323* (2.56)	-0.256 (-1.84)	0.374* (2.49)
国家和时间效应	控制	控制	控制	控制

注：括号内为 t 值；*、**、*** 分别表示在 5%、1% 和 0.1% 的置信区间上显著。

4. 异质性检验。

数字经济对贸易高质量发展的影响对于所有国家都是同质的吗？就全球而言，目前，发达国家的数字经济发展程度远高于大部分发展中国家，发达国家的数字化产业也已经较为成熟，而经济发展水平低的国家大多依赖传统产业，数字化发展处于初步发展阶段，随着数字化发展程度的加深，发展中国家受到的影响会更加明显。

为了检验不同经济发展水平的国家受到数字经济影响的程度，将所有样本划分成发展中国家和发达国家，随后根据本书模型进行分样本回归，回归结果如表7-23所示。由表7-23可见，在第（1）列和第（2）列中数字经济系数均为正，说明数字经济对于所有类型的国家在贸易高质量发展的影响上都是显著的。但可以看出，第（2）列的数字经济系数明显小于第（1）列，说明数字经济对于发展中国家的影响要大于发达国家。由此可见，数字经济发展到一定程度后，数字经济对于贸易高质量发展的影响会略有下降。

表7-23　　　　　　　区分国家类型的异质性检验

变量	（1） 发展中国家	（2） 发达国家
$\ln I$	0.582 (0.91)	0.443 (0.68)
$\ln GDP$	-0.285 (-0.48)	-0.604 (-0.68)
$\ln TO$	-1.192* (-2.22)	-4.017*** (-5.16)
$\ln RD$	-1.153* (-2.47)	-0.359 (-0.49)
_cons	-0.990 (-0.26)	15.01* (2.30)
国家和时间效应	控制	控制
R^2	0.2100	0.2545

注：括号内为t值；*、**、***分别表示在5%、1%和0.1%的置信区间上显著。

四、结论

本书利用WIOD数据库，从贸易地位角度分析了数字经济对贸易高质量发展的影响。针对这个问题，本书从理论上分析了数字经济如何影响贸易高质量发展。在此基础上，实证检验了数字经济对贸易高质量发展的影响。由此，本书得到结论：数字经济的发展促进了 GVC 地位指数的提升，提高了国家贸易地位，对于一国贸易高质量发展有着显著的正向作用。

数字经济的融合产业发展模式是促进国家贸易高质量发展的重要因素，也是影响未来世界经济地位的一大要素。作为发展中国家的中国，应当积极发展数字经济。

数字产业方面，由于数字产业需要大规模协助和实时联动的特点，应当建设数字产业集聚区，以产业为导向，因地制宜，吸引技术研发型企业入驻，同时搭建数字化运营平台，提高集群的联动协作。此外，应该建设标准化的大数据交易中心，大数据是数字产业的重要基础，国内应该参照上海数据交易中心或国外数据交易中心的交易服务模式，开展大数据交易中心试点，尝试打造中国的综合性大数据交易中心。

融合产业方面，非数字产业与数字技术的融合是产业升级的突破口，应当深度挖掘各产业数字化转型空间，探索数字化发展模式，促进各产业向着高效化、智能化和精准化转变，尤其要重点关注制造业的数字化转型升级，推动制造业的智能化改造。

第八章 数字贸易发展及其影响因素研究

第一节 引　言

近年来,大数据、物联网、人工智能等数字技术对社会各领域的影响越来越深刻,数字贸易的发展逐步广泛。数字贸易是数字技术飞速发展的产物,已渗透到社会各领域。数字贸易是未来经济的发展方向,影响着全球的生产链、供应链、价值链,引领着传统贸易形态的变革,是一种新兴贸易形态,数字贸易逐渐成为数字经济时代的主要贸易方式。实践证明,数字贸易能有效促进中国经济增长,增加就业机会,是中国经济乃至全球经济转型的新引擎。

世界各国普遍意识到了数字贸易对各国经济及全球经济的重要性,根据贸易的变化构建了新的数字贸易政策,确保新政策能够推动社会经济的发展。如,美韩 FTA 规定了明确的数字贸易政策,包括消费者可自由访问和使用互联网;确认了跨境信息流动的重要性,以防止跨境数据使用中的障碍。欧盟采用《数字贸易战略》规定,在电子商务中,订单和支付必须在网上进行,数字签名合法,加强知识产权保护,发展数字贸易,振兴欧盟经济。《英国 2015—2018 数字经济战略》指出,全国要依靠创新政策刺激数字贸易发展活力,帮助和扶植数字化的新兴企业。澳大利亚积极参加有利于数字贸易发展的经济活动,积极加入国际论坛,努力推动数字贸易政策的制定。日本明确提出,利用数字贸易振兴日本经济,该战略主要是改善信息通信、人员和安全设施,发布公共数据,实施电子政务。处于后疫情时代,中国的数字经济前途光明,数字贸易发展正处在黄金发展机遇期。根据《中国数字贸易发展报告 2020》,中国数字服务贸易从 2005 年的 488.59 亿美元增长到 2019 年的 718.10 亿美元。过去 15 年,中国数字服务出口增长了 7 倍，进口额增加 3 倍，而在全球排名中，中国数字服务出口排名第 8，数字服务进口排名第 7。但在数字贸易快速发展的同时也暴露出了一些问题，如数字基础设施相对落后、数字贸易发展结构性失衡迫切需要改变，自主创新能力和知识产权意识有待提高，同时面临国外日益严重的知识产权贸易壁垒等问题。因此，如何提升中国数字贸易发展水平就成为一项非常迫切的课题。

在"数字"领域，国外文献集中在大数据和云计算及其应用方面，涉及数字经济的很少，直接探讨数字贸易的则更少。

"数字贸易"已经成为一种概念，即强调互联网在其中扮演核心角色的大量贸易流（Aaronson, 2016; Branstetter, 2016）。数字贸易经常被定义得相当宽松，但通常包括以数字形式实现的商品或服务贸易，无论是数字还是实物交付（Monteiro and Teh 2017; López Gonzálezand Ferencz 2018）。这种广泛的定义涵盖了包括电子商务在内的许多数字驱动流程，其中交易和活动（如搜索、付款和物流）由数字平台处理。它也包括已从物理形式转变为数字形式的商品和服务贸易，如娱乐、出版、软件、音乐和金融服务等领域。它还包括经济活动的新领域，例如，云计算和应用程序经济。近年来，数字贸易的所有这些组成部分都经历了非常快速的增长（USITC 2017），由于这种增长，数字贸易正成为进行贸易的重要机制。越来越多的产品（例如，汽车、消费类电子产品和工业机械）正在集成数字技术。因此，数据正在成为"传统"商品贸易的基础，这一趋势预计将随着自动驾驶和物联网（IoT）等技术而急剧增加（Cecchinel, 2014; Gerla, 2014）。贸易过去是关于跨越国界的货物，保护手段主要是通过关税。在数字时代，一套新的非关税措施——主要与数据有关——由此产生（Pasadilla, Gloria O. et al., 2020）。2017 年 3 月，经济合作与发展组织的一个统计工作小组提交了一份阶段性研究成果《测度数字贸易：走向概念性架构》。该报告指出，想要实现对数字贸易的测度，需要先研究出一个关于数字贸易的概念性架构。

2013 年 7 月，美国国际贸易委员会（USITC）发布《美国与全球经济中的数字贸易 I》，提出数字贸易是通过互联网传输而实现的产品和服务的商业活动。既涵盖经由互联网实现的国内商业活动，也包括由此产生的国际贸易。该定义认为，贸易活动中牵涉的实体货物应该被排除在数字贸易范畴之外，即使该实体货品拥有了数字方面的特征，也不归属数字贸易的产品范围。2014 年 8 月，USITC 在《美国与全球经济中的数字贸易 II》中对数字贸易的定义加入了实体货物，将其定义为是借助数字技术而实行的贸易，即利用互联网和互联网技术在买卖、生产以及寄送产品及服务中发挥重要作用的国内商业活动和国际贸易活动。2017年，美国贸易代表办公室（USTR）发表《数字贸易的主要障碍》，文章提出数字贸易不仅包括依靠互联网销售商品和线上提供的数字化服务，还包括生产环节中给予智能制造的服务、构成全球价值链的数据流和其他数字化平台及应用。

数字贸易的重要性日益提高，对国际贸易体制具有重要意义。随着商品从有形形式向数字形式转变，就贸易规则的意义进行了争论（Wunsch-Vincent，2008；Meltzer，2014）。同样，随着越来越多的服务在线交付，各州正在就市场准入承诺进行讨论。从根本上讲，数字交付的产品以及数字服务在实物商品中的嵌入对国际制度运作的一些基本概念提出了挑战，特别是商品和服务之间的区别以及构成协议核心要素的供应方式等挑战，例如，服务总协议（GATS）（史密斯和伍兹，2005）。此外，数字化允许使用对国际贸易有影响的新政策。例如，阻止访问网站和监管跨境数据流量的政策可能对贸易产生严重影响。尽管货物（例如，车辆、工业机械）要遵守相对清晰和可预测的贸易规则，但它们生成和依赖的数据却不受限制，因此，可以使用数据策略来影响此类货物的贸易。TAPED（关于电子商务和数据的贸易协定规定）数据集旨在全面跟踪数字贸易治理领域的发展，包括直接或间接管理数字贸易的章节、规定、附件和附带文件（Mira Burri，Rodrigo Polanco，2020）。

就国内研究来看，数字贸易的研究也经历了从概念到测度再到应用的转变。周念利和李玉昊（2017）认为，数字贸易是通过互联网进行的商品和服务的传输与交易活动。它是在互联网上的信息技术进步、经济结构升级和商业模式创新共同催生的产物。马述忠（2018）对比分析数字贸易与传统贸易，赋予数字贸易新的内涵，认为数字贸易是以信息网络基础设施为传输方式，以信息通信技术为媒介，实现实物商品、数字产品和服务、数字知识和信息传输的一种新型贸易活动。贾怀勤（2018）归纳概括，从广义来说，数字贸易与跨境电商的定义可以看作一致；从狭义来说，跨境电商包括的范围大于数字贸易，数字贸易属于跨境电商范畴内的服务贸易。沈玉良（2018）是"广义版"定义的学者代表，他认为，数字贸易是电子商务的一种更高形式，具有虚拟化、平台化、集约化、包容性等本质属性。

李杨等（2016）指出："美国一直尝试是否能为数字贸易拟定一个具有约束

力的全球标准"。他们在剖析"美版"规则要点和中美在数字贸易领域主要分歧之后,给中国提出应对建议。李墨丝(2017)指出:"中国目前在数字贸易领域的立法与发达国家主导的超大型自由贸易协定的新规则还没有统一,两者间还存在着较大差距",并建议"中国应该抓住初步制定全球贸易规则的时机,积极加入双边、区域以及多边数字贸易规则的磋商和制定,充分利用国际规则保障网络信息安全,并推动数字贸易蓬勃发展"。李钢和张琦(2020)分析了中国数字贸易目前存在的困境和挑战,认为虽然目前我国数字经济规模走在世界前列,数字贸易也呈现稳步上升趋势,但仍存在数字基础设施相对落后、数字贸易发展结构性失衡、迫切需要转型升级以及在国际治理中缺少话语权等问题。陆菁和傅诺(2018)通过研究全球数字贸易的影响因素,得出结论发现:第一,培养高素质人才、加强国内知识产权保护程度和文化认同、缔结更多的区域性服务贸易协定,对数字贸易的发展起到积极作用;第二,制度、文化等软件因素对数字贸易的影响大于互联网基础设施等硬件因素;第三,相比于发达国家,发展中国家应该加紧人才培养和引进。蓝庆新、窦凯(2019)以迈克尔·波特的"钻石模型"为理论支持进行实证研究。结果表明,技术水平、数字贸易产业开放度、第二产业劳动生产率、第三产业劳动生产率、政府政策对数字贸易国际竞争力有明显的、积极的促进作用。综合来看,国内外对数字贸易的研究分析多是在定性研究,较少涉及定量研究。对中国数字贸易发展水平进行准确测度,以及分析其影响因素就显得尤为必要。

第二节 中国数字贸易发展水平测度

一、指标体系构建和研究方法

通过搜集有关数字经济、数字贸易的文献并进行研究,且考虑到数据的可获得性和研究的可行性,本书遵循科学性、可行性原则,决定从贸易方式数字化、贸易对象数字化、贸易成效3个维度选取指标,构建中国数字贸易发展水平指标体系,并将3个一级指标细分为10个二级指标。

本文所取的指标,主要来自《中国统计年鉴》《中国信息年鉴》《中国电子商务研究中心》《中国互联网研究中心》,部分数据通过查询《中国电子商务市场竞争及企业竞争策略分析报告》、UNCTAD 所得。由于个别年份数据在收集过程中有缺失的问题,采用均值插补法得到相应的替代值。所选取的具体指标如表 8-1 所示。

表 8-1 中国数字贸易发展水平指标

一级指标	二级指标
贸易方式数字化	电子商务销售额(X1)
	网络零售额(X2)
	跨境电子商务交易规模(X3)
贸易对象数字化	软件业务收入(X4)
	ICT 出口额(X5)
	数字服务贸易规模在数字贸易中占比(X6)
	计算机信息设备增加值(X7)
贸易成效	人均 GDP(X8)
	对外开放度(X9)

本书使用主成分分析对中国数字贸易的发展水平进行测度。即利用减少维度的思维,将多个变量通过线性变换筛选出少数重要变量,可以减少人为选择指标的难度。利用主成分分析可消除新变量间的相关关系,这就可以使研究能够尽可能地保留原有的信息,分析方法更为科学。

二、中国数字贸易发展现状分析

(一) 数据预处理

本书研究的中国数字贸易发展水平使用的是 2010~2019 年的数据,在数据搜集过程中,由于部分指标缺乏个别数据,所以在接下来的分析中,为保证研究的系统性和全面性,会对个别缺失数据采取平均数插补法进行补充。平均数插补法是我们在处理缺失数据时常用的方法,即通过用样本均值来代替缺失值,既方便又科学。

(二) KMO 和 Bartlett 检验

在进行主成分的分析之前为确定所搜集的数据是否可用必须进行 KMO 和

Bartlett 检验。KMO 值在 0 至 1 间,若 KMO 值越接近于 1,则说明越适合进行主成分分析;反之,若 KMO 值越接近于 0,则说明越不适合进行主成分分析。检验结果如图 8-1 所示。

KMO取样适切性量数。		0.769
Bartlett球形度检验	近似卡方	152.867
	自由度	36
	显著性	0.000

图 8-1 KMO 和 Bartlett 检验

检验结果表明 KMO 值为 0.769,大于 0.5,P 值小于 0.05,因此,可判断所搜集的数据适合做主成分分析。

(三)主成分分析

使用 SPSS 软件完成主成分分析,结果如表 8-2 所示。

表 8-2 主成分分析结果

总方差解释

成分	初始特征值			提取载荷平方和			旋转载荷平方和		
	总计	方差百分比	累积%	总计	方差百分比	累积%	总计	方差百分比	累积%
1	7.047	78.305	78.305	7.047	78.305	78.305	6.390	70.995	70.995
2	1.131	12.572	90.877	1.131	12.572	90.877	1.789	19.882	90.877
3	0.484	5.378	96.255						
4	0.264	2.930	99.185						
5	0.066	0.731	99.916						
6	0.004	0.048	99.965						
7	0.002	0.024	99.989						
8	0.001	0.007	99.996						
9	0.000	0.004	100.000						

由此可得,表中的前两个主成分的方差百分比分别为 70.995%、19.882%,累积方差贡献率为 90.877%,因此,可以提取前两个主成分来反映原来 9 个变量

的大部分信息。表 8-3 为前 2 个主成分的成分矩阵。

表 8-3　　　　　　　　　旋转后的成分矩阵

	成分				成分	
	1	2			1	2
X1	0.964	0.157		X6	0.702	0.38
X2	0.995	0.02		X7	0.733	0.63
X3	0.979	0.131		X8	0.94	0.312
X4	0.971	0.131		X9	0.059	0.965
X5	0.806	0.383				

注：提取方法：主成分分析法。旋转方法：凯撒正态化最大方差法。旋转在 3 次迭代后已收敛。

接下来根据通过主成分分析得出的总方差解释和成分矩阵的数据集合 Excel 计算数字贸易指标权重，如表 8-4 所示。

表 8-4　　　　　　　　　数字贸易指标权重

指标	权重	排名
X1	0.126768576	4
X2	0.126471006	5
X3	0.127865409	2
X4	0.126853508	3
X5	0.113743309	6
X6	0.100496219	8
X7	0.11211599	7
X8	0.128506222	1
X9	0.037179581	9

接下来计算各指标的综合得分，计算公式如下：

综合得分 = 主成分 1 方差累积 × 因子得分 1 + 主成分 2 方差累积 × 因子得分 2

然后将各指标主成分的综合得分按照高低进行排名，得出中国 2010~2019 年的综合评价指数，主成分矩阵、综合得分和排名的结果如表 8-5 所示。

表 8-5　　　　　中国数字贸易 2010~2019 年综合评价指数

年份	第一主成分	第二主成分	综合得分	排名
2019	1.72588	-1.34619	0.96	2
2018	1.40549	0.60854	1.12	1

续表

年份	第一主成分	第二主成分	综合得分	排名
2017	0.78157	-0.03559	0.55	3
2016	0.18723	0.52758	0.24	4
2015	-0.13961	1.02703	0.11	5
2014	-0.62025	1.60573	-0.12	6
2013	-0.52375	0.20767	-0.33	7
2012	-0.7328	-0.38366	-0.6	8
2011	-0.95979	-0.73824	-0.83	9
2010	-1.124	-1.47287	-1.09	10

为了更直观地观察2010~2019年中国数字贸易的综合发展水平情况，根据表8-5绘制了图8-2。

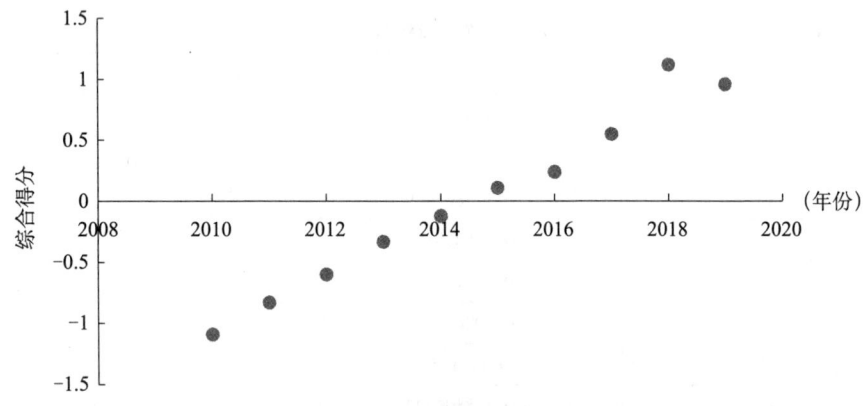

图8-2　2010~2019年中国数字贸易发展水平情况

通过观察表8-5，中国数字贸易2010~2019年综合评价指数和图8-2中国数字贸易2010~2019年发展水平情况可以得出结论：从总体看，2010~2019年，中国数字贸易发展呈递增趋势，由2010年的-1.09上升到2018年的1.12，实现了巨大的跨越。其中，2016年，中国数字贸易发展水平增速有小幅度下降，这是因为短期内，中国居民实际收入增速缓慢，消费习惯难以迅速改变。2019年的较大幅度的下降主要是因为在2019年底2020年初的爆发使数字贸易交易量减少。

通过观察数字贸易指标权重可以看出：第一，人均GDP所占权重最大，这一指标意味着2010~2019年间，人均GDP对中国数字贸易发展水平有重要的影响，体现了人均可支配收入的重要性；第二，跨境电子商务交易规模与网络零售额、软件业务收入、ICT出口额的权重均大于0.12，跨境电子商务是数字贸易的重要组成部分，巨大的世界市场推动了数字贸易的发展，网络零售额、软件业务收入、ICT出口额的权重高说明了信息设备是发展数字贸易的关键因素；第三，数字服务贸易占比与计算机信息设备增加值的权重均大于0.10，说明这些指标对中国数字贸易的发展水平有显著的影响。

第三节 中国数字贸易发展影响因素分析

一、模型构建和变量分析

通过上文的研究分析，显然可以发现，中国的数字贸易发展是受多方面的因素影响的，因此，下文决定采用多元线性回归分析。多元线性回归模型包含多个解释变量，可以同时估测和检验多个因素对被解释变量的影响。多个自变量的最优组合可以将因变量一起进行预测或估计，比只用一个自变量进行预测或估计更有效，更符合实际，避免了因遗漏重要解释变量而造成的设置误差。因此，本书利用SPSS对多元线性回归模型进行中国数字贸易发展影响因素的研究。

建立多元线性回归模型：

$$Y = C + \beta_1 \ln GDP_{it} + \beta_2 \ln RD_{it} + \beta_3 OPEN_{it} + \beta_4 EDU_{it} + \varepsilon_{it} \quad (8-1)$$

其中，C为常数项，β_i为待估参数，ε为残差项。

在变量选取方面，根据上文对数字贸易的界定，选取了两个具有代表性的指标。根据上文对数字贸易特征的研究分析，故决定在贸易方式数字化、贸易对象数字化、贸易成效三个一级指标中选取两个因素来研究中国数字贸易的代表变量。电子商务销售通常是指在开放的互联网环境下，基于浏览器或服务器的各种在线商务活动，因此，选取电子商务销售额（X_1）作为代表性指标之一可以明显反映当今的数字化交易。贸易对象数字化是指以数据和以数据形式进行的产品和服务贸易，即将普通的产品变成数字化产品，其中一类是数据，如生产、销售、盈利的基础数据；一类是数字产品，如电子书、音乐、应用；一类是数字服务，如云计算、人工智能，因此，选择软件业务收入（X_2）来代替贸易对象数字化。下文实证研究所采用的数据共计为10年，从2010~2019年的时间序列数据。可在《中国统计年鉴》《中国电子商务研究中心》中查询得到。

二、实证回归结果分析

运用 SPSS 得出结果如表 8-6 所示。

表 8-6　　　　　　　　　　实证回归结果

变量	(1)	(2)
常数项	4.31(0.314)	3.827(0.193)
GDP 规模	1.37(2.771)	0.982(3.019)
研发投入	0.001***(-2.5956)	0.0012***(0.8291)
对外开放度	0.021***(3.084)	0.0183***(0.2911)
人均受教育年限	0.001**(0.827)	0.0101*(1.837)
R^2	0.792	0.624

注：*、**、***分别代表10%、5%和1%的水平下显著，括号内为 t 值。

GDP 发展水平对数字贸易的影响是积极的，说明经济发展会提升经济活动的数字化水平，进而促进数字贸易发展。当然，GDP 和数字贸易发展是相互的，数字贸易也促进了经济的发展。

研发投入与数字贸易的关系是正的，并且在1%的水平下显著。说明研发投入的提升极大地促进了数字贸易的发展。研发投入从两个方面促进数字贸易：一是随着研发技术的提高，互联网和数字技术的应用，极大地促进了本地经济活动的网络化，从而提升数字贸易水平；二是研发投入的增加，本国出口产品和服务的技术水平提升，提高了产品和服务的国际竞争力，在贸易数字化的背景下提升了数字贸易水平。

对外开放度对数字贸易的影响为正且在1%的水平下显著，说明不断提升开放水平，降低关税和非关税壁垒，减少清关手续等贸易便利化程度的提升，可以极大地促进数字贸易的发展。

人均受教育年限也与数字贸易发展水平相关，影响系数位正。

第四节　研究结论和政策建议

一、研究结论

根据上文利用主成分分析综合测度中国数字贸易发展水平，本章得出了以下结论。

第一，人均 GDP 对中国数字贸易发展水平有重要的影响，体现了人均可支配收入的重要性；第二，跨境电子商务是数字贸易的重要组成部分，巨大的世界市场推动了数字贸易的发展，网络零售额、软件业务收入、ICT 出口额的权重高说明了信息设备是发展数字贸易的关键因素；第三，数字服务贸易占比与计算机信息设备增加值对中国数字贸易的发展水平有显著的影响。

在对数字贸易影响因素的分析中，分析了研发投入、对外开放度、人均受教育年限的影响。通过多元线性回归分析，得到这些因素都对数字贸易的发展产生显著的正向影响关系，说明能够促进数字贸易的发展，且这种促进作用是长期的。

二、政策建议

（一）加快产业结构数字化转型升级

数字贸易越来越成为中国数字经济的主导，政府部门应该着力将传统贸易产业升级为数字贸易，因为只有与数字技术结合才能使数字贸易能够具备国际竞争的能力，促进中国数字经济的发展，才能提高传统贸易产业的生产销售的效率。数字技术是推动传统产业转型升级的核心技术，因此，必须加快在制造业、服务业等领域引进数字技术，加快融合，大力发展线上教育、数字支付等新的发展模式，逐步提高经济的数字化水平，优化传统产业的资源配置效率，推动传统产业数字化转型升级，一步步实现中国经济现代地、高质量地发展。

（二）加大科研投入，促进技术创新

数字贸易以数字技术为基础，是符合现代化发展的新模式，要不断地创新发展，这就需要具备强大的科研能力。所以，这都要求中国必须要提高数字技术创新能力，抓住机遇，突破局限，提高中国数字贸易在国际上的竞争力。

（1）科学预测未来经济走向，为高等教育院校、科研院所的技术创新提供准确的发展方向，减少错误的尝试，提高研究的成功率。另外，还应增加科研经费的投入，简化研究项目的审批程序，为数字技术的创新提供强有力的经费支持和研究环境。

（2）鼓励企业自主创新。创新是企业生存与发展的需要，不创新就会被淘汰仍是这个时代的真理。国内领先企业应该发挥带头作用，在发展自己的同时，要引导整个行业创新发展。国内追随企业应主动向国内领先企业或国外学习先进技术，促进自己企业产品的创新升级。政府可以向主动创新的企业给予政策优惠，扶植创新企业的发展，促进中国数字贸易的发展。

（三）完善人才培养机制

数字贸易的发展需要人才，要重视数字经济人才的培养，只有高素质的、专业能力强的人才队伍才能创造出可行的应用，才能创造出更多的经济价值。面对日益严峻的竞争环境，中国必须组织一套系统的、科学的人才培养机制，保证中国数字贸易在激烈的国际竞争中健康快速的发展。

第九章 促进数字经济发展的政策比较

第一节 各国支持数字经济的普遍政策

一、加强数字经济的顶层设计

近几年,全球经济增长的动能在不断衰减,新的经济动能在逐渐培育,在旧动能向新动能转换的时机,世界各国都非常重视数字经济的发展,为培育数字经济,在创新驱动、新兴基础设施建设、产业数字化、数字经济治理和国民经济的数字技能培训等方面采取行动。在数字经济发展的过程中,新业务、新商业模式的不断创建和扩展,以及组织生产方式的改变,促进经济结构转型升级的同时,也由于技术技能和能力的高度集中,导致了收入不平等的扩大。因此,在数字经济发展的过程中,要考虑利益相关者,包括私营部门和民间社会,对数字经济发展影响的应对。

数字经济战略从顶层设计向提升数字创新能力发展,在推出数字经济顶层设计后,各国围绕大数据、人工智能等领域的研发创新和应用发展加快布局,美国在2018年发布了《美国机器智能国家战略报告》,提出六大国家机器智能战略,旨在通过对产品研究与开发的长期资金支持,促进机器智能技术安全发展,并通过强化创新基地巩固美国领先地位。2019年美国启动了美国人工智能计划,发布了最新的国家人工智能研究和发展战略研究,重新评估了联邦政府人工智能研发投资的优先顺序,加速人工智能发展,维持领先地位。《2021年战略竞争法案》提出:"为确保美国在关键和新兴技术的创新方面处于领先地位,如下一代电信、人工智能、量子计算、半导体和生物技术等,为私营部门提供必要的投资和具体的激励措施，以加速此类技术的发展；使盟国和伙伴的出口管制和投资筛选制度及相关政策和条例现代化并与之协调；加强美国在技术标准制定机构和途径中的领导地位，以制定有关使用新兴关键技术的规范；通过制定多边出口管制措施、国防技术安全能力建设、保护供应链中的瓶颈、确保多样化、设计向盟国和伙伴出口的主要防御能力等措施与盟国和合作伙伴合作"。德国在 2018 年推出《高技术战略 2025》，提出推动人工智能应用，利用国家人工智能战略系统，提升德国在该领域的能力，2018 年发布了《德国人工智能发展战略》，旨在将人工智能重要性提升到国家高度和人工智能的发展和应用，提出整体政策框架，并计划在 2025 年投入 30 亿欧元用于该战略的实施。日本在 2018 年发布第 2 期战略性创新推进计划，重点推进大数据和人工智能技术在自动驾驶生物技术、医疗物流方面的应用，旨在通过推动科技从基础研究到实际应用的转化，解决国民生活的重要问题，以及提升日本经济水平和工业综合能力，2019 年发布了《科学技术创新综合战略 2019》，提出实现超智能社会的建设目标。

数字技术创新日新月异，数字化、网络化、智能化深入发展，在推动经济社会发展、促进国家经济治理和治理能力现代化，满足人民日益增长的美好生活需要方面发挥着日益重要的作用，数字经济快速发展，国际社会关注的焦点也在不断发生变化，当前各国围绕新型基础设施、数字化转型、跨境数据流动、数字税、数字贸易和数字货币等焦点问题加快布局，关键领域竞合加剧。

二、加强信息基础设施投资

新型基础设施建设打造数字经济发展的新基石，信息技术设施是数字经济发展的基石，也是数字产业化发展的重要部分，加强信息基础设施建设一直是各国普遍的共识，近年来信息基础设施建设加速向高速率、全覆盖、智能化方向发展。新型技术设施建设的创新发展成为各国新的国际热点。在新型基础设施建设中，5G 具有高速度、低时延、高可靠等特点，是新一代信息技术的发展方向和数字经济的重要基础。5G 的商业化发展，成为世界各国发展的焦点。5G 的发展总体上可以分为三个阶段：一是标准制定、技术研发和产品研制；二是频谱分配、网络建设和政策完善；三是应用推广，构建融合应用产业生态。从 2019 年开始，包括韩国、美国、英国、意大利、西班牙、德国和中国等在内的国家，纷纷发放 5G 牌照。中国在 5G 建设上具有突出的优势，一方面，数字技术基础设施技术上全球领先。根据 WIPO 的数据，截至 2019 年底，5G 标准必要专利的数量上，中国所有机构掌握的 5G 标准必要专利总数达到了 4358 件，位居世界第一位。另一方面，中国的 5G 商业化规模最大，截至 2021 年 4 月，已累计建成 71.8 万个 5G 基站，成为全球最大规模的 5G 移动网络。韩国 5G 用户使用率处于领先地位，移动通信网络达到了 700 万，5G 覆盖率最高。

除了 5G 之外，各国还在加速空天地一体化信息网络建设。由于 5G 投资规模比较大，再加上信号覆盖问题，很多人口较少或者密度较低的国家，特别是一些经济落后的国家，无力进行 5G 基础设施的建设。因此，为解决这一难题，弥合全球数字鸿沟，主要跨国公司已开展天空和太空的信息网络建设，特别是卫星互联网，包括 Facebook 和特斯拉等正在发射大量卫星组建空间卫星网络。

另外，数据中心也成为数字经济时代的重要基础设施。移动互联网时代，数据流量不断增加，大数据中心也就是 IDC 的重要性日益凸显。大数据中心是数据存储、处理和交互的中心，被认为是当前的新型基础设施之一。从全球来看，谷歌、微软、亚马逊、苹果、脸书等科技巨头都在大力建设大数据中心，并且投入巨大。韩国计划建设的一个数据中心还将创下当地最大规模民间投资纪录。

三、促进传统产业数字化转型

制造业数字化转型加速发展，各国制造业数字化转型政策加速迭代，重视政策落地应用，一是各国政策目标加速向构建全局性、系统性转型。德国致力于构建互联互通的数字化转型产业生态，2019 年发布《德国工业战略 2030》，将机器与互联网互联作为数字化发展的颠覆性创新技术，加速推动，通过政府直接干预等手段，确保国家掌握新技术，确保其在竞争中处于领先地位。2019 年 4 月，德国发布了其最新工业 4.0 战略前景性文件——《德国工业 4.0 愿景 2030》，阐述了数字化转型的重点任务。美国以强化创新和技术成果转化为核心，推动制造业转型升级，自 2017 年以来，美国在国家制造创新网络基础上继续推动美国制造业计划，该计划通过联邦政府与产业界学术界以及专家合作，建立起产学研各利益相关者的互利合作关系。美国制造业计划在原有包括美国数字制造与设计创新机构等研究中心的基础上继续资助先进制造业相关研究机构，力图打造一个以创新中心和研究院为核心的创新生态和成果转移转化生态，弥补技术研发和融合应用之间的巨大鸿沟。中国自 2017 年 11 月《国务院关于深化"互联网＋先进制造业"发展工业互联网的指导意见》印发以来，工业互联网正式上升为国家战略，《"工业互联网+安全生产"行动计划（2021~2023年)》《工业互联网创新发展行动计划（2021~2023年)》相继出台，《"十四五"智能制造发展规划》提出，到2025年建成120个以上具有行业和区域影响力的工业互联网平台。全国30余个省市明确对"工业互联网"方向的政策支持，全国范围内形成以长三角地区、粤港澳大湾区为引领的两区三带多点发展格局。二是各国加速推动数字化转型关键举措的落地应用。一方面，加快推动底层技术研发，德国聚焦基础、共性技术，产品研发按工业4.0组件推动，实现数字孪生，同时加强工业4.0平台基础性系统研发。另一方面，创新数字化转型落地机制，各国纷纷推出加速器、孵化器、弹射器等数字化落地机制，投资创新中心和建立创新网络，成为加速数字化的普遍方式。英国在其数字化战略中，计划通过数字化弹射器项目共享最佳实践并提供商业培训训练营，从而帮助各早期数字化企业顺利发展。澳大利亚推出工业4.0计划，为企业和研发人员提供空间，共同适用工业4.0技术。美国和加拿大等大力推动开放实验室建设，为数字化创新提供非竞争性的实验场所。

各国转型投资稳步增长，为行业数字化积聚动力。根据IDC预测，随着企业在现有战略和投资的基础上发展成为规模化数字企业，2020年，全球数字化转型技术和服务支出增长10.4%，到2023年数字化转型之初，在ICT总投资中的占比，将从目前的36%增长到50%以上，增长最大的领域是数据智能与分析领域。美国将继续成为数字化转型支出的最大市场，占全球总支出的30%以上，西欧是第二大区域，紧随其后的是中国，这两个区域数字化转型支出将分别同比增长12.8%和23.6%。

除政府外，各国企业开展多样化探索，加速数字化转型创新步伐。全球领先的企业，从点面体三个维度全面调整布局，协同推进制造业数字化转型。跨国公司通过战略并购建立联盟，推出新产品、新服务等多种方式，在点上突破，把握新技术带来的红利，占领转型制高点。其中，数字孪生体系的建设和竞争尤为瞩目。从面上看，跨公司一方面将多种数字化工具和能力进行整合，着力构建覆盖全价值链的数字化解决方案，提供全链条服务，另一方面也不断将市场化解决方案拓展到更多行业领域，提供全行业服务。从整体看，越来越多的跨公司开始搭建低门槛的数字化平台生态，将更多需求端的服务开发者和需求端的大量中小企业纳入生态之中，从而跨越网络效应启动的连接点，实现平台生态的快速扩张。

各国以产业联盟为纽带,加速完善制造业数字化转型的生态,一是产业联盟成为标准体系的重要制定者,标准化是保持领先的先决条件、保持市场竞争力的关键,德国一系列传统标准化组织均积极合作开展工业4.0标准化研究,美国也同样如此,致力于创建和维护开发性规范,充分利用数据实践记录历史数据和处理数据进行标准化验证,从而实现工业自动化领域的标准。二是非政府组织成为创新网络承担者,无论是德国还是美国,都有一系列的非营运组织,加大投资,率先建成符合数字孪生工厂的示范工程,示范工厂等样例展示融合应用的可实现性,激发工业4.0潜在客户群体的需求。三是产业联盟成为全球深度合作的重要推进器,各产业联盟之间加强深度合作,在协同推进、体系架构、标准测试等方面促进产业生态发展。美国工业互联网联盟与电气和电子工程师协会、国际电工委员会等全球20多个知名行业组织建立合作关系,共同探讨工业互联网发展大计,中国、新加坡、俄罗斯和韩国等国家也都成立了本国的工业互联网产业联盟,计划聚合优势资源增进产业协同,积极融入全球工业互联网产业生态。

四、数据跨境流动成为国际交流合作新热点

数据跨境流动已成为大势所趋,各国纷纷针对本国国情和优先目标选择适当的数据跨境流动方案。受当前经济全球化和数字化的趋势影响,数据大规模的跨境传输不可避免,多国通过国内立法签署国际协定的方式,设计跨境流通规则,如欧盟发布《通用数据保护条例》,美国以维护数字发展优势为主旨设置《澄清境外数据的合法使用方案》,日本以跨境数据流动政策灵活性为主导,在国内立法形式上采取更为弹性化的政策,在国际上全面加强与美欧两大跨境数据流动监管框架对接,并积极推动跨境数据自由流动、规则构建。中国通过网络安全法明确的数据存储保护基本制度,保证数据网络数据的完整性、保密性、可应用的能力。整体来看,高水平跨境数据流动规则的制定,在抢占数字贸易规则决策者身份的过程中起到了重要作用。2019年9月,日本与美国签署了贸易协定,提到确保各领域数据无障碍跨境传输,以及禁止对金融业在内的机构提出数据本地化要求,希望制定旨在促进数据自由流动的规则,继续发挥两国在数字贸易领域世界规则制定方面的引领作用。但是由于数据安全、网络数据安全、数据隐私保护法律适用于管辖数据本地化存储,国际贸易规则等成为数据跨界联动领域各国关注的焦点问题,如2020年7月,欧洲最高法院认为,在美国的服务器上存储欧盟

居民的数据,将有可能是欧洲人受到美国政府的监控,但欧洲人却没有该法院所称的可起诉权利来应对这种监控,其裁定结果涵盖了欧盟最高法院对欧洲公民的个人数据隐私、保护网络数据和跨境存储的安全性等问题的诸多考虑,也是在数据共享与数据主权之间做出的一个平衡,在数据存储本地化方面,一些国家出于保护本国数据、维护国家安全以及促进国家发展的目的,对数据提出本地化存储要求,无论是美国、欧盟等发达国家,还是印度等发展中国家,都推出了一系列的法案,积极地推进数据本地化政策,增加本国数据存储能力,实现数据价值的本地化。在网络数据安全和数据隐私保护方面,各国针对数据隐私安全进行明确立法的趋势明显,欧洲数据安全条例成为诸多国家的数据隐私保护参考范例,以欧盟为例取代数据保护领域,持续输送制度影响力。欧盟个人数据保护、国际公约和冲突性保护白名单认定程序的推进,均在不断提高欧洲在数据保护领域的国际话语权。各国在数据跨境流动领域采取了一系列措施,2020年3月,基于合法使用境外数据明确法云法案,澳大利亚联邦政府修订电信拦截和接入法案,允许协议国在处于执法目的时互相跨境访问通讯数据。欧盟最高法院出于对欧盟公民数据隐私安全的考虑,于2020年7月宣布废除伊斯顿跨太平洋数据保护协议。中国在2020年7月出台了数据安全法规定,支持促进数据安全与发展的措施,提升数据安全治理和数据开发利用水平,促进以数据为关键要素的数字经济发展。

第二节 支持数字经济发展的区域和国别政策比较

一、OECD 国家的数字经济政策框架

在数字经济发展中,OECD 国家起到了引导者的作用,无论是数字经济本身的发展,还是包括数字经济与其他相关方面的综合,2020年 OECD 国家出台了数字经济的综合支持框架,该框架承认技术、数据和业务模型作为数字化转型的推动力(OECD,2019),并建立在跨多个不同政策领域的数字化转型"向量"的交叉分析的基础上(OECD,2019)。该框架包括七个相互关联的政策:

(1)市场进入;(2)数据使用;(3)创新;(4)工作;(5)社会繁荣;(6)信任;(7)市场开放度。

该框架强调,要使数字化转型为增长和福祉发挥作用,就必须采取所有政策措施。每个策略维度都将需要共同考虑多个策略域放在一起,而不是作为单独的策略孤岛,并促进协调,同时为策略或法规的发展提供了灵活性。充分利用数字化转型带来的好处并应对挑战,需要在框架中确定的所有政策领域进行协调。它还需要考虑跨框架政策几个维度的横向政策问题(例如技能和数字政府)(OECD,2019)。另一个重要的问题涉及数据和数据治理,该报告概述了框架的七个政策维度以及其中包含的政策领域。它还为框架付诸实践提供了指导。尤其是,它提出了制定能够反映数字时代的政府整体决策方法。

(一)信息基础设施的建设

在数字经济中,最主要的是获取信息和数据,这就需要信息技术设施的建设,包括物联网、人与机器之间的相通相连。

1. 信息基础设施的建设。

以较优惠的价格获取高质量的通信网络和服务,是数字经济发展的基础,因为数据已经成为非常重要的资源,在很多情况下数据是经济发展的驱动力,也是生产当中的必须投入,取决于数据的可用性和可访问性。因此,接入通信基础设施和服务对于数字经济的发展至关重要。各国政府通过鼓励对通信基础设施(尤其是宽带网络)的投资来促进接入,方法是鼓励在网络中部署更多的光纤以推动各种接入网络的速度大幅提高。为了利用数据革命,欧盟在2016年启动了"欧洲云计划—在欧洲建立竞争性数据和知识经济"的活动,重点建设欧洲开放科学云(EOSC),为政府、产业和企业提供世界一流的用于存储和管理数据高速连接以传输数据的数据基础架构,此后包括欧盟《地平线2020研究与创新(R&I)计划》、CEF2 Digital等项目的实施,为欧盟数据基础设施建设提供了坚实的基础。支持和刺激了成员国的信息化基础设施投资,建立了HPC、云基础设施和海底电缆。在此基础上,欧盟地平线2020年规划投资24亿欧元支持泛欧重要科研基础设施的访问和联网,InvestEU计划另外2021~2027年近6500亿欧元的投资计划,重点投资于可持续基础设施、研究创新和数字化、中小型企业以及社会投资和技能。

2. 投资政策。

在整个经合组织中，通信基础设施和服务投资的最大份额来自私营部门，为了刺激私营部门对网络的投资，政策制定者围绕消除投资障碍并改善竞争动态。私营部门投资的许多障碍都与传统的通信基础设施和服务政策问题有关。例如，投资通常取决于关键技术支持者的可用性或接受程度，包括频谱和 IPv6 地址的存在，首先确保 IXP 的开发、访问和使用，以保持本地流量，减轻区域间链接的负担并刺激对本地网络的投资。其次，重要的是要确保频谱有效分配，作为一种非常稀缺的自然资源，随着通过无线网络传输的大量数据，频谱变得越来越重要（OECD，2014）。最后，由于现有未分配的 Internet 协议（IPv4）地址即将用尽，因此速度相对较慢，新一代地址（IPv6）的使用可能会限制更多设备的连接（OECD，2014；Ayoub，2019）。尽管某些 Internet 服务提供商已经开发了用于 IPv4 的短期解决方案，但长期无法转向 IPv6 可能会影响移动电话和物联网（IoT）的发展，并可能阻碍减少数字鸿沟的努力。通信基础结构和服务策略对于促进高速基础结构部署至关重要。例如，简化许可要求、消除监管不确定性并促进有效获得通行权，可以帮助刺激投资。这些法规问题可能会在未来变得越来越重要。

政策制定者还致力于促进通信基础设施和服务市场刺激私人投资，并帮助进一步将光纤部署到固定网络中，以支持包括 5G 网络在内的所有下一代技术的速度和容量的提高（OECD，2019）。基础设施之间的竞争程度会影响服务提供商的投资和定价决策，并能提高宽带服务的整体质量和速度，包括服务欠佳的人群。随着广播和电信网络向基于 IP 的网络融合，竞争变得更加重要。竞争政策应确保通过提供捆绑或简单的语音、数据和视频，用户可以从网络和服务提供商的更多服务选择中受益。长期来看，融合对通信网络竞争条件的影响尚不明确。虽然提供电话、宽带互联网接入、无线服务和电视的几种组合正在推动有线网络运营商之间越来越多的合并和收购活动，OECD 之外国家的服务提供商也在积极进入。尽管各国条件各异，但拥有三到四个移动运营商的国家，可能会获得更具竞争力和创新性的服务（OECD，2014）。通信网络和服务提供商之间的竞争通常会导致更多的消费者选择更好的通信服务质量和更低的价格。但是，有人认为，提供语音和视频服务的最高（OTT）阻碍了基础架构运营商投资于进一步的网络扩展和内容创建。其他人认为刺激通信市场的创新和竞争，并产生流量和对宽带服务的需求，从而鼓励更多的投资。政策制定者促进中立的框架，以促进对宽带网络的投资，保护消费者，促进竞争并为所有人创造机会（经合组织，2016）。

大多数经合组织国家制定了宽带接入目标，而大多数经合组织国家已在国家宽带计划中纳入了一些具体举措，以扩大农村地区的宽带。这些国家宽带计划还可以包括对农村地区通信基础设施进行公共投资的具体规定，因为与私营部门相比，公共部门可能更优先考虑速度和普遍覆盖的优先事项。政府可能更容易采取长期和广泛的行动回报的观点，包括积极的社会外部性。政府可能选择通过投资高速骨干网或回程基础设施来解决农村地区私人运营的严重瓶颈（OECD, 2017）。鉴于公共资源稀缺，并有可能挤出高速网络的商业应用，另一种选择是通过各种激励措施鼓励私人投资，以减少投资和部署网络的成本。这些激励措施包括竞争性招标，以免征部分税款，降低频谱费或降低利率的贷款（OECD, 2018）。利用卫星宽带技术的创新混合方法也具有改善农村和偏远地区接入的潜力（经合组织，2017）。

但是，从实际看，包括欧盟在内的经合组织国家在5G基础设施上的投资非常小，商业化程度更低。主要原因是由于新冠肺炎疫情导致部分成员国无法在规定时间内拍卖5G的频谱，而且由于美国的强烈反对，对于技术更先进的华为5G产品，部分国家摇摆不定，难以进行政治决策，这也影响了5G的商业化进程，这就难以按照原估计的2020年底完成5G网络的部署，目前也仅仅只有一半的国家开始商业化5G网络，欧盟不得不推迟日期，要求各成员国要在2021年3月30日前及时提供5G无线频谱，且允许对5G无线频谱进行更多跨境协调。但这远远落后于中国、美国、韩国等国家。

（二）市场需求

数字经济的应用领域包括：数字政府、中小企业、劳动者及消费者。充分利用数字技术的力量和潜力取决于其使用主体和使用方式。有效地使用数字技术可以使个人能够参与社会，使企业提高生产率，使政府实现数字化并采用用户驱动的方法。数字技术和数据的广泛传播及有效利用，要求人们意识到它们带来的机遇、业务活力，对信息和通信技术（ICT）的投资以及互补性资产，尤其是技能。同时，政策需要加强对数字环境的信任，例如通过授权人员和组织更好地管理数字风险。因此，需要考虑促进有效使用的政策领域，包括：数字政府、投资、商业动态性、中小型企业（SME）、技能、数字安全性和隐私权。

在整个经合组织中，个人之间对互联网的简单使用已很普遍，但随着技术水平的提高和对充分利用这些活动的更高技能的需求不断增长，使用更高级应用程序的人所占的比例下降（OECD，2017）。虽然超过70%的人使用电子邮件并在线搜索产品信息，但不到40%的人从事数字内容创建和使用云计算（OECD，2019）。影响使用的重要因素是教育程度、年龄、就业状况、收入和性别。例如，互联网银行的高学历者和低学历者之间的使用差距超过40个百分点。各国之间也存在巨大差异。例如，在使用互联网银行业务时，使用率最高和最低的国家之间的差距超过80个百分点（经合组织，2019）。

数字政府的市场需求非常大且存在差异性。政府和公共部门也受益于使用数字技术。而大多数经合组织国家已将公共服务提供的某些方面（例如公共采购和税收）数字化，跨国差异仍然存在，并且更先进的数字公共服务仍有潜力。广泛地使用此类服务通常需要数字基础设备，例如 e-ID 或电子签名。高效的政府程序和有效的公共服务依赖于可互操作的数字解决方案和数据共享，这可以通过使用通用标准来实现，并且可以通过横向和纵向来促进跨不同机构、不同级别的政府和公共管理部门进行协调。除了电子政务和对数字服务交付的关注之外，许多国家现在正在转向更全面的数字政府方法。政府更充分地利用数字技术，以一种用户驱动的方式，即设计、开发、交付和监控以人和用户需求（公民和企业）为中心的公共政策和服务，而不是基于自上而下的假设。在数字政府中，数字技术不仅用于数字化模拟流程和服务，而且还作为从根本上重新考虑和重组政府流程、程序和服务以通过设计使其数字化的机会，各国越来越多地在数字政府中采用"移动优先"的方法。数字政府战略是采用更全面的方法进行政府和公共部门数字化转型的有用工具。数字政府战略可以帮助更好地将数字技术整合到决策过程中，制定战略议程，让利益相关者参与进来，并为更有效和高效的监管改革做出贡献。数字政府战略还应解决政府在数字化时面临的跨领域挑战，并帮助落实数字化转型的关键推动力。

（三）创新政策

创新政策包括企业家精神、中小企业、竞争、科学与技术、数字政府、部门政策和法规。

数字创新是数字转型的根本驱动力，它导致人们交互、创造、生产和消费方式的深刻变化。数字创新不仅带来了新颖的商品和服务，而且还带来新的商业模式和市场，它可以提高公共部门及其他部门的效率。数字技术和数据刺激了广泛领域的创新，包括教育、卫生、金融、保险、交通、能源、农业、渔业和制造业以及 ICT 行业本身。为了促进创新，需要考虑多个政策领域：企业家精神和中小型企业、科学技术、竞争和数字政府以及部门政策，例如，能源、金融、教育、交通、卫生和教育等。

1. 中小企业。

有效利用数字技术和数据分析是数字创新和新业务模型的基础，并且通常与创新过程和成果的变化以及整个经济中更高的创新绩效相关（Guellec and Paunov，2018）。新创立公司是数字创新领域的重要组成部分，因此，促进数字创新需要关注鼓励新创公司的出现和成长的企业家精神和中小企业政策。新创立公司创造的就业机会与其规模相比不成比例，为整个经济领域的更广泛经济增长奠定了基础（Criscuolo，Galand Menon，2014）。随着资源从效率低下的落后者流向规模较小、充满活力的企业，使其成长更快，大量的新创立企业促进了部门内部生产率的提高。

帮助企业家开展创新业务还特别注意促进新企业的结构性因素，并且不会过度惩罚企业家的失败（Adalet McGowan，Andrews and Millot，2017）。政策支持可以降低规模较小的公司承担追求数字驱动的业务模型或采用创新的数字技术的风险。初创企业在获得基于资产的债务融资和传统债务融资方面往往会遇到困难，而获得此类融资的企业往往要比现有竞争对手支付更高的交易成本（OECD，2015）。因此，增加融资选择的范围和减少公司税制的债务很重要。数字技术还可以通过众筹等创新手段帮助改善中小企业和初创企业的融资渠道（OECD，2019）。

此外，OECD 还鼓励风险投资的发展，鼓励投向数字经济企业。风险资本可以帮助弥补由于数字技术的早期采用者（通常是年轻的公司）缺乏内部资金和向投资者传达其"质量"的良好记录而引起的融资缺口（Hall and Lerner，2009）。

2. 竞争。

OECD 鼓励竞争，降低垄断带来的风险。数字化经济中的市场集中度是创新的另一个障碍，因此，OECD 特别强调竞争政策的重要性。年轻的公司是与其他成熟公司竞争的重要来源，并且可以刺激整个经济领域的创新。大型公司大大增加了从数字密集型行业收购初创企业的机会。特别是在 2005~2016 年，数据处理和软件行业的收购量大幅增长，因此，在 2016 年，排名前 1% 的收购者约占交易总值的 70%。但是，监管框架可能会限制新参与者的进入，对于推动竞争、创新和技术在整个经济中的扩散至关重要。例如，要求实体存在的法规可能会限制在线中介业务的出现，要求具有较大的最小规模的法规可能意味着只有很少的数字企业能够达到这种规模。类似地，某些行业（如银行业）的高法规负担可能会很高，以至于只有一家新兴企业才能负担得起。一定规模限制了规模较小且通常具有数字功能的业务模型的出现。OECD 鼓励各国降低最小规模的限制，鼓励更多中小企业参与竞争。

3. 研发。

为研发提供支持。数字创新依赖于不断建立知识库，因此，在科学和技术方面的基础研究至关重要。支持大学和其他进行基础研究的机构可以帮助播下未来创新的种子；基础研究为驱动当前数字化转型阶段的大多数通用技术提供了支撑（OECD, 2015）；公共部门在支持此类研究中起着重要作用，因为私营部门通常不愿投资成本高且回报不确定的项目。例如，一些最早的数字技术，例如 Internet、全球定位系统（GPS）和语音识别技术等都具有广泛的外部性，私人企业投资的成本较高。OECD 的公共部门帮助推动创新，大学、企业和政府之间的合作伙伴关系帮助初创企业掌握技术，提供初始资金和公共研发平台以测试和扩展新技术。公私伙伴关系（PPP）还通过共享数字创新的风险和回报来刺激创新。在许多领域，商业领域的创新是与科学系统和发现过程紧密相关，很少有单个公司即使是最大的公司，能够拥有单独推进知识前沿所需的全部资源。因此，为了促进尖端科学与创新的产生与推广，公私合作显得尤为必要（经合组织，2018）。OECD 国家精心设计的支持研发和创新的激励措施，如包括保护知识产权制度和基于税收的激励措施，如研发税收抵免。另外，也出台政策使人们能够访问支持科学的研究基础设施的在线平台（经合组织，2017）。除了上述政策以外，开放科学计划对促进数字创新起到了巨大作用（经合组织，2015）。此类计划承诺将有更多机会获得科学信息和数据共享，并使企业、政策制定者、公民和其他有关方面更有效地参与其中。在公共研究中，实际上，由于数字化转型，研究过程本身已经发生了变化。如人工智能（AI）之类的数字技术有望用于观察、假设产生和实验。人工智能还促进了以前由科学家执行的任务的自动化，包括观察和收集数据。OECD 部分国家已经开发了一些人工智能应用程序，特别是那些使用自然语言处理分析语义的应用程序，以筛选和解析不断增长的科学文献，从而使科学家能够进行更集中的研究（Extance，2018）。这些措施加速创新以及推动社会和经济发展。

经合组织创新战略（2015）提出了五个政策重点：（1）加强对创新和其他商业的投资；（2）投资并塑造有效的知识创造和传播系统；（3）抓住数字经济的好处；（4）培养人才和技能并优化其使用；（5）改善对促进创新的政策的治理和实施。创新战略强调，要促进创新，需要多种政策组合，这些政策将根据具体情况而有所不同，并且不仅限于狭义的研究和创新政策。它还强调了进行监视和评估，从经验中学习以及随着时间的推移调整政策以确保政府行动有效并以最小的成本实现其目标的重要性。

4. 数字政府和行业战略。

开放的政府数据，可以推动公共部门及其他领域的创新和效率。数字技术可以帮助政府更好地制定、设计和执行政策法规，从而变得更高效并减少浪费。随着公共部门产生和消费大量数据，政府具有利用这些数据和数字技术进行创新的巨大潜力。数字化转型的步伐因部门而异。经合组织利用一系列技术、投资和人力资源相关特征的数据，制定了分类法，概述了不同行业实现数字化的程度（Calvino，2018）。

数字技术（数据分析和 AI）在提高服务活动（包括知识密集程度较低的活动，如交通和住宿等行业）上表现得不太明显。而对于医疗卫生系统来说，数字经济的作用非常突出，在卫生部门可以将患者历史数据与实时患者数据连接起来，并使用连接的设备，可以推动日益个性化的护理和全行业范围内的创新，包括通过更好地衡量治疗费用和更好地实现检测医疗保健系统中的不安全做法。但是，到目前为止，OECD 国家的卫生系统数字化转型还存在许多障碍，最主要的就是零碎的数据治理系统（Oderkirk，2017）。在农业等其他部门，地理信息系统等数字技术以及关于土壤、天气和环境状况的日益详细的数据可以帮助优化农业生产过程。

5. 数据公开和共享原则。

经合组织正在进行的工作旨在确定与数据公开有关的共同原则和分享。经合组织在这方面的相关文书包括：经合组织理事会关于从公共资金中获取研究数据的建议（2006），经合组织理事会关于增强获取的建议，《有效利用公共部门信息》（2008）和经合组织《数字政府战略理事会建议》（2014）。目的是制定一项涵盖经合组织的总体法律文书，该文书结合了数据的获取和共享的一般原则。

（四）工作

关键政策领域：劳动力市场、技能、社会保障、税收和福利、区域发展。

数字化转型已经开始改变组织和市场，引发了有关以下问题的重要问题：哪些工作可能会消失，新工作将来自何处，它们将是什么样子以及需要哪些技能。同时，问题围绕哪些人可能受到的影响最大，以及如何开展工作来促进创造新的工作机会，并使技能发展与不断变化的工作技能要求保持一致。确保数字化转型带来更多更好的工作将取决于政策，包括劳动力市场、技能、社会保护以及税收和福利等领域。由于影响可能集中在某些行业和地区，因此，部门和地区发展政策也很重要。

数字化转型导致创造性破坏，一些工作被流失，另一些工作被创造。在许多国家，总体就业率处于创纪录的高水平。经合组织2006~2016年间总就业变化的证据表明，在约3800万个工作岗位中，有42%或1600万个工作岗位是在高度数字密集型部门中创造的（经合组织，2019）。这一发现与理论上的假设相符，即除了直接创造就业机会之外，对ICT的投资或使用还应通过促进生产率的提高、价格的下降和新产品的出现，从而间接创造就业机会，导致更高的最终需求并进而增加就业机会。

数字技术还有助于通过在线平台开展工作。此类工作的范围从本地提供的服务（流动性或住宿）到在线提供的服务（包括简单的点击工作以及高技能的编程和咨询）。

最近，很多政策集中在对未来可能受自动化影响的工作数量上。经合组织估计，尽管存在不确定性，但平均而言，在未来10~20年内，平均有14%的工作面临自动化的可能性冲击，另有32%的工作可能会发生重大变化（Nedelkoska and Quintini, 2018），这意味着所有工作中将近一半可能会发生重大变化。从技能的角度来看，经合组织国家中有62%的工人每天在工作中使用的识字能力达到了计算机已经接近复制的水平（Elliott, 2017）。然而，目前尚不清楚实现自动化的可能性有多大。事实上，迄今为止，没有证据表明技术变革与总体净失业相关（OECD，2017）。从技术的角度看，可以自动化的东西与公司目前正在自动化的东西之间似乎有很大的差距。

许多因素都会影响技术的采用，包括技能、经济、工会、法律、道德和社会因素；市场力量驱动着资本和劳动力的相对价格；市场结构以及某地区大、中或小公司的存在；机构规范和条例；消费者、社会偏好和道德规范（OECD，2018）。在某些发达经济体中，机器人甚至可以通过减少搬迁的需要来帮助减少因离岸外包而造成的工作损失。技术的进步和新商业模式的引入催生了"平台经济"并导致了非标准形式的工作的出现，这些形式是通过在线平台进行的，例如"人群工作""现场工作"和其他形式的按需劳动。尽管这类新工作形式仍占就业的一小部分，但它们近年来似乎增长很快。大部分此类工作似乎是某种形式的非标准工作，特别是由独立的、自雇的或自负盈亏的工人进行的，其中许多是兼职工作，有些可能被错误分类。

平台市场的工人通常会从低准入门槛和灵活性中受益，这可以促进代表性不足的群体的劳动力市场整合，并可以促进包容性。但是，非标准工人的劳动力市场结果差异很大，特别是在工资、工作保障和社会保护方面。例如，自谋职业居民的收入弹性比较大（OECD，2018）。这样的居民也不太可能受到集体谈判安排和/或某些劳工法规的覆盖，倾向于接受较少的培训，并且承受更大的工作压力。新的工作形式增加了组织工人保护自身权利的障碍，因为人们越来越多地独自工作，被地理、语言和法律地位分隔，或者简单地缺乏必要的信息。因此，重要的是要了解如何用灵活的就业形势可能变得更加普遍的世界中提高工人的代表性。在当前条件下，这类非标准工作的进一步增长可能会加剧不平等现象。鉴于某些人口群体在非标准工作形式中所占的比例过高（通常是妇女、技能最差的残疾人、小企业的工人以及移民），按需劳动力可能成为在获得良好工作中新的不平等根源（有些群体被限制于吸引力较小的工作类型），并有助于劳动力市场细分。在这种情况下，避免这种工作导致雇主将财政责任转移给政府和个人，特别是如果公司使用这种工作形式来避免雇主和劳工标准、税收和其他财务义务，并且不尊重负责任的商业行为的关键原则。与数字化转型及其在劳动力市场中引发的结构变化相关的不确定性需要通过一项政策议程加以解决，该议程应将人们的福祉置于中心位置，并确保没有任何人被抛弃。为实现这一目标，经合组织就业战略从三个方面为如何改善劳动力市场绩效提供了指导：（1）更多更好的工作；

(2）包容性劳动力市场；（3）适应性和弹性。在技能发展方面，经合组织技能战略为各国提供了有关战略要务和政策行动核心领域的指导。适应不断变化的劳动力市场需要制定政策，以促进工人在企业、行业和地区之间的公平过渡。这种过渡的成功将取决于公司的灵活性和工人的流动性，即企业家可以开办或清算业务，企业可以根据不断变化的商业条件调整劳动力，工人可以跨公司和各地流动，以寻求技能的更好匹配并增加职业机会。劳动与产品的市场政策在提供这种灵活性方面起着关键作用，它不会过分地限制公司的进入和退出，并允许增长和创造就业机会，而且通过促进投资促进工人的流动性，包括通过社会合作伙伴的倡议来制定关于非专业人士的规定，培养终身学习和适应能力、职业指导机制和培训资金。工人的流动性在很大程度上还取决于技能的可转让性和福利的可携带性，有效的就业服务的可用性以及促进工作转变的积极的劳动力市场计划。一方面，高技能的工人比低技能的工人更容易从一项工作转移到下一份工作，因为高技能职业之间的认知技能距离较小，而低技能职业的认知距离大；另一方面，高技能工人从高自动化可能性的工作转移到较低自动化可能性的工作的成本要比低技能工人的相同迁移成本更高，因为高技能工人离开工作岗位接受培训的成本要高于低技能工人的机会成本（Andrieu et al., 2019）。维持和改善数字化工作中的劳动力市场绩效，OECD国家不断重新审视劳动力市场规定。包括就业保护立法、最低工资法律、工作时间规定以及维护职业健康和安全的规定（OECD，2019）。

由于数字化转型可能进一步促进非标准形式工作的传播，这可能导致此类工人的工作和收入保障减少。对于某些新兴的新工作形式，尚不清楚工人的身份、雇主是谁以及应适用哪些规则。因此，各国不断审查其法律框架，确定是否需要对其进行更新和/或调整以使其适合于特定目的，以便所有工人无论合同类型如何，均享有充分的权利，包括结社和谈判的自由、同工同酬、福利和保障等。各国还考虑面对颠覆性商业模式如何更好地执行现有法规，以及哪些补充性法律和法规措施可以提供帮助。在某些情况下，鉴于新的工作形式，需要澄清或调整就业法规或其适用范围。例如，一个挑战是在某些国家，独立工人无法参加工会。此外，各国还继续审查劳动力市场法规和税收政策，确保各种形式的工作和合同之间保持中立，并避免监管套利。

尽管由于数字化转型而引发的技能需求发展仍存在不确定性，但关键技能的混合包括识字、计算和解决问题的技能（ICT 通用），以及互补性技能和能力如创造性思维、团队合作、自主权、任务自主性，各国继续加强基础正规教育和非正规教育。在接受初等教育之后，给所有工人提供机会和激励措施，以保持他们的技能，并在他们的整个职业生涯中提高技能和/或再技能，包括正式和非正式学习。解决成人教育和培训的障碍，特别是对于低技能居民。方法包括加强对培训投资的激励措施（例如，个人培训账户或终身培训权利）。由于挑战的范围不仅限于公共部门，政策还鼓励雇主对培训进行投资。政府鼓励私人投资发展可转让的技能，将基于工作的学习纳入教育计划，并创造一个环境，使人们对学习活动拥有更大的自主权。在线课程，例如 MOOC，也为多个领域的远程学习提供了灵活且负担得起的选择，但是，技能认证和接受正规教育之外的承认仍然构成挑战（OECD，2019）。并非所有过渡到新职业的工人或第一次失业之后尝试进入劳动力市场的工人都能立即找到新工作。因此，社会保障对于使所有人（包括流离失所的工人）成功公平地过渡至关重要。这涉及一个精心设计且资源充足的主动和被动劳动力市场计划系统，为工人及时提供基本的求职服务，并针对需要更多密集（再就业）服务或再培训的工人。

在许多 OECD 国家已经在努力提供充分的社会保护的情况下，包括在线平台市场在内的非标准工作合同（如临时合同、自雇、应聘劳动力）的工人增加了这些困难。越来越多的人仅偶尔工作或有多种工作和收入来源，在从属就业、自谋职业和无工作时间之间频繁转换。许多人从事非正式工作，没有受到现有规则的保护。所有这些增加了现有社会保障体系所面临的挑战，而目前的法规仍主要基于与单个雇主签订的全职、定期、不限成员合同的假设。因此，OECD 国家扩展和调整税收和福利制度，以确保为所有工人提供最低限度的保护，并将其各种收入来源纳入税收体系。

社会保障权利的可携带性，防止工人在工作之间移动时丧失应享的权利。各国政府扩大非缴费型计划的作用，以使没有人因其合同身份而没有社会保护。通过与教育培训机构、雇主、工会和工人代表与政府密切合作的社会对话，找到解决方案，主动管理变更以及应对不断发展的技能需求。

二、美国数字经济政策

美国政府 2012 年发布"联邦云计算机计划"，在 IT 服务上推广传统信息基础设施，2013年提出"先进制造业生产发展计划"，2016年又进一步提出"国家人工智能研发和发展规划"，使其在数据、算法、芯片等方面处于世界领先水平。

（一）"信息高速公路"是数字经济发展的基础

20世纪90年代，克林顿政府高度重视信息基础设施的建设，大力推进使世界进入数字时代的数字技术的发展，并率先提出了著名的"信息高速公路"和"数字地球"概念。1993年9月，联合国政府宣布了"国家信息基础设施行动计划"，开始实施"信息高速公路"战略。同时，美国还增加了在农村宽带领域的投资，2009年，《美国复苏与再投资法案》通过，这是一项7870亿美元的刺激计划，其中72亿美元用于发展农村宽带网络。此外，《2018年综合拨款法案》为农村宽带计划额外拨款6亿美元。

（二）商务部建立了完善的政策体系

近年来，互联网技术及相关政策被放在了首位，美国商务部发表许多重要的报告，出台了《数字经济日程》，成立了一个数字经济咨询委员会，投入了大量资源以应对数字经济的各种机会和挑战。2010年，美国商务部提出"数字国家"的概念。在随后的五年时间内，国家电信和信息管理局（NTIA）会同经济和统计管理局（ESA）连续发布6个"数字国家"（Digital Nation）报告，主要侧重于对基础设施、互联网、移动互联网等方面的统计和分析。2016年3月，商务部国际贸易局领导启动了"数字专员"项目，以项目的实施为美国企业提供支持和援助，帮助美国企业成功减少其在外国市场面临的数字政策和监管问题带来的不利影响，确保美国企业顺利参与全球数字经济，逐步打开全球的数字经济市场。

（三）数字贸易：高举自由贸易旗帜

自特朗普当选总统以来，美国一直在传统商品和服务领域之间进行贸易战，与中国、欧盟、加拿大、墨西哥、土耳其等国家和地区不断发生贸易摩擦。在传统领域，美国的保护主义倾向是显而易见的，而在数字贸易领域，美国高举自由贸易的旗帜，努力消除所谓的"数字贸易壁垒"。2016年7月，美国贸易代表办公室成立了数字商务工作组（DTWG），以快速识别数字贸易壁垒，并制定相对应的政策和规则。自 2016 年起，美国贸易代表办公室将数字贸易的主要障碍列为国家贸易评估报告的重要组成部分。2018 年国家贸易评估报告称，数字贸易的壁垒主要来自 9 个国家和地区，包括中国、印度尼西亚、韩国、欧盟、尼日利亚、俄罗斯、泰国、土耳其和越南，总共有 15 个障碍。

（四）支持 AI 的研究和发展创新

为实现此目标，美国投资人工智能领域的基础研究和应用研究，并支持试点项目。在 2019 年 2 月发布《维持美国人工智能领导力行政命令》之前，美国已于 2016 年发布了国家人工智能研究与发展战略计划，联邦政府资助的研究确立了一系列优先事项，包括人工智能领域协作的方法，理解和解决人工智能的伦理道德，法律和社会影响，并确保人工智能系统的安全。美国国家科学基金会还制订了 RI 计划（robust intelligence），鼓励不同传统之间的协同研究（包括人工智能、计算机视觉，人类语言、机器人学、机器学习、神经科学等），以此推进所有前沿领域的研究。

表 9-1 为美国促进数字经济的政策。

表 9-1　　　　　　　　　美国促进数字经济的政策

政策法规	发布机构
数字经济 2002	经济和统计管理局
数字经济 2003	经济和统计管理局
数字国家：21 世纪美国通用互联网宽带接入进展	国家电信和信息管理局
探索数字国家：美国家庭宽带互联网应用	经济和统计管理局，国家电信和信息管理局
数字国家：扩大互联网使用	国家电信和信息管理局
探索数字国家：计算机和互联网家庭应用	经济和统计管理局，国家电信和信息管理局
探索数字国家：美国新兴在线体验	经济和统计管理局，国家电信和信息管理局
探索数字国家：拥抱移动互联网	国家电信和信息管理局
在数字经济中实现增长与创新	商务部

资料来源：根据相关资料整理。

三、发展中国家的数字经济政策

（一）发展中国家数字经济发展现状和问题

由于数字经济具有典型的资本和技术密集型产业特征，需要在高速宽带、数据存储、算法应用等领域进行大规模的基础设施建设和研发投入。对于大部分国家尤其是发展中国家而言，数字化转型将面临严峻的资本与技术缺口。在政策竞赛背景下，受到国家间技术和资本资源禀赋差异的影响，国家间数字政策竞争将进一步催生世界经济失衡。

在传统信息技术发展模式下，南北方国家间的"数字鸿沟"主要发生数字技术使用的能力差异及因此产生的知识获取能力鸿沟。实际上，由于数字技术代际更新速度快，发展中国家仍然可以以较低成本获得次新代技术。传统"数字鸿沟"对发展的影响并未有想象中的差别大。比如，即便在最不发达的撒哈拉以南的非洲几乎都可以借助不断普及的互联网技术和不断降低的通信成本获得最即时的信息。尤其是现代移动通信终端的普及极大降低了这些国家获取知识和技术的门槛和成本，最初担心的所谓"数字鸿沟"并未对世界发展差距产生实质性的影响。

相比之下，"新数字鸿沟"主要体现在信息技术与传统产业融合基础上产生的生产能力差异，其将对国家间产业竞争力和世界经济发展格局分化产生实质性和长远性影响。在发展中国家尚未有效实现工业化之前，这些国家数字化战略的有效实施将受到诸多因素的制约。若缺乏实体产业基础，数字经济的发展将可能使得发展中国家产业结构朝向"过度服务业化"方向调整。比如，网络娱乐、移动支付和电子商务等消费场景领域的数字经济发展一定程度上造成了经济繁荣假象，并未有效形成相关国家参与世界经济体系的产业竞争力。由于缺乏实体产业，发展中国家的服务业发展通常建立在劳动力再生产服务和非生产性耗费服务基础上，这类服务业发展将会进一步抑制实体经济的发展，"新数字鸿沟"问题将使得发展中国家的发展问题更为突出。

第一，宽带和信息基础设施建设基础薄弱。普及率低于世界平均水平，网络速率全球排名较为靠后。在宽带普及率方面，仅中国和俄罗斯固定宽带普及率超世界平均水平，印度、南非固定宽带普及率仅为8%和32%，低于世界平均水平55个和31个百分点。在宽带速率方面，金砖国家网络速率排名仍较为靠后，巴西、印度、南非固定宽带网络速率排名仅为65、71、100，巴西、俄罗斯、印度移动宽带网络速率排名仅为78、86、123，提升宽带速率任务艰巨。夯实网络基础设施是发展数字产业化和产业数字化的重要基础和壮大数字经济的关键环节，对于减少数字鸿沟和推动金砖数字经济行稳致远。

第二,数字化转型基础薄弱,物流、支付等领域成为关键制约要素。从产业基础来看,金砖国家信息通信业发展起步较晚,并且服务业在三次产业中占比整体落后于发达国家,导致产业数字化基础相对薄弱,传统行业数字化转型难度较大。从物流发展来看,物流成本高、效率低问题已成为制约金砖国家融合应用的普遍困难。根据2019年12月2日《财经》杂志报道,目前,巴西国内80%的货物通过卡车运输,物流交付时效长、运输成本高的问题十分突出;俄罗斯地广人稀的地理特性导致物流成本居高不下,成为制约电子商务发展的首要困难。从支付能力来看,电子支付覆盖仍需加强。尽管近年来移动支付业务在金砖国家快速发展,但由于大量农村人口的存在,中国和印度仍有大量人口没有银行账户,制约了移动支付普惠发展。

第三,网络安全事件频发,政府数字治理水平滞后。一方面,目前网络违法和犯罪活动密集爆发,给金砖国家的经济发展带来难以估量的损失,加强网络监管已成为国际共识。根据赛门铁克发布的2019年《互联网安全威胁报告》,金砖国家是移动恶意软件攻击的重灾区,印度占23.6%,居第二位,中国居第四位,俄罗斯居第六位,巴西居第七位。另一方面,数字经济快速发展显著领先于制度规范,政府监管体系仍需适应产业创新发展需要。金融科技等新兴领域快速涌现,给治理带来新的挑战。2018年,受银行恶意软件攻击的用户中,俄罗斯位居榜首,印度和中国位列第三名和第四名。

(二)发展中国家数字经济政策

为此,部分发展中国家实施数字经济的国家战略,加大对数字经济的支持力度,部分国家的政策支持如下:

1. 印度数字经济政策。

2015年7月,印度莫迪政府提出"数字印度"倡议,计划以"印度制造"和"数字印度"两驾马车引领国家未来。印度的大多数GCI指标(全球连接指数,global connectivity index,英文缩写"GCI")得分都低于全球平均水平。"数字印度"面临的最大挑战来自基础设施发展滞后,这成为高速数据服务的主要障碍。随着印度政府的数字化战略,印度智能手机渗透率、移动宽带用户数和云化率得分都有所提升,电子政务、互联网参与度、宽带下载速率、固定宽带可支付性也有较大程度的提升。数字基础设施和服务正日益成为一个国家发展和福祉的关键因素和决定性因素。印度继续发展本国基础宽带，并重点关注宽带渗透率和速率的提升和技术的代际演进，构筑竞争优势。"数字印度"正在取得很大进展，主要得益于政府引导和参与，企业和社会的广泛推动"。其发展有三大支柱：创造数字基础设施、提供数字需求服务和电子政务。印度一直侧重于低成本获取数字工具，创建一个开放且可共同操作的数字化基础设施。印度正在积极开展"数字印度"计划，涵盖了高速宽带、电子治理、数字扫盲等领域。它还计划与公共机构和私企合作，在整个印度建立100个"智能城市"。印度的国家数字通信政策旨在释放数字通信网络的变革性力量，以实现数字赋权和改善印度人民福祉，到2022年实现下列战略目标：（1）向所有印度公民提供宽带服务；（2）在数字通信产业创造400万个新工作岗位；（3）提升数字通信产业对印度GDP的贡献；（4）推动印度成为国际电信联盟ICT发展指数中排名前50的国家；（5）提升印度对全球价值链的贡献；（6）保障数字主权。

印度电子与信息技术部成立数字印度集团整合机构，包括国家电子政务司等部门，旨在引导和支持"数字印度"及相关政策和举措出台。为此，电子与信息技术部还开设了5个软件测试和认证机构，成立国家网络协调中心。另外，该部还为金融和电力部门专门成立了计算机应急响应小组，为其数字化提供支持，并聘请麦肯锡公司对印度数字经济路线图进行研究。除了数字印度集团，印度政府还搭建了促进手机移动支付的国家"通用支付界面"；促进出台没有银行账户的人享受金融服务的国家普惠金融计划；促进数字交易的支付银行、电信和电子商务公司都参与经济活动之中。对使用电子支付的小商贩，国家给予税收优惠，甚至补贴。为让民众更好体验网络生活，印度政府还要求电信部门从2018年开始，必须向每个用户每个月免费提供100MB数据流量。此外，印度正在出台新政策，进一步刺激电子制造业，出台电子安全产品采购政策以及数据保护法等，力图从实体到法制全面推动数字经济发展。

2. 越南数字经济政策。

越南数字经济的发展遇到了许多问题，例如，不完善的法律框架、网络安全问题、高质量ICT人员短缺等。越南数字经济发展制定了四项主要政策，包括建立数字经济模式的基础制度，以及在风险投资领域吸引数字技术投资的法规改革。发展连通性基础设施，并鼓励企业开发5G服务以及国家数据库，希望企业采取措施应用数字技术，实施数字化转型，参与构建数字经济的基本要素。与此同时，越南制定一项国家战略《2025 年国家数字化转型计划及 2030 年发展方向》，以利用第四次工业革命（工业 4.0），使企业能够充分利用数字化带来的机遇。这一计划的双重目标是在发展数字政府、数字经济、数字社会的同时，形成具有全球竞争力的数字技术企业。该计划提出，至 2025 年，数字经济达到越南GDP 的 25%，在各行业和领域中至少占 10%。到 2030 年将占 GDP 比重为 30%。信息化发展指数和全球网络安全指数排名世界前 50 位，全球创新指数排名前 35 位。完成涉及住宅、土地、商业登记、金融、保险等领域的国家数据库建设、联通，并实现全国范围内的信息共享。越南将通过发展数字政府，提高政府运作效率，到 2025 年，越南省部级 90% 的文件、县级和乡级 80% 和 60% 的文件将实现网络平台处理。到 2030 年，这一比例将分别达到 100%、90% 和 70%。计划提出，至 2030 年，越南普及光纤宽带和 5G 移动网络服务，拥有电子支付账户的人口比例将超过 80%。

数字化是工业 4.0 重要发展基础，因此，越南政府高度重视国家数字化转型，先后颁布实施了《越南制造战略》《2025 年国家数字化转型计划及 2030 年发展方向》《中小型企业数字化转型扶持计划》等 30 余个数字转型计划和相关措施。另外，为促进数字经济发展，越南计划成立数字经济管理部门。

第三节　中国的数字经济政策

一、国家层面的数字经济政策

自 2015 年以来，中国政府高度重视发展数字经济，推动数字经济逐渐上升为国家战略，总体来看，数字经济发展战略规划经历了从重点推进信息通信技术的快速发展和迭代演进，到向经济社会各领域深度融合发展的路程。

（一）重视信息技术基础设施建设

自从 2013 年国务院出台了《关于印发宽带中国战略及实施方案》的通知，在通知里，首次提出了将宽带网络作为国家战略性公共基础设施，从顶层设计、核心技术研发和信息安全保障等方面作出了全面的部署。包括后来 2016 年 7 月的《国家信息化发展战略纲要》关于信息技术基础设施建设方面，提出到2025年建成国际领先的移动通信网络，到本世纪中叶，网络强国地位巩固。中国将5G作为重点突破方向，特别是2020年以来，中国将5G数据中心建设作为新基建的重点方向，出台了很多扶持政策。以5G、物联网、工业互联网、卫星互联网为代表的通信网络基础设施，以人工智能、云计算、区块链等为代表的新技术基础设施，以数据中心、智能计算中心为代表的算力基础设施等。

（二）推动产业数字化，融合信息技术和实体经济

首先，重视制造业基础的发展，2015年5月国务院出台了《中国制造2025》，计划用10年的时间，使中国的制造业迈入到制造强国行列，制造业达到发达国家强国的水平，到新中国成立100周年成为制造业强国。2016年7月，国务院出台了《"十三五"国家科技创新规划》，提出加快实施重大专项启动2030年重大项目，加快技术创新。除了重视制造业基础发展之外，更加重视制造业的数字化。2015年7月，国务院出台了《关于积极推动互联网加行动的指导意见》，促进网络经济与实体经济互动，2016年12月，国务院出台了《"十三五"国家信息化规划》，提出到2020年数字中国显著成效，建立起自主可控产业体系。在产业数字化中，企业作为市场主体，通过大数据、云计算等加快产业的融合发展。2017年工信部提出了《云计算发展三年行动计划（2017－2019年）》，提出到2019年云计算规模达4300亿元，云数据中心、云计算网络安全和监管体系比较完善。2017年7月，国务院出台《新一代人工智能发展规划》，提出在2020年初步建立起人工智能体系，总体技术与国际同步，2025年，人工智能基础理论实现重大突破，到2030年达成世界领先水平，成为世界主要人工智能创新中心。2017年7月，国务院出台了《关于强化实施创新驱动发展战略进一步推进大众创业万众创新深入发展的意见》，提出培养新业态，发展分享经济，改造传统产业。除了人工智能和云计算之外，工业互联网发展也是一个非常重要的方面。2018年9月，国务院出台了《关于推动创新创业高质量发展打造"双创"升级版的意见》，提出推动工业互联网发展，加快工业互联网与智能制造电子商务的结合与互促。2018年6月，工信部提出《工业互联网发展行动计划（2018~2020年）》，提出到2020年初步建成工业互联网基础设施和产业体系。2020年3月，工信部提出《关于推动工业互联网加快发展的通知》，提出加快新型基础设施建

设,加快拓展融合创新,加速壮大创新发展动能,完善产业布局。

(三)提高信息产品的消费能力

在消费上,2013 年《国务院关于促进信息消费扩大内需的若干意见》,主要涉及信息产品供给能力、信息消费需求提升,提升公共服务信息化水平、加强信息消费环境建设等方面支持,信息领域新产品新服务新业态发展。2017 年 8 月,国务院出台《关于进一步扩大和升级信息消费持续释放内需潜力的指导意见》,提出宽带中国战略,全面实现新的信息技术基础设施建设,公共数据资源开放等,2018 年 7 月,工信部出台了《扩大和升级信息消费三年行动计划(2018~2020 年)》,优化信息消费环境为保障,深化信息技术融合创新应用,打造信息消费升级版,不断满足人民群众日益增长的消费需求,促进经济社会更高质量、更可持续的健康发展。

表 9-2 为中国数字经济政策。

表 9-2　　　　　　　　　　中国数字经济政策

颁发日期	部门	文件名	主要内容
2015 年 5 月	国务院	《中国制造 2025》	第一步,10 年时间迈入制造强国;第二步,2035 年制造业达到强国水平;第三步,新中国成立一百年,成为制造业强国前列
2015 年 7 月	国务院	《国务院关于积极推进"互联网+"行动的指导意见》	网络经济与实体经济互动格局基本形成
2015 年 8 月	国务院	《促进大数据发展行动纲要》	精准治理多方协作的社会治理新模式
2016 年 7 月	中共中央办公厅、国务院办公厅	《国家信息化发展战略纲要》	第一步,到 2020 年,核心关键技术达到国际先进水平;第二步,到 2025 年建成国际领先的移动通信网络;第三步,本世纪中叶,网络强国地位巩固
2016 年 7 月	国务院	《"十三五"国家科技创新规划》	加快实施重大专项,启动"科技创新 2030—重大项目"
2016 年 12 月	国务院	《"十三五"国家信息化规划》	2020 年,数字中国显著成效,自主可控产业体系基本建立
2017 年 3 月	工信部	《云计算发展三年行动计划(2017~2019)》	2019 年,云计算规模 4300 亿元,云数据中心、云计算网络安全和监管体系等完善

续表

颁发日期	部门	文件名	主要内容
2017年7月	国务院	《新一代人工智能发展规划》	第一步，2020年人工智能总体技术与国际同步；第二步，2025年人工智能基础理论实现重大突破；第三步，到2030年，达到世界领先水平，成为世界主要人工智能创新中心
2017年7月	国务院	《关于强化实施创新驱动发展战略进一步推进大众创业万众创新深入发展的意见》	培育新业态，发展分享经济，改造传统产业
2017年8月	国务院	《关于进一步扩大和升级信息消费持续释放内需潜力的指导意见》	2020年，宽带中国战略全面实现，新一代信息基础设施建设，公共数据资源开放共享
2018年6月	工信部	《工业互联网发展行动计划（2018~2020）》	2020年，初步建成工业互联网基础设施和产业体系
2018年7月	工信部	《扩大和升级信息消费三年行动计划（2018~2020年）》	到2020年推动企业上云，比例和深度显著提升
2018年7月	工信部	《推动企业上云实施指南（2018~2020）》	到2020年，力争企业上云环境进一步优化
2018年9月	国务院	《关于推动创新创业高质量发展打造"双创"升级版的意见》	推动工业互联网发展，加快工业互联网与智能制造、电子商务的结合与互促
2018年10月	国务院	《国务院关于引发优化口岸营商环境促进跨境贸易便利化工作方案的通知》	减少进出口环节审批，优化监管证件办理，加大改革力度，促进跨境电商发展
2019年1月	国务院办公厅	《关于推广第二批支持创新相关改革举措的通知》	包括知识产权、科技成果转化、科技金融创新、军民融合等方面
2020年3月	工信部	《中小企业数字化赋能专项行动方案》	利用数字化工具尽快恢复生产运营、助推中小企业上云用云、夯实数字化平台功能、创新数字化运营解决方案等
2020年3月	工信部	《关于推动工业互联网加快发展的通知》	加快新型基础设施建设、加快拓展融合创新应用、加快壮大创新发展动能、完善产业布局
2020年4月	国家发展改革委 中央网信办	《关于推进"上云用数赋智"行动 培育新经济发展实施方案》	夯实数字化转型技术支撑、构建多层联动的产业综合服务平台、加快企业"上云用数赋智"、建立跨界融合的数字化生态、拓展经济发展新空间、加大数字化转型支撑保障

续表

颁发日期	部门	文件名	主要内容
2020年8月	国务院	《关于印发新时期促进集成电路产业和软件产业高质量发展若干政策的通知》	在财税政策、税收政策、投融资政策、研究开发政策、进出口政策、人才政策、知识产权政策、市场应用和国际合作等方面支持

资料来源：根据中央政府网站资料整理。

二、地方层面的数字经济政策

根据中国信息通讯研究院的数据，2020年有13个省份数字经济规模超过1万亿元，从GDP占比看，北京、上海分别达到55.9%和55.1%；从增速看，贵州、重庆、福建数字经济增速位列前三。在数字产业化方面，广东、江苏数字产业化规模均超过1.5万亿元。从GDP占比来看，北京、江苏、广东数字产业化占比超过15%，天津、上海占比超过10%。产业数字化目前是各地数字经济发展的主攻方向。广东产业数字化规模约为3.5万亿元，江苏、山东、浙江等地区产业数字化规模也超过2万亿元。从占GDP比重来看，产业数字化在上海最高，为45.1%，福建、浙江、天津、北京、山东、湖北、辽宁、重庆、广东、河北等地区均超过30%。在国家政策的引导下，各级地方政府纷纷将大力发展数字经济作为推动经济高质量发展的重要举措。全国31个省市地区直辖市都提出了各自促进数字经济产业的政策（见图9-1）。

1. 广东省。

广东数字化发展水平一直排在全国前列，2020年广东电子信息产业营业收入超4万亿元，连续多年居全国第一。广东省促进数字经济的政策比较完善，涉及数字化产业基础设施建设、电子商务、大数据、云计算等不同方面。相关政策包括：2006年《广东省企业信息化总体规划》、2008年出台《信息技术改造传统产业"十一五"专项规划》、2020年《珠江三角洲地区现代信息服务业发展规划（2010~2020年）》、2014年《广东省云计算发展规划（2014~2020年）》和《宽带广东发展规划（2014~2020年）》、2015年《促进大数据发展行动纲要》、2018年《广东省深化"互联网+先进制造业"发展工业互联网的实施方案》和《广东省支持企业"上云上平台"加快发展工业互联网的若干扶持政策（2018~2020年）》、2020年《广东省推进新型基础设施建设三年实施方案（2020~2022

● 数字经济规模超1万亿元　○ 数字经济规模超5000亿元

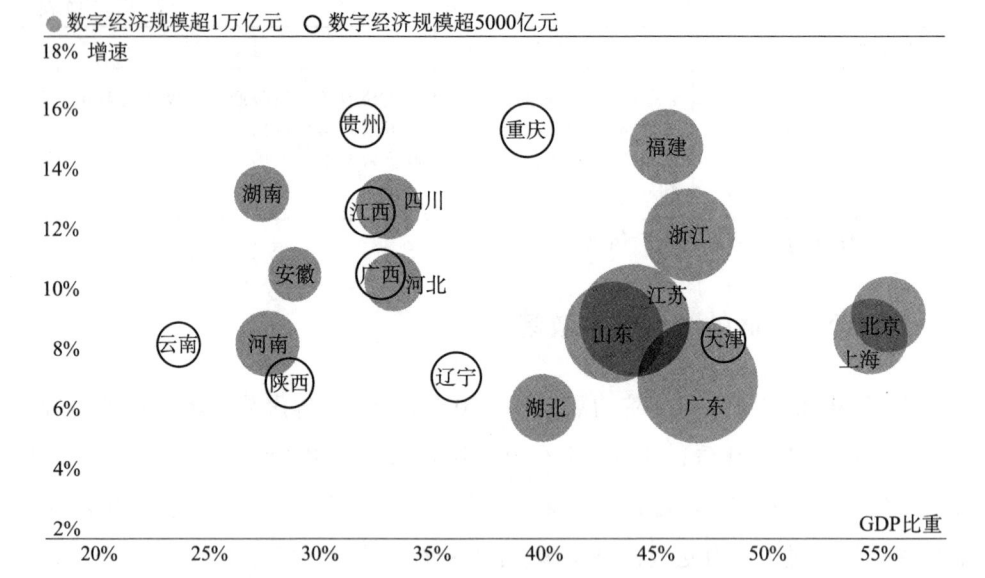

图 9-1　部分省市数字经济规模、占比和增速

注：图表所列为数字经济规模超 5000 亿元的省份。

资料来源：中国信息通信研究院。

年)》和《广东省 5G 基站和数据中心总体布局规划（2021~2025 年)》。目前，广东省也在积极推进《广东省数字经济促进条例》的出台。

2. 江苏省。

江苏省高度数字经济发展，数字产业化和产业数字化发展持续加速，2020年数字经济规模超过 4 万亿元，占 GDP 比重为 43%。江苏数字经济发展的主要目标是以建设数字经济强省为战略目标，全力打造"四个高地"：具有世界影响力的数字技术创新高地、国际竞争力的数字产业发展高地、未来引领力的数字社会建设高地和全球吸引力的数字开放合作高地。为此主要实施六大工程：（1）数字设施升级工程，重点建设基于新一代信息技术演化生成的信息基础设施，以及传统基础设施深度应用数字技术转型升级形成的融合基础设施。（2）数字创新引领工程，强化释放数据资源新动能、增强关键核心技术创新能力和提升数字产业新能级，为构建数据驱动发展新方式、形成数据驱动发展新形态创新赋能。（3）数字产业融合工程，提出推进制造业智能化转型、发展数字化生活和服务业、加快农业数字化融合发展，力促传统产业数字化转型和智能化升级，着力培育产业融合发展新动能，激发产业发展新活力。（4）数字社会共享工程，聚焦提升政务服务数字化水平和深化民生领域数字化服务，构建普惠共享的民生服务体系，提升人民群众幸福感、获得感。（5）数字监管治理工程，聚焦打造政府数字监管治理新模式，着力构建多方共治监管机制，提升政府监管数字化水平，压实互联网企业管理责任。（6）数字开放合作工程，重点从推进省内区域协调发展、对接国家重大战略、提升国际交流合作三个层面，提出加快构建江苏省数字经济发展新格局。数字经济战略规划呈现出由电子商务领域向制造业领域转变的特征，2014年7月，江苏省发布了关于加快电子商务发展的意见，旨在提升电子商务对全省经济增长的贡献度，形成一批在全国具有较高知名度和影响力的电子商务平台和龙头企业。2016年开始，政策重点逐步转向了工业互联网+智能制造等领域，2016年出台了江苏省大数据发展行动计划，关于深入实施互联网+流通行动计划的意见等政策，从数字产业化方面对数字经济发展提出要求，2017年开始注重第二产业的数字化转型升级，出台了《江苏省十三五智能制造发展规划》《江苏省智能制造示范工厂建造三年行动计划（2018~2020年）》，还提出了《智慧江苏建设三年行动计划（2018~2020）》，围绕超前布局信息技术设施建设、深入推进智慧城市建设、加速普及智慧民生应用、加快发展数字经济四个重点方面，实施基础设施提档升级、政务服务能力优化、智慧城市治理创新、民生服务便捷普惠、数字经济融合发展五个方面的工程。2020年出台了《省政府办公厅关于深入推进数字经济发展的意见》，进一步推动数字经济发展。

3. 浙江省。

浙江省是我国发展数字经济比较早的地区，也是发展程度比较高的地区。浙江省把数字经济列为"一号工程"，包括杭州国家自主创新示范区、中国（杭州）跨境电商综合试验区等作为载体，大力发展以数字经济为核心的新经济，构建起较为完备的数字经济政策体系。2020年浙江省数字经济规模为2.78万亿元，数字经济占GDP比重已提升至43%，成为高质量发展主引擎。在2003年，浙江省政府就出台了数字浙江建设规划纲要，积极实现信息化带动工业化。随后浙江省数字经济政策紧密围绕产业数字化方面，尤其这种第三产业的数字化转型，陆续出台了《浙江省人民政府关于进一步加快电子商务发展的若干意见》《浙江省电子商务服务体系建设实施意见》《浙江省跨境电子商务实施方案》等政策。2017年开始注重第二产业数字化转型，出台了《浙江省制造智能制造行动计划（2018~2020）》，2018年相继出台了《浙江省国家数字经济示范省建设方案》

《浙江省数字经济 5 年倍增行动计划》等支持国家数字经济示范省建设。2021 年开始实施的《浙江省数字经济促进条例》，是全国首部以促进数字经济发展为主题的地方性法规，首次明确数字经济的法定概念，首次对数字产业化、产业数字化作出法律界定，首次在法律层面把发展数字经济作为经济社会发展的重要战略。创新举措包括建立大型科学仪器开放共享平台，培育形成大中小微企业协同共生的数字经济产业生态，支持企业普及应用工业互联网，推广农业物联网应用等。

表 9-3 为中国地方政府数字经济政策。

表 9-3　　　　　　　　　　中国地方政府数字经济政策

地区	文件名	主要内容
上海	《上海加快发展数字经济推动实体经济高质量发展的实施意见》	加快提升数字经济规模和质量；推动关键核心技术突破，培育一批优质企业
广东	《广东省培育数字经济产业集群行动计划（2019~2025)》	建成"国家数字经济发展先导区"，力争 2022 年数字经济规模达到 7 万亿元，占 GDP 比重的 55%，实施包括数字湾建设在内的七大重点工程
浙江	《浙江省数字经济五年倍增计划》	坚持数字产业化、产业数字化，全面实施数字经济五年倍增计划，深入推进"云上浙江"、数字强省，支持杭州打造数字经济第一城、乌镇创建国家互联网创新发展综合试验区
山东	《关于印发数字山东 2020 行动方案的通知》	围绕数字政府、数字经济、数字社会、数字基础设施和保障措施五个方面，提出了年度重点工作安排
湖南	《湖南省数字经济发展规划（2020~2025 年)》	大力发展数字产业化、加快推进产业数字化、着力突破关键核心技术、建设数字经济基础设施、创新数字经济治理模式、强化数字经济信息安全、构建数字经济生态体系七项主要任务
北京	《北京市加快新场景建设培育数字经济新生态行动方案》	通过实施应用场景"十百千"工程，建设"10+"综合展现北京城市魅力和重要创新成果的特色示范性场景，复制和推广"100+"城市管理与服务典型新应用，壮大"1000+"具有爆发潜力的高成长性企业，为企业创新发展提供更大市场空间，培育形成高效协同、智能融合的数字经济发展新生态，将北京建设成为全国领先的数字经济发展高地
天津	《天津市促进数字经济发展行动方案（2019~2023 年)》	到 2023 年，初步形成智能科技创新能力突出、融合应用成效显现、数字经济占国内生产总值（GDP）比重全国领先的发展新格局，数据成为关键生产要素，数字化转型成为实现天津高质量发展的主导力量，力争把滨海新区打造成为国家数字经济示范区

第九章 促进数字经济发展的政策比较

续表

地区	文件名	主要内容
重庆	《重庆建设国家数字经济创新发展试验区工作方案》	将用3年左右时间，围绕制约数字经济创新发展的关键问题，大力开展改革创新、试点试验，力争到2022年，数字经济总量达到万亿级规模，占GDP比重达到40%以上
黑龙江	《"数字龙江"发展规划（2019~2025年）》	到2025年，"数字龙江"初步建成，信息基础设施和数据资源体系进一步完备，数字经济成为经济发展新增长极，数字政府运行效能显著优化
吉林	《"数字吉林"建设规划》	到2025年，"数字吉林"体系基本形成，大数据、云计算、人工智能、"互联网+"成为创新驱动发展的重要支撑，以新技术、新产业、新业态、新模式为核心的新动能显著增强，经济社会运行数字化、网络化、智能化不断提升
辽宁	《加快数字经济发展的实施意见》	以"数字产业化和产业数字化"为主线，大力培育数字经济新模式、新业态
河北	《河北省数字经济发展规划（2020~2025年）》	争取到2025年，全省数字技术融合创新及信息产业支撑能力显著增强，电子信息产业主营业务收入突破5000亿元，产业数字化进入全面扩张期，两化融合指数达到94，共享经济、平台经济等新模式、新业态蓬勃发展，基本建成全国数字产业化发展新兴区、制造业数字化转型示范区、服务业融合发展先行区
山西	《山西省加快推进数字经济发展的若干政策》（2018~2020)》	到2022年，全省数字经济创新发展基础进一步夯实，信息产业保持高速增长，数字经济规模突破5000亿元；到2025年，全省数字经济迈入快速扩展期，与数字经济相适应的政策法规体系建立完善，全民数字素养明显提升，数字经济规模达到8000亿元
河南	《2020年河南省数字经济发展工作方案》	2020年，全省数字经济快速发展，数字经济规模占国民生产总值的比重达到30%以上，数字经济核心区加快建设，国家大数据综合试验区成效显著；城市治理、社会服务等重点领域数字化转型与融合创新取得突破性进展，数字经济与实体经济融合发展水平显著提高
湖北	《关于加快发展数字经济培育新的经济增长点的若干政策措施》	实施5G网站工程、产业数字化改造工程、万企上云工程、大数据开发应用工程、线上新经济培育工程，建设公共卫生应急体系信息化建设示范区、新一代人工智能创新发展示范区、5G+工业互联网创新发展示范区、信息技术应用创新示范区、新一代信息技术与传统产业融合发展示范区
山东	《山东省支持数字经济发展的意见》	到2022年，数字经济与经济社会各领域融合的广度、深度显著增强，重要领域数字化转型率先完成，数字经济规模占地区生产总值比去年均提高2个百分点
内蒙古自治区	《内蒙古自治区人民政府关于推进数字经济发展的意见》	到2025年，全区数字基础设施进一步完善，产业融合创新取得重大进展，数字化治理能力有较大提高，数字化公共服务能力进一步增强，数字经济对国民经济发展的先导作用和推动作用得到有效发挥

· 195 ·

续表

地区	文件名	主要内容
江苏	《智慧江苏建设三年行动计划（2018~2020年）》	围绕超前布局信息基础设施、深入推进智慧城市建设、加速普及智慧民生应用、加快发展数字经济等四个重点方向，实施基础设施提档升级、政务服务能力优化、智慧城市治理创新、民生服务便捷普惠、数字经济融合发展等五方面工程
安徽	《支持数字经济发展若干政策》	支持数字技术创新，建设工业互联网创新中心；大力培育数字经济平台；打造数字经济产业生态，建设数字经济特色园区；大力发展"数字+"服务等
江西	《江西省数字经济发展三年行动计划（2020~2022年）》	把数字经济发展作为加快江西省新动能培育的"一号工程"，加快构建全省数字经济生态体系，促进经济、政府、社会各领域数字化转型，预计到2022年，江西省数字经济增加值年均增速26%以上，达到1.5万亿元以上，建成4万个5G基站，打造全国数字经济发展新高地
福建	《福建省人民政府办公厅关于加快全省工业数字经济创新发展的意见》	到2020年，产业规模持续壮大，电子信息产业规模超过1.2万亿元，年均增长12%以上，创新能力显著增强，以数字技术创新为主要动能的工业新生态初步建立，到2025年，工业数字经济生态更加完善，产业规模与创新能力走在全国前列
广西壮族自治区	《广西数字经济发展规划（2018~2025年）》	到2025年，全区发展形成具有较强核心竞争力的数字经济生态体系，带动实体经济实现大幅跃升，国际影响力显著增强，成为面向东盟的数字经济合作发展新高地和"一带一路"数字经济开放合作重要门户
海南	《智慧海南总体方案（2020~2025年）》	构筑开放型数字经济创新高地，聚焦产业数字化和数字产业化两大主攻方向，加快数字经济和实体经济深度融合，做好海南经济体系提质增效大文章，加快推动新型工业、特色农业、海洋经济、航运物流、金融、会展等优势产业数字化转型，不断壮大以互联网为核心的数字产业集群，着力营造宽松便利的开放化营商和创新创业环境，促进海南产业经济多元化发展
陕西	《陕西省推动"三个经济"发展2020年行动计划》	加快数字经济示范区建设，推进互联网、电子商务、大数据、物联网、人工智能、区块链等新业态加快发展，支持西安创建国家数字经济创新发展试验区，认定首批省级数字经济示范区、示范园，推进国家跨境电子商务综合试验区、国家数字出版基地、国家数字服务出口基地等建设
甘肃	《甘肃省数据信息产业发展专项行动计划》	到2020年，丝绸之路信息港初步建成，数据信息产业生态体系基本建立，成为甘肃经济社会发展的绿色新引擎，到2025年，在甘肃形成"一带一路"数字经济高地，丝绸之路信息港成为服务和支撑中西亚和中东欧及蒙古的通信枢纽，成为区域信息汇聚中心和大数据服务输出地的重要载体，把甘肃建成网络强省、数字经济大省

续表

地区	文件名	主要内容
宁夏回族自治区	《宁夏回族自治区政府工作报告》	2020年，要推动数字经济"领跑新赛道"，支持银川中关村双创园、石嘴山网络经济园、中卫西部云基地等高水平发展，培育软件服务、5G商用等业态，加快人工智能、物联网、区块链等应用，力促数字经济深融合、大发展
青海	《青海省数字经济发展实施意见》《青海省数字经济发展规划》	提出构建独具青海特色的"1119"数字经济发展促进体系，基本完成"一核三辅"数字经济布局搭建，形成"主题鲜明、重点突出、覆盖全面"的管理体系；"数字政府"建设实现创新应用，提高政府业务和决策效率；高速、移动、安全的新一代信息基础设施更加完善；数字产业进一步发展，产业数字化进一步深入
新疆维吾尔自治区	《新疆维吾尔自治区政府工作报告》	将大力发展数字经济，推进人工智能、工业互联网、物联网等新型基础设施建设，加快新一代信息技术与制造业融合应用，新疆将推动数字经济快速发展，力争数字经济增加值达到3700亿元，占全区生产总值的比重在27%以上
四川	《四川省人民政府关于加快推进数字经济发展的指导意见》	以"数字产业化、产业数字化、数字化治理"为发展主线，四川明确数字经济发展目标——2022年全省数字经济总量超2万亿元，成为创新驱动发展的重要力量
贵州	《贵州省数字经济发展规划（2017~2020年）》	探索形成具有数字经济时代鲜明特征的创新发展道路，信息技术在三次产业中加快融合应用，数字经济发展水平显著提高，数字经济增加值占地区GDP的比重达到30%以上
云南	《"数字云南"三年行动计划（2019~2021年）》	以国家数字经济发展战略纲要为指导，以全面推进数字政府改革建设、数字经济跨越发展、数字社会深度变革为目标，共谋划推进210个示范项目，预计三年总投资1033.44亿元
西藏自治区	《西藏自治区数字经济发展规划（2020~2025年）》	提出发展电子商务与智慧物流，将引导快递企业积极参与全区数字经济发展，争取相关优惠政策落地实施

第十章　数字经济促进经济高质量发展的战略选择

第一节　加大数字经济基础设施建设力度

　　5G 与云计算、大数据、物联网、人工智能等领域深度融合，将形成新一代信息基础设施的核心能力。5G 网络较 4G 具有高传输、低延迟、广连接的特点，技术具有跨界融合的天然属性，与新一代 ICT 技术、传统行业、新兴终端的融合，未来将产生更多新产业、新业态和新模式。其应用场景主要包括增强型互联网，应用于 8K 视频、3D 视频、云办公、云游戏增强现实等；海量连接物联网，应用于智慧城市、智慧家居；超低时延高可靠通信，应用于工业自动化、自动驾驶等。在数字经济浪潮下，5G 就如同"信息高速公路"，为庞大数据量和信息量的传递提供了高速传输信道，补齐了制约人工智能、大数据、工业互联网等在信息传输、连接规模、通信质量上的短板；人工智能如同云端大脑，依靠"高速公路"传来的信息学习和演化，完成机器智能化进程；工业互联网如同"桥梁"，依靠"高速公路"连接人、机、物，推动制造走向智造。5G 使万物互联变成可能，将推动整个社会生产方式的改进和生产力的发展。据市场调研机构 Dell'Oro Group 统计，中国 5G 网络将在未来 5 年迎来爆发式增长，预计到 2024 年中国 5G 用户规模达 10.1 亿人，市场规模达 3.3 万亿元；到 2030 年 5G 用户达 13.9 亿人，市场规模达 6.6 万亿元。因信息类新基建大多属于新技术新产业，需要不同于旧基建的财政、金融、产业等配套政策支撑。财政政策方面，研发支出加计扣除，高新技术企业低税率；货币金融政策方面，在低息融资、专项贷款、多层次资本市场、并购、IPO、发债等方面给予支持；产业政策方面，纳入国家战略和各地经济社会发展规划中。

积极优化数字经济基础产业。在经历国际产业转移的背景下，再加上中国加大了产业转型升级的力度，中国数字经济基础产业得到了迅速发展。但是，基于全球价值链理论来看，中国主要在ICT产业的加工组装环节具有竞争优势，来源于国外的附加值比较高，大多属于从国外进口关键零部件和中间产品，利用中国的熟练劳动力优势，在中国加工组装以后再出口。因此，中国必须加大关键技术和关键零部件的研发投入力度，在全球科技经济脱节的背景下掌握产业发展的主动权。另外，中国在ICT产业结构上还有待优化，对比发达国家在ICT制造业、电信业、软件服务业的比例，国际上这三者基本维持在1:1:1左右，而中国这三者增加值比例系数大约是3:2:0.6，可以看出，中国在软件服务上的附加值非常低，在关键的操作系统、工业软件上都受制于人，软件服务业尚有较大的发展空间，以全价值链理念加快传统产业数字化改造（樊轶侠、徐昊，2020）。

推动产学研结合，完善5G产业生态、促进融合发展。5G作为社会进步的基础设施，产业生态的成熟需要各方共同参与。5G技术是未来人工智能、物联网、车联网等其他技术的基础，以5G为平台的全方位信息生态系统将为通信、制造业、汽车、市政建设等各行各业的融合铺路。因此，5G技术的发展与创新不仅事关电信业，更需要科研机构、高校、行业企业等多元主体的积极参与合作。建议有关部门通过加强产业政策的扶持与引导，建立多主体共同参与、平等对话的窗口。联合产学研各方力量与产业链各方资源参与，引导资金链、人才链和创新链的深度融合，完善创新网络，培育5G创新生态。5G技术正在不断演进中，其下游应用场景与商业模式尚未成熟。唯有加快推动5G工业互联网、车联网、智能交通、智慧医疗、超高清视频等垂直行业应用融合发展，才能充分发挥5G技术的赋能作用。建议电信运营商、设备制造商、终端厂商、互联网企业建立新兴合作伙伴关系，最大限度地开发5G在社会发展与经济建设中的作用。核心技术、关键技术不可能通过参与全球分工获得，只能加强自主研发，针对产业薄弱环节，实施好关键核心技术攻关工程。核心在于着力提升产业基础能力，突破核心关键技术。强化基础研究，提升原始创新能力，作为应用技术的前端，基础研究需政府发挥主导作用：一是加大各级财政支持，鼓励和引导企业、金融机构、社会组织以适当形式投入，形成持续稳定的投入机制；二是破除体制机制障碍，优化研发布局，推进学科交叉融合，完善共性基础技术供给体系；三是创造良好科研生态，建立健全科学评价体系、激励机制。同时，实施更加开放包容、互惠共享的国际科技合作战略，为外籍高层次人才来华创新创业提供便利，探索推动外籍科学家领衔承担政府支持科技项目等，更多旨在促进科研领域国际合作的政策措施。进一步发挥我国产业链在全球竞争中的优势，塑造更多依靠创新驱动的引领性发展，必须把科技自立自强作为国家发展的战略支撑，提升创新供给质量，助力产业链长板补短板，确保产业链的完整性、安全性。深化科技体制改革，科学配置科技资源，围绕产业链部署创新链、围绕创新链布局产业链，推动创新链、产业链、政策链、资金链、人才链深度融合。

第二节 促进传统企业的数字化转型

一、数字经济与实体经济融合面临的问题

（一）核心技术仍然掌握不足

在运用新一代信息技术赋能实体经济领域，缺少长期的实践检验和经验沉淀，在赋能后如何获取价值创造方面仍在摸索前进，在传感器、芯片、控制器等核心元器件，设计开发工具、仿真测试工具、制造执行系统等工业软件，工业互联网、工业云、工业大数据等网络应用方面的核心技术实力和自主创新水平亟待提升，在标准、检测和服务体系方面亟须加快建设完善。

集成电路芯片是信息时代的核心基石，是全球高科技竞争中的战略必争制高点，但是中国集成电路产业一直受到西方在先进制造装备、材料和工艺引进等方面的种种限制。国内集成电路产业的生产制造技术落后国际领先水平约两代（36个月），国产基础软件对核心技术掌握不够深入，产品功能、用户体验、稳定性和成熟度等与国外主流产品仍存在一定差距，基础软件、核心工业软件的外资垄断程度较高。

（二）融合程度有待提升

新一代信息技术企业与传统制造企业对融合的认知存在差异。大部分制造企

业已实现从单一产品竞争向供应链竞争的转变，但很少有企业能够意识到在制造全生命周期产生的大量数据资源具有提升生产效率、降低成本损耗等战略价值，依然存在着重硬件轻软件、重制造轻服务、重规模轻质量的观念，企业间及内部部门间也缺乏数据互通的有效机制，数据价值难以有效挖掘利用。

另外，大部分新一代信息技术企业虽然了解深度挖掘数据资源的重要性，但对制造企业的主要业务流程及工艺流程缺少掌握，难以准确、有效地满足制造企业的实际运营功能需求。

（三）专业技能人才及跨界人才大量空缺

数字经济与以制造业为主体的实体经济融合发展在引发诸多组织、业态、模式变革的同时，也形成了大量新兴领域的人才需求，促使高素质人才的结构性短缺成为制约融合发展的关键瓶颈。

当前，大多数人才分布在传统的产品研发和运营领域，深入掌握工业大数据采集与分析、先进制造流程及工艺优化、数字化战略管理、制造业全生命周期数据挖掘等领域专业技能人才的总量还是相对较少。同时，在互联网、大数据、人工智能等新兴领域，也严重缺乏深入了解传统制造业运作流程与关键环节，能够在细分垂直领域深度应用新一代信息技术进行数字化、网络化、智能化改造的跨界人才。

二、促进数字化转型的政策建议

1. 制定数字化转型的标准。

应该组织专门研究团队，聘请国内制造业数字化、网络化、智能化升级改造领域资深专家，参考对标数字经济支撑制造业发展的国际先进案例和成功经验，围绕数字化研发、数字化创新、数字化制造、数字化管理、数字化服务等多个维度，立足于全要素生产率提升水平，综合制定一套完备、系统、权威的总体评价指标模型。根据电子信息、航空航天、汽车装备、机械制造、能源化工等制造业各行业的不同发展特点，研究制定相应的分行业评价指标模型，客观、全面、及时地反映我国各区域、各行业数字经济支撑制造企业高质量发展的能力水平。

2. 依托工业互联网统筹部署"产业大脑"开放平台。

应该引导并支持各骨干制造企业与互联网、大数据、人工智能的领军企业形成战略合作,以工业互联网的部署、连接及实施为导向,共建和推广"产业大脑"开放平台,完善制造业创新基础设施,集聚国内外顶尖创新人才及资源,攻克产业提质增效的核心关键环节,增强数字化、网络化、智能化解决方案供给能力,并着力引导和支持市场竞争力强、产业影响力大的平台成长为全国领先、全球一流。

3. 积极开展跨界人才培育的教学试点示范工作。

以前瞻性培育既具备数字化思维和能力,又熟悉制造业发展模式及流程的跨界人才为导向,在持续完善科技创新、成果转化等体制机制的同时,着眼长远、未雨绸缪,选择一批国内重点高校,开展互联网、大数据、人工智能等新兴学科的教学试点工作,以本科生教育为主,适度适时地向研究生教育延伸,并根据实践需要再向继续教育、成人教育、远程教育延伸,形成多层次、全方位、立体化的跨界人才教学培育体系。

总之,推动实体经济数字化转型,加快企业数字化改造,引导实体经济企业加快生产装备的数字化升级,深化生产制造,经营管理,市场服务等环节的数字化应用,加速业务数据集成共享,加快行业数字化升级,面向钢铁、石化、机械和电子信息等重点行业,制定数字化转型路线图,形成一批可复制可推广的行业数字化转型系统解决方案,打造区域制造业数字化集群,加快重点区域制造业集群基础设施数字化改造,推动智慧物流网络能源管控系统等新型基础设施建设,共建共享,供应与制造产品与服务间的数据流和业务流,加快创新资源在线汇集和共享,培育个性化定制,按需制造产业链协同制造等新模式,发展平台经济、共享经济、产业链金融等新业态。

第三节 加快建立和完善数据要素市场

一、数据要素市场存在的障碍

数据资源要素的高效配置,是推动数字经济成长的关键所在。当前,我国数据要素市场化配置尚处于发展的起步阶段,数据要素市场化配置规模较低,成长速度相对缓慢,在数据确权、开放、流通、交易、监管等方面仍存在诸多瓶颈制约。

(一) 数据产权法律还不完整

产权是指合法财产的所有权,这种所有权表现为对财产的占有、使用、收益、处分。明晰的数据要素产权归属和法律性质,是数据资源要素市场化配置的基础。目前我国关于产权的法律包括以《民法总则》《民法典》《刑法》《网络安全法》《中华人民共和国知识产权》等为主体法律框架,但是对于数据还没有相关法律涉及。学界已有一些关于数据权利和权属的讨论。在民法典制定过程中,《民法总则》征求意见稿也对数据权利问题进行了一定的回应。但是,对于数据权利和权属问题,显然认识还不统一,未能形成共识。在法体制下,应将数据置于何种结构当中(或者说数据本身应作为何种权利的客体)还没有统一的共识。传统权利类型各有各的关注点,但是都不能完全覆盖全部的数据形态,会导致数据财产的完整性不足。如"个人信息资料权"只能覆盖个人数据,非个人数据覆盖没法覆盖。因此,现行相关法律无论在法律依据层面,还是在操作执行层面,目前,都还不能很好地解决数据产权界定问题。

(二) 开放共享水平相对较低

在全球范围内,运用大数据推动经济、社会发展已成为共识,推行政府数据共享开放成为新的趋势。我国信息数据资源 80% 以上掌握在各级政府部门手里,由于数据相关法律法规不健全、标准规范不统一、权责范围和边界不清晰,政府、企业等数据持有主体不愿、不敢,也不易进行数据开放共享。包括政府数据开放质量不高、企业之间数据共享和再利用较少、数据跨境流动限制比较严格等问题。从中央到地方都在积极推进政务大数据的开放和共享。2016 年国家政府出台了一系列文件,包括工信部出台的《大数据产业发展规划(2016~2020)》、国发 51 号文件《政务信息资源共享管理暂行办法》等,都将政务数据资源的开放和共享放到了比较重要的位置。但是部分政府部门在数据开放与共享方面缺乏动力,部门利益的本位思想较重,再加上相关制度、法律法规以及标准的缺失,政府部门往往不清楚哪些数据可以跨部门共享和向公众开放,认为数据开放和共享具有较大风险从而不敢过多开放数据。缺乏公共平台,政府数据开放共享往往依赖于各部门主导的信息系统,而这些系统在前期设计时往往对开放共享考虑不足,因此,实现信息开放共享的技术难度较高。

（三）市场体系建设比较滞后

数据要素市场体系应包括完备产权制度、科学标准规范、统一交易平台、完善治理机制四方面。我国数据要素市场体系建设相对滞后，市场机制在数据要素资源配置过程中的决定性还没有充分发挥，突出表现在如下三方面：一是产权制度方面，数据要素产权属性尚未清晰界定，相关方权益难以得到保障。相关主体的数据及衍生数据使用权、排他权和处置权等权责不明确，数据不敢用、过度用等现象并存。二是标准规范方面，部分数据流通关键标准缺失，难以支撑数据要素市场化交易流通。数据质量规范标准、数据价值量化标准都比较缺乏。三是交易平台方面，尚未形成多级联动体系，制约数据交易规模和效率进一步提升。我国已有多个地方性和行业性的数据交易平台，但缺乏国家级平台，相关方参与积极性不高。此外，各交易平台缺乏统筹联动，数据孤岛现象广泛存在。四是治理体系方面，治理机构及机制不完善，难以充分满足市场发展和重大事件防控需要。缺乏国家级数据要素市场管理机构，面向突发公共事件的应急数据治理体系不完善。

（四）流动和交易安全风险大

2020年全球数据泄露的平均损失成本为1145万美元，2019年数据泄露事件达到7098起，涉及151亿条数据记录，比2018年增幅284%，数据泄漏事件影响大、损失重。尽管国家在顶层设计上高度重视数据和信息安全问题，但在操作层面上仍存在意识不强、办法不多、措施乏力等问题，数据安全问题形势比较严峻，严重制约着数据要素市场化配置进程。数据泄密风险不容忽视，数据交易法律风险较高，数据滥用行为凸显。

（五）数据监管治理体系存在的问题

数据监管治理规则仍不够完善，数据监管治理组织亟待完善。数据治理是对数据资产管理行使权力和控制的活动集合，也就是说，数据治理并不是一个简单的行为动作，而应该是一个形成体系的管理。由于数据要素具有大量、快速响应、虚拟性、多维复杂性和坚不可摧的变化等新特性，传统资源管理模型无法完全适应。

二、推进数据要素市场化配置的总体思路及对策举措

推进我国数据要素市场化配置是一项系统性工程，需要革新理念、统筹规划、强化创新、稳步推进。放眼全球，世界主要国家均在积极抢占国际数字经济竞争的制高点，我国应立足国情，构建与我国实际需要、与国际环境相适应的数据要素市场化配置机制，促进数据要素实现高效安全配置。

按照《中共中央 国务院关于构建更加完善的要素市场化配置体制机制的意见》，要素市场化配置基本原则包括：一是市场决定，有序流动。充分发挥市场配置资源的决定性作用，畅通要素流动渠道，保障不同市场主体平等获取生产要素，推动要素配置依据市场规则、市场价格、市场竞争实现效益最大化和效率最优化。二是健全制度，创新监管。更好发挥政府作用，健全要素市场运行机制，完善政府调节与监管，做到放活与管好有机结合，提升监管和服务能力，引导各类要素协同向先进生产力集聚。三是问题导向，分类施策。针对市场决定要素配置范围有限、要素流动存在体制机制障碍等问题，根据不同要素属性、市场化程度差异和经济社会发展需要，分类完善要素市场化配置体制机制。四是稳中求进，循序渐进。坚持安全可控，从实际出发，尊重客观规律，培育发展新型要素形态，逐步提高要素质量，因地制宜稳步推进要素市场化配置改革。

图 10-1 为要素市场化配置基本原则。

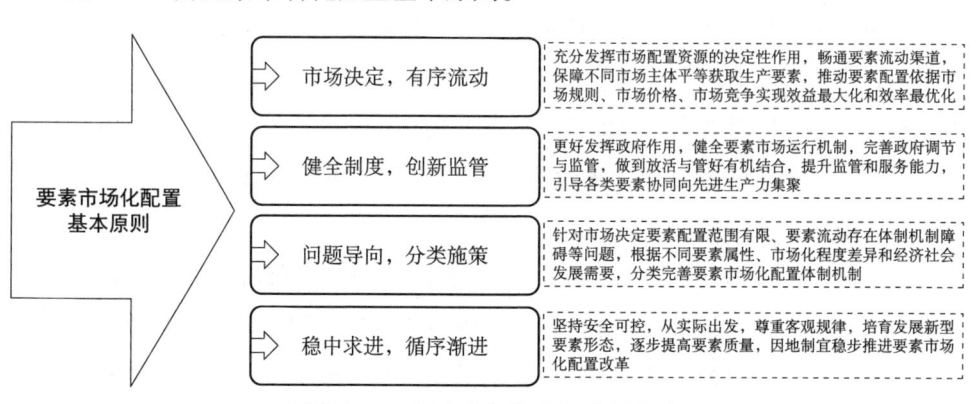

图 10-1 要素市场化配置基本原则

因此，培育数据要素市场的主要内容包括以下几个方面。

1. 完善数据产权法律。

加强数据保护利用顶层设计，推进立法，加快数据确权，明确数据采集权、

控制权等核心权属，厘清相关方的法定权利和义务。加速进行对数据收集及数据应用等层面的法律商议，尽早在法律工作中确立数据收集及应用的步骤和管理权限，确保公司及本人的数据安全性。确立"数权"的概念，推动完善适用于大数据环境下的数据分类分级安全保护制度，加强对政务数据、企业商业秘密和个人数据的保护，在《民法典》的立法精神的基础上，建立统一个人数据的保护路径。收集、处理自然人个人信息的企业、个人、单位，必须遵循合法、正当、必要的原则，不得过度收集、处理。对个人数据流转的走向进行明确界定，信息收集者、控制者不得泄露、篡改其收集、存储的个人信息。未经被收集者同意，不得向其他人非法提供个人信息。

2. 推进政府数据开放共享。

优化经济治理基础数据库，加快推动各地区各部门间数据共享交换，制定出台新一批数据共享责任清单。研究建立促进企业登记、交通运输、气象等公共数据开放和数据资源有效流动的制度规范。政府数据的共享开放，对于数据要素市场的培育有着重大意义。政府部门通过长期的统计和监测，积累了海量、权威的数据要素资源。政府数据的共享有利于打破数据孤岛，促进各地区各部门间数据要素流通共享；政府数据开放有利于探索数据要素经济价值，促活数据要素交易市场，让数据真正取之于民、用之于民，创造更多的价值。政府数据共享开放需要思维转变。

政府数据共享开放需要机制优化。要做好顶层设计，无论是国家层面还是地方层面，都要对政府数据共享开放过程中的政策、法规、机制等问题进行统一部署和细致谋划。同时要完善绩效考评体系，建立科学的绩效考评体系，不断完善绩效考评的相关流程和制度，来激励和"倒逼"各级主体参与其中。政府数据共享开放需要技术创新。

建立统一的数据共享开放平台，作为公布信息和实现政民互动的物质载体，依据具体业务细分责任目标，来判断需要哪些数据的应用场景和关联数据，并通过科学的分析方法对数据进行处理。政府数据共享开放更要做好数据治理。要明确各单位共享开放数据的具体流程，完善数据集的选定、数据元审核、采集、发布、下线等全生命周期管理规范。同时要制定相关标准细则，明确定义数据开放的总体标准、术语标准、元数据格式标准、接口规范、平台建设标准等，引导政府数据要素依法有序自由流动。

3. 提升数据安全能力。

从 2015 年，国务院发布的《促进大数据发展行动纲要》开始，2018 年国务院发布《科学数据管理办法》，2020 年国务院发布《关于构建更加完善的要素市场化配置体制机制的意见》，2021 年"十四五"规划的发布。政策导向明确，数据安全的赛道清晰，数据安全在未来仍将是一个重大挑战。

建立健全管理组织体系和组织架构，是否建立了一套完善数据安全管理组织，这是数据安全的重要保障。建立完善的数据安全技术体系和落地，传统方式已经无法适应新时代数据安全需要，面临安全的新态势、新要求，在继续做好业务安全的基础之上，通过智能化管理平台，在技术层面实现对风险核查（check）能力、数据梳理（assort）能力、数据保护（protect）能力以及数据威胁监控预警（examine）能力四大核心能力的建设，在业务层面，实现对数据采集、传输、存储、处理、交换、销毁全生命周期的管理。最终建立"数据安全运营"的全过程自适应安全支撑能力，直至达到整体的安全目标。

4. 加快培育要素数据要素市场。

《中共中央国务院关于构建更加完善的要素市场化配置体制机制的意见》提出，要加快培育数据要素市场，推进政府数据开放共享、提升社会数据资源价值、加强数据资源整合和安全保护。因此，需要加快培育数据要素市场。第一，数据共享方面需要解决利益问题，提升大数据管理局的协调能力。第二，在数据定价方面，需要在经济学理论方面有所创新，以进一步解决数据定价问题。第三，在数据治理方面，在数据治理过程中应当提高数据匹配效益，建立严格数据治理体系。在行业层面需要建立数据治理架构，健全数据治理体系，形成企业级数据治理解决方案。在区域层面，由政府设置准入门槛，依托法规制度来保障。短期内政府需要切换思路，创新政府公共数据资源共享开放，加快制度顶层设计，加强激励考评考核，激励各级主体主动参与其中。

除此之外，还需要加快要素价格市场化改革，包括完善主要由市场决定要素价格的机制、加强要素价格管理和监督、健全要素由市场评价贡献和按贡献决定报酬的机制；健全要素市场运营机制，包括了全要素市场化交易平台、健全要素市场化交易平台、完善要素交易规则和服务、提升要素交易监管水平和增强要素应急配置能力；组织保障，包括了加强组织领导、营造良好改革环境和推动改革稳步实施，建立健全围绕数据生产要素的一系列规章制度，做好数据治理，有序推进数据价值释放是适应新时代特征、凝聚发展优势、提升国家地区组织综合竞争力的必要路径，也必然成为当前和今后的一项重要工作。

第四节　深化数字经济国际合作

深化数字经济开放合作。数字经济涉及的产业链条非常长，任何一个企业、地区或者国家都不可能完全把产业链条中的所有环节都掌握，这就需要进行合作，包括企业之间的合作、地区之间合作和国家间的合作。而且在数字经济发展过程中，由于数字要素的特性以及数据平台的规模经济特征，需要在技术创新、信息安全和开放治理等方面加强世界各国之间的合作，因此，开放合作、国际协调的数字经济发展模式将是未来数字经济发展的主流。虽然部分国家推动科技经济和产业的脱钩，但是对于中国来说，努力推动数字经济的共建共享，推进务实合作交流，才能够在未来数字经济国际竞争中构建竞争优势。

当今世界互联网大数据人工智能等现代信息技术不断取得突破，数字经济蓬勃发展，各国联系更加紧密，世界各国虽然国情不同，互联网发展水平不同，面临的现实挑战不同，但推动数字经济发展的愿望都是相同的，应对网络安全挑战的利益也相同，加强网络空间治理的需求相同，特别是全球经济衰退叠加疫情影响的背景下，数字化包括数字化办公、数字医疗、数字政务、数字教育和数字娱乐等领域，对于保障生产生活、防范疫情传播扩散、加强全球经贸合作发挥了更重要作用，数字经济已成为推动经济复苏重塑国家新优势的重要抓手，各国应该集思广益增加共识，通过务实合作以共进为动力，以共赢为目标，共同推动全球数字化发展，充分释放数字经济发展能力，构建可持续的数字世界，推动世界各国共同搭乘互联网和数字经济发展的快车，让互联网互联发展，更好造福世界各国人民。

第一，强化共建共享繁荣新型基础设施，建设新业态。普遍安全和可负担的网络连接是数字经济发展的基本推动力，也是包容性增长创新和可持续发展的催化剂，发展5G人工智能工业互联网为代表的数字基础建设，建设光纤宽带窄带物联网等新一代网络以及大数据中心、云计算中心等助推传统产业网络化、数字化、智能化发展的基础设施，是未来各国新型基础设施建设的方向。当前全球数字鸿沟非常大,发达国家与发展中国家的数字经济发展差距越来越大,推动新型技术设施建设是各国当前和今后面临的重要工作。因此,需要各国共同合作,推动解决数字鸿沟。一方面,推动5G等基础设施的国际化,为发展中国家提供技术先进、价格可负担的先进技术产品。这就需要国际电信联盟和各国政府合作,部分国家应该降低贸易壁垒,减少政治障碍,通过新型技术设施共建共享,加快全球互联网渗透,促进各国信息互联互通,缩小全球数字鸿沟。另一方面,发达国家为发展中国家提供资金支持。由于新型基础设施建设投资规模比较大,而且外部效应比较明显,部分发展中国家无力承担大型网络建设,因此,发达国家可以提供相应的援助。更多地在发展中国家提供新型基础设施投资可以实现双赢,能够给发达国家创造更多的出口,发展中国家能够消除资金"瓶颈",消减数字鸿沟。

第二,推动融合创新,促进实体经济数字化转型。各国应深刻认识到数字经济在推动传统产业转型升级、培育新的经济增长点,以及改善和重塑传统产业等方面的重要作用,各国应通过合作深化数字技术与智能制造等重点领域的深度融合,积极推动数字技术在制造服务创新等领域的广泛应用,不断提高数字技术支撑经济社会发展的能力和水平,应该加强以下方面的实体经济数字化转型合作:一是推动工业互联网创新发展,构建工业互联网基础设施,培育工业互联网资源配置平台,建立安全保障体系,推动工业经济全要素、全产业链、全价值链链接,打造全新的工业生产制造服务体系;二是培育新模式、新业态、新产业,利用新一代信息通信技术,对传统产业进行全方位、全角度、全链条的改造,加速推进三次产业数字化转型,大力培植新兴产业,实现经济发展、质量变革、效率变革和动力变革,充分实现释放数字对经济发展的放大叠加倍增效应;三是促进电子商务合作,探索在跨境电子商务、信用通关、检验检疫、消费者保护等领域建立信息共享和互信互认机制的可行性,加强金融支付、仓储物流技术服务线下展示等方面的合作,加强消费者权益保护合作;四是支持互联网创新创业,鼓励通过有力和透明的法律框架推动,基于互联网的研发和创新支持,利用互联网促进产品服务流程组织和商业模式的创新;五是促进中小微企业发展,通过政策支持,促进中小微企业使用数字技术进行创新,提高竞争力,开辟新的市场销售渠道,推动可负担的价格,为中小微企业运营提供所需要的新型基础设施,鼓励中小微企业为公共部门提供信息通信产品和服务,融入全球价值链。

第三，探索数据跨境流动制度设计。各国数据跨境流动政策受到地缘政治、国家安全、隐私保护和产业发展水平等复杂因素的影响程度将持续增加，以国家安全为理由的重要敏感数据将成为跨境流动限制的重心，跨境数据流动与数据数字服务贸易的有限特性将进一步显现，一些国家出于对数据隐私、保护国家主权的完整性以及国家安全利益等公共政策目标考虑，或有不同程度对跨境数据流动加以政策和法律法规的限制，对于涉及国家安全利益的数据，各国的政策将愈加灵活，各国围绕数据安全、数据主权与长臂管辖权的博弈呈现加剧化态势，因此，各国应重视数据跨境流动，对助推数字经济发展的重要作用，秉持发展与安全并重原则以合作共赢为目标，以安全性为前提，针对隐私保护、数据安全、数据确权、数字税收、数据法治等强化组织与制度创新，有序推动各项工作。

第四，开展多方面探索，构建数字贸易国际规则体系。各国应积极参与世界贸易组织与贸易相关的电子商务议题谈判，积极探索反映发展中国家利益和诉求的规则体系，推动多边区域等层面数字贸易规则，协商共享数字贸易发展，应该在以下方面进行合作：一是贸易便利化相关议题，包括货物贸易单一窗口和允许电子支付等；二是针对进口国消费者权益保护的议题，包括消费者个人隐私保护、消费者权益保护和电子商务平台垄断治理等，考虑到WTO谈判的目的主要是降低贸易壁垒，在各方存在一定分歧的背景下，原有办法将继续延续；三是数字服务税的国际合作。目前包括欧盟14国开始实施数字服务税，其他国家包括新加坡、印度尼西亚、马来西亚、泰国、加拿大、日本、澳大利亚、新西兰等国家也纷纷表示考虑对提供网络服务的外国供应商开征增值税。由于数字经济带来的挑战是全球性的，应该坚持"公平、中立、透明、稳定"的国际税收规则，支持建立国际多边税收治理体系。

第五，共同研究，制定衡量数字经济统一标准。统一明确的数字经济的定义是衡量数字经济的首要前提，对数字经济进行准确和有效的衡量，对于把握和应用数字经济带来的增长机遇和发展挑战至关重要，鼓励参与多边论坛等方式，加强多边协作与合作，分享最佳做法和经验，促进衡量数字经济的知识分享，在国家之间分享衡量数字接近数字经济经验和最佳实践，制定衡量数字经济路线图，推动形成统一衡量数字经济的方法。

参考文献

[1] Abdul A. Erumban, Deb Kusum Das. Information and communication technology and economic growth in India [J]. Telecommunications Policy, 2016 (40): 412-431.

[2] Acemoglu D., Restrepo P. The Race between Man and Machine: Implications of Technology for Growth, Factor Shares, and Employment [J]. American Economic Review, 2018, 108 (6): 1488-1542.

[3] Ackoff, R. L., From Data to Wisdom [J]. Journal of Applied System Analysis, 1989, 16: 3-9.

[4] Acquisti, A., C. Taylor, and L. Wagman, 2016, "The Economics of Privacy", Journal of Economic Literature, 54 (2): 442-292.

[5] Ahmad, N. and P. Schreyer. Measuring GDP in a Digitalised Economy [R]. OECD Statistics Working Papers, 2016/07, OECD Publishing, Paris.

[6] Ahmad, N. and Schreyer, P. Are GDP and Productivity Measures Up to the Challenges of the Digital Economy? International Productivity Monitor, 2016, 30, pp. 4-27.

[7] Alan M. Taylor. (eds.) Globalization in an Age of Crisis: Multilateral Economic Cooperation in the Twenty-First Century [C]. Chicago: University of Chicago Press, 2014: 165-212.

[8] Alberto Osnago and Shawn W. Tan. Disaggregating the Impact of the Internet on International Trade [R]. World Bank Policy Research Working Pape WPS7785, 2016.

[9] Anderson, J., and E. Wincoop. Trade Costs [J]. Journal of Economic Literature, 2004, 42 (3): 691-751.

[10] Antràs P, Chor D, Fally T, et al. Measuring the upstreamness of produc-

tion and trade flows [J]. American Economic Review, 2012, 102 (3): 412-416.

[11] Antràs, Pol and Alonso de Gortari, On the Geography of Global Value Chains, Manuscript Harvard University. 2019.

[12] Autor D., Salomon A. Is Automation Labor-Displacing? Productivity Growth, Employment, and the Labor Share [R]. NBER Working Paper, 2018.

[13] Baldwin, Richard. Trade and Industrialization after Globalization's Second Unbundling: How Building and Joining a Supply Chain are Different and Why it Matte [M]. University of Chicago Press, December 2013.

[14] Bennett Institute for Public Policy (BIPP), 2020, The Value of Data, https://www.bennettinstitute.cam.ac.uk/research/research-projects/valuing-data/.

[15] Caroline L. Freunda, Diana Weinhold. The effect of the Internet on international trade [J]. Journal of international economics, 2004, 62 (1): 171-189.

[16] Clarke, George RG, and Scott J. Wallsten. Has the Internet increased trade? Developed and developing country evidence [J]. Economic Inquiry, 2006, 44 (3): 465-484.

[17] Dale W. Jorgenson, Khuong M. Vu. The ICT revolution, world economic growth, and policy issues [J]. Telecommunications Policy, 2016 (40): 383-397.

[18] Dauth W., Adjusting to Robots: Worker-Level Evidence [R]. Opportunity and Inclusive Growth Institute Working Papers 13, Federal Reserve Bank of Minneapolis, 2018.

[19] Fink, Carsten, Aaditya Mattoo, and Ileana Cristina Neagu. Assessing the impact of communication costs on international trade [J]. Journal of International Economics, 2005, 67 (2): 428-445.

[20] Forman C., Goldfarb A., Greenstein S., 2012, The Internet and local wages: A puzzle, The American Economic Review, 102 (1): 556-575.

[21] Fort, Teresa C. Technology and Production Fragmentation: Domestic versus Foreign Sourcing, Review of Economic Studies 2017, 84 (2): 65087.

[22] Freund, Caroline, and Diana Weinhold. The Internet and international trade in services [J]. American Economic Review, 2002, 92 (2): 2433-2434.

[23] Goos M., Manning A., and Salomons A. Job Polarization in Europe [J].

American Economic Review, 2009, 99 (2): 58 - 63.

[24] Gruber, H., Koutroumpis, P. Mobile telecommunications and the impact oneconomic development [C]. Paper presented at the 52nd Economic Policy Panel Meeting, Einaudi Institute for Economics and Finance (EIEF), 2010 (10): 387 - 426.

[25] Hellmanzik, C., and M. Schmitz. Virtual Proximity and Audiovisual Service Trade [J]. European Economic Review, 2015, 77 (7): 82 - 101.

[26] Hummels, D., J. Ishii and K. Yi., (2001) "The Nature and Growth of Vertical Specialization in World Trade," Journal of International Economics 54 (1), 75 - 96.

[27] Indré Hofman, Claudio Aravena, Vianka Aliaga. Information and communication technologies and their impact in the economic growth of Latin America, 1990 ~ 2013 [J]. Telecommunications Policy. 2016 (40): 485 - 501.

[28] Jensen R. The Digital Provide: Information (Technology), Market Performance, and Welfare in the South Indian Fisheries Sector [J]. Quarterly Journal of Economics, 2007, 122 (3): 879 - 924.

[29] Jia R., D. Dao, B. Wang, F. Hubis, N. Hynes, N. Gurel, B. Li, C. Zhang, D. Song, and C. Spanos, 2019, "Towards Efficient Data Valuation Based on the Shapley.

[30] Jorgenson, D., Vu, K. Information technology and the world growth resurgence [J]. German Economic Review, 2007 (2): 125 - 145.

[31] Jorgenson, D., Motohashi, K.. Information technology and the Japanese economy [J]. Journal of the Japanese and International Economies, 2005 (4): 460 - 481.

[32] Kee Heiwai Tang. Domestic Value Added in Exports: Theory and Firm Evidence from China [J]. Policy Research Working Paper, 2015.

[33] Kevin Barefoot, Dave Curtis, William Jolliff et al. Defining and Measuring the Digital Economy [EB/OL]. http://www.bea.gov/system/files/papers/WP2018 - 4.pdf, 2018 - 3 - 15. IMF. Measuring the Digital Economy [R]. IMF Policy Papers, 2018 - 3 - 28.

[34] Kevin J. Fox, Diewert, Erwin and Fox, Kevin J. Productivity Indexes and

National Statistics: Theory, Methods and Challenges [R]. Microeconomics. ca working papers, Vancouver School of Economics, 25 Apr. 2019.

[35] Kolko J., Broadband and local growth, Journal of Urban Economics, 71 (1), 100 – 113, 2012.

[36] Koopman R., Powers W., Wang Z., Wei S. J.. Give Credit Where Credit Is Due: Tracing Value Added in Global Production Chains [R]. NBER Working Paper, No. 16426, 2010.

[37] Koopman, R., W. Powers, Z. Wang and Shang-jin Wei., "Give Credit Where Credit Is Due: Tracing Value Added in Global Production Chains," NBER Working Paper No. 16426, 2010.

[38] Levin, Jonathan D. The Economics of Internet Markets [R]. NBER Working Paper 16852, 2011.

[39] MacKie-Mason, J. K., and Varian, H. Some economics of the Internet [A]. In 10th Michigan University Conference at Western Michigan University [C]. 1992, P. 37.

[40] Meijers, H. Does the Internet Generate Economic Growth, International Trade, or Both? [J]. International Economics and Economic Policy, 2014, 11 (1): 137 – 163.

[41] Melitz, J., F. Toubal. Native language, spoken language, translation and trade [J]. Journal of International Economics, 2014, 93 (2): 351 – 363.

[42] Melitz, M.. The Impact of Trade on Intra-industry Reallocations and Aggregate Industry Productivity [J]. Econometrica, 2003, 71 (6): 1695 – 1725.

[43] Molla A., Heeks R. Exploring e-commerce benefits for businesses in a developing country [J]. Information Society, 2007, 23 (2): 95 – 108.

[44] Oliner, Stephen D. Sichel, Daniel E. The Resurgence of Growth in the Late 1990s: Is Information Technology the Story? [J]. The Journal of Economic Perspectives, 2000 (4): 27 – 28.

[45] Rauch, James E., Networks versus markets in international trade [J]. Journal of International Economics, 1999, 48 (1): 7 – 35.

[46] Rosenthal S. S., Strange C. Female Entrepreneurship, Agglomeration, and

a New Spatial Mismatch [J]. Review of Economics and Statistics, 2012, 94 (3): 764 – 788.

[47] Rowley, J., The Wisdom Hierarchy: Representation of the DIKW Hierarchy [J]. Journal of Information and Communication Science, 2007, 33 (2): 163 – 180.

[48] Santos Silva, J. M. C. and Tenreyro, S. The Log of Gravity [J]. The Review of Economics and Statitics, 2006, 88 (4): 641 – 658.

[49] Thompson, H. G., Jr., Garbacz, C. Mobile, fixed line and Internet service effects on global productive efficiency [J]. Information Economics and Policy, 2007 (2): 189 – 214.

[50] Trajtenberg M. AI as the next GPT: a Political-Economy Perspective [R]. NBER Working Paper, 2018.

[51] WTO, IDE-JETRO, "Technological Innovation, Supply Chain Trade, and Workers in a Globalized World," 2019.

[52] WTO, IDE-JETRO, "Trade Patterns and Global Value Chains in East Asia: From Trade in Goods to Trade in Tasks," 2011.

[53] Yushkova, E. Impact of ICT on Trade in Different Technology Groups: Analysis and Implications [J]. International Economics and Economic Policy, 2014, 11 (1): 165 – 177.

[54] 波拉特. 信息经济论 [M]. 长沙: 湖南人民出版社, 1987: 121.

[55] 钞小静. 新型数字基础设施促进我国高质量发展的路径 [J]. 西安财经学院学报, 2020 (2): 15 – 19.

[56] 陈清萍. 科技进步、协同创新与长三角制造业高质量发展 [J]. 江淮论坛, 2020 (2): 103 – 112.

[57] 陈永伟, 许多. 人工智能的就业影响 [J]. 比较, 2018 (2): 135 – 160.

[58] 邓仲良. 中国服务业发展及其集聚效应: 基于空间异质性的视角 [J]. 改革, 2020 (7): 119 – 133.

[59] 樊秀峰, 程文先. 中国制造业出口附加值估算与影响机制分析 [J]. 中国工业经济, 2015 (6): 81 – 93.

[60] 樊轶侠, 徐昊. 财政助力数字经济高质量发展: 核心机理与经验启示

[J]. 改革, 2020 (8): 83-91.

[61] 封永刚, 蒋雨彤, 彭珏. 中国经济增长动力分解: 有偏技术进步与要素投入增长 [J]. 数量经济技术经济研究, 2017 (9): 39-56.

[62] 高新. 消费者异质性对省际进口贸易的影响研究 [J]. 财经论丛, 2017, (5): 3-10.

[63] 郭晶, 刘菲菲. 中国出口国内增加值提升的影响因素研究 [J]. 世界经济研究, 2016 (6): 43-54, 135.

[64] 韩宝国, 李世奇. 软件和信息技术服务业与中国经济增长 [J]. 数量经济与技术经济研究, 2018 (11): 128-141.

[65] 韩彩珍, 张冰晔. 数字经济促进经济双循环发展的机理和路径 [J]. 青海社会科学. 2020 (6): 41-46.

[66] 何勇. 互联网影响国际贸易的理论与实证研究 [J]. 经济经纬, 2015 (4): 54-60.

[67] 何宗樾, 宋旭光. 数字经济促进就业的机理与启示——疫情发生之后的思考 [J]. 经济学家, 2020 (5): 58-68.

[68] 洪俊杰, 芈斐斐, 杨志浩. 推进贸易高质量发展的路径研究——基于全要素生产率的视角 [J]. 国际贸易, 2020 (4): 47-40.

[69] 胡鞍钢, 王蔚, 周绍杰, 鲁钰锋. 中国开创"新经济"——从缩小"数字鸿沟"到收获"数字红利" [J]. 国家行政学院学报, 2016 (3): 4-13.

[70] 贾怀勤, 刘楠. 数字贸易及其测度研究的回顾与建议——基于国内外文献资料的综述 [J]. 经济统计学 (季刊), 2018 (1): 270-27.

[71] 焦勇. 数字经济赋能制造业转型: 从价值重塑到价值创造 [J]. 经济学家, 2020 (6): 87-94.

[72] 金碚. 关于"高质量发展"的经济学研究 [J]. 中国工业经济, 2018 (4): 5-18.

[73] 荆文君, 孙宝文. 数字经济促进经济高质量发展: 一个理论分析框架 [J]. 经济学家, 2019 (2): 66-73.

[74] 康铁祥. 中国数字经济核算研究 [D]. 上海: 上海财经大学, 2008: 76.

[75] 蓝庆新, 窦凯. 美欧日数字贸易的内涵演变、发展趋势及中国策略

[J]．国际贸易，2019（6）：48－54．

[76] 黎峰．全球生产网络下的贸易收益及核算——基于中国的实证[J]．国际贸易问题，2014（6）：14－22．

[77] 李爱君．数据权利属性与法律特征[J]．东方法学，2018（3）：64－74．

[78] 李向阳．数字经济产业集中度对消费者福利的影响研究[J]．社会科学．2019（12）：42－50．

[79] 李晓华．数字经济新特征与数字经济新动能的形成机制[J]．改革，2019（11）：40－51．

[80] 李昕，徐滇庆．中国外贸依存度和失衡度的重新估算——全球生产链中的增加值贸易[J]．中国社会科学，2013（1）：29－55，205．

[81] 李杨，陈寰宇，周念利．数字贸易规则"美式模板"对中国的挑战及应对[J]．社会科学文摘，2016（12）：60－61．

[82] 刘方，孟祺．数字经济发展：测度、国际比较与政策建议[J]．青海社会科学，2019（4）：83－90．

[83] 刘刚，张昕蔚．欠发达地区数字经济发展的动力和机制研究——以贵州省数字经济发展为例[J]．经济纵横，2019（6）：88－100．

[84] 刘国斌，宋瑾泽．中国区域经济高质量发展研究[J]．区域经济评论，2019（2）：55－60．

[85] 刘军，杨渊鋆，张三峰．中国数字经济测度与驱动因素研究[J]．上海经济研究，2020（6）：81－96．

[86] 刘迎霜．大数据时代个人信息保护再思考——以大数据产业发展之公共福利为视角[J]．社会科学，2019（3）：100－109．

[87] 陆菁，傅诺．全球数字贸易崛起：发展格局与影响因素分析[J]．社会科学战线，2018（2）：64－73，288．

[88] 马汴京．国际贸易成本、制度环境与FDI区位分布——来自120个城市的经验证据[J]．财经论丛，2015（2）：11－17．

[89] 孟祺．数字经济与高质量就业：理论与实证[J]．社会科学．2021（2）：47－58．

[90] 牛华，崔茂生，曾燕萍．网络视角下研发投入、贸易自由化与高技术

产品出口——兼论高技术产品贸易网络的动态特征[J]. 统计与信息论坛, 2020.

[91] 裴长洪, 倪江飞, 李越. 数字经济的政治经济学分析[J]. 财贸经济, 2018 (9): 5-22.

[92] 戚聿东, 肖旭. 数字经济时代的企业管理变革[J]. 管理世界, 2020 (6): 135-152.

[93] 任保平, 李禹墨. 新时代我国经济从高速增长转向高质量发展的动力转换[J]. 经济与管理评论, 2018 (1): 5-12.

[94] 任保平. 数字经济引领高质量发展的逻辑、机制与路径[J]. 西安财经学院学报, 2020, 33 (2): 5-9.

[95] 沈玉良, 彭羽, 高疆. 数字贸易发展新动力: RTA数字贸易规则方兴未艾——全球数字贸易促进指数分析报告 (2020) [J]. 世界经济研究, 2021 (1): 3-16, 134.

[96] 施炳展. 互联网与国际贸易——基于双边双向网址链接数据的经验分析[J]. 经济研究, 2016 (5): 172-187.

[97] 石华平, 易敏利. 环境规制对高质量发展的影响及空间溢出效应研究[J]. 经济问题探索, 2020 (5): 160-175.

[98] 世界银行. 世界发展报告: 数字红利 (2016年) [M]. 北京: 清华大学出版社, 2017.

[99] 宋旭光. 工业机器人投入、劳动力供给与劳动生产率[J]. 改革, 2019 (9): 45-54.

[100] 汪庆华. 人工智能的法律规制路径: 一个框架性讨论[J]. 现代法学, 2019 (2): 54-63.

[101] 汪阳洁, 唐湘博, 陈晓红. 新冠肺炎疫情下我国数字经济产业发展机遇及应对策略[J]. 科研管理, 2020 (6): 157-171.

[102] 王春云, 王亚菲. 数字化资本回报率的测度方法及应用[J]. 数量经济技术经济研究, 2019 (12): 123-144.

[103] 王娟. 数字经济驱动经济高质量发展: 要素配置和战略选择[J]. 宁夏社会科学, 2019 (5): 88-94.

[104] 王岚. 全球价值链视角下双边真实贸易利益及核算——基于中国对美

国出口的实证 [J]. 国际贸易问题, 2018 (2): 81-91.

[105] 王梦菲, 张昕蔚. 数字经济时代技术变革对生产过程的影响机制研究 [J]. 经济学家, 2020 (1): 52-58.

[106] 王文. 数字经济时代下人工业智能化促进了高质量就业吗 [J]. 经济学家, 2020 (4): 89-98.

[107] 王玉柱. 数字经济重塑全球经济格局——政策竞赛和规模经济驱动下的分化与整合 [J]. 国际展望, 2018 (4).

[108] 吴小康. 国际贸易中的同质和差异产品分类: 小问题也可以有大贡献 [J]. 国际经贸探索, 2015 (5): 18-33.

[109] 谢绚丽, 沈艳, 张皓星, 郭峰. 数字金融能促进创业吗?——来自中国的证据 [J]. 经济学 (季刊), 2018 (4): 1557-1580.

[110] 徐清源. 国内外数字经济测度指标体系研究综述 [J]. 调研世界, 2018 (11): 52-58.

[111] 杨恺钧, 褚天威. 互联网发展、交通运输及进口贸易关系研究 [J]. 经济问题, 2016 (6): 95-100.

[112] 杨新铭. 数字经济: 传统经济深度转型的经济学逻辑 [J]. 深圳大学学报, 2017, 34 (4): 101-104.

[113] 杨仲山, 张美慧. 数字经济卫星账户: 国际经验及中国编制方案的设计 [J]. 统计研究, 2019 (5): 16-30.

[114] 易宪容, 陈颖颖, 位玉双. 数字经济中的几个重大理论问题研究——基于现代经济学的一般性分析 [J]. 经济学家, 2019 (4): 82-93.

[115] 于施洋、王建冬和郭巧敏. 中国构建数据新型要素市场体系面临的挑战与对策 [J]. 电子政务, 2020 (3): 67-71.

[116] 余思勤, 孙司琦. 贸易开放度与经济高质量发展的互动效应——基于中国与"海上丝绸之路"沿线国家的实证研究 [J]. 河南师范大学学报, 2020 (1): 71-78.

[117] 詹晓宁, 欧阳永福. 数字经济下全球投资的新趋势与中国利用外资的新战略 [J]. 管理世界, 2018 (3): 78-86.

[118] 张爱丰. 共建网络空间命运共同体——学习贯彻党的十九大精神系列党课之四十三 [J]. 党课参考, 2018 (23): 35-50.

[119] 张美慧. 国际新经济测度研究进展及对中国的借鉴 [J]. 经济学家, 2017 (11): 47-55.

[120] 张雪玲, 焦月霞. 中国数字经济发展指数及其应用初探 [J]. 浙江社会科学, 2017 (4): 32-40.

[121] 赵建波. 数字经济的崛起与规范 [J]. 清华经济评论, 2019 (1): 88-92.

[122] 郑丹青, 于津平. 中国出口贸易增加值的微观核算及影响因素研究 [J]. 国际贸易问题, 2014 (8): 3-13.

[123] 中国信息通信研究院. 中国数字经济发展白皮书 (2020年) [EB/OL]. 2020-07. http://www.caict.ac.cn/kxyj/qwfb/bps/202007/t20200702_285535.htm.

[124] 钟春平, 刘诚, 李勇坚. 中美比较视角下我国数字经济发展的对策建议 [J]. 经济纵横, 2017 (4): 35-41.

[125] 周念利, 李玉昊. 全球数字贸易治理体系构建过程中的美欧分歧 [J]. 理论视野, 2017, 211 (3): 78-83.

[126] 周勤, 张红历, 王成璋. 我国省域信息技术发展与经济增长关系的空间异质性研究 [J]. 软科学, 2012 (11): 105-109.

[127] 朱彤, 苏崇华. 互联网对中国贸易出口的影响研究——基于中国各省面板数据的考察 [J]. 中国物价, 2012 (11): 72-75.

[128] 蓝庆新; 窦凯. 基于"钻石模型"的中国数字贸易国际竞争力实证研究 [J]. 社会科学, 2019 (3): 44-54.